ভগৱদ্‌গীতা ৰপৰা শিকক

সফলতাৰ সূত্ৰ

ডাঃ কপিল কক্কড়

ডায়মণ্ড বুকচ

ISBN : 978-81-288-2714-3

প্ৰকাশক ঃ ডায়মণ্ড পকেট বুকচ (প্ৰা.) লি.
X-30, অখলা ইণ্ডাষ্ট্ৰিয়েল এৰিয়া, ফেজ-2
নতুন দিল্লী-110020
ফোন ঃ 011-41611861, 40712100
ফেক্স ঃ 011-41611866
ই-মেইল ঃ sales@dpb.in
ৱেবচাইট ঃ www. dpb.in
অনুবাদক ঃ অৰুণ
লেজৰ কম্পোজিং ঃ লেঙ্গুয়েজট্ৰন, কাৰ্তিক দে 9810633190
ইডিচন ঃ 2010

Bhagwatgita Se Sikhen
SAFALTA KE SUTRA (Assamese)
by: *Pravin Shukla*

সমৰ্পণ

এইখন কিতাপ

ঈশ্বৰৰ

প্ৰতি সমৰ্পিত হয় যি মোৰ মা

স্বৰ্গীয় শ্ৰীমতী সৰিতা কক্কড়ৰ

দ্বাৰা লিখোৱা গৈছে। ইয়াৰ লগতে মই মোৰ

পিতা ভনী আৰু পত্নীকো

তেওঁলোকৰ সম্পূৰ্ণ সহযোগীতাৰ বাবে

ধন্যবাদ দিব বিচাৰো।

প্ৰস্তাৱনা

যেতিয়া মই এইখন কিতাপক লিখো, তেতিয়া কল্পনাও কৰা নাছিলো যে এইখন কিতাপ ইমান লোকপ্ৰিয় হৈ যাব বুলি, এইটো কথাই মোক আৰু বিস্মিত কৰি দিয়ে। যেতিয়া মানুহে পঢ়াৰ পিছত মোৰ অফিচৰ পৰা ইয়াৰ পচাৰ পৰা দহ প্ৰতি কিনিবৰ বাবে আহে। প্ৰশ্ন কৰাত সকলো লোকৰ পৰা প্ৰায় উত্তৰ পাওঁ যে "কিতাপখনে তেওঁলোকক বহুত প্ৰভাৱিত কৰে কাৰণ কিতাপখনে তেওঁলোকক প্ৰাৰম্ভিক ধাৰণা তথা বিশ্বাসক চেলেঞ্জ কৰি দি, সেই কথাৰ বিষয়ত সজাগ কৰে যিটোত তেওঁলোকে এতিয়ালৈকে অনভিজ্ঞ আছিল, এতিয়া তেওঁলোকে এই জ্ঞানক তেওঁলোকৰ প্ৰিয়জনৰ লগত ভগাব বিচাৰে।"

ইয়াৰ পৰা মোক অধ্যায়ত নতুন সামগ্ৰী জড়িত কৰাৰ লগতে 'ৰহস্যোদ্‌ঘাটন' নামৰ অধ্যায়ক একেলগ কৰিবলৈও প্ৰোৎসাহিত কৰে। এইটো নতুন অধ্যায়ে কয় যে আমি আমাৰ মন আৰু সৃজনশীলতাক কেনেকৈ সুন্দৰ বনাব পাৰো, এইটোৱে মস্তিস্কৰ কাৰ্যবিধিৰ ওপৰত প্ৰকাশ পেলাই, লগতে ইয়াত যুগৰ গণনাও দিয়া গৈছে কাৰণ অধিকতৰ লোকৰ মতে আমি কলিযুগত জীয়াই আছো। এই কিতাপখনৰ বিষয় এনেকুৱা হয় যে এই মহান ঐতিহাসিক মহাকাব্য আৰু আমাৰ জীৱনৰ মাজত প্ৰত্যক্ষ সম্পৰ্ক সাধনা হয়। এইটোৱে আমাৰ বৰ্তমান জীৱনৰ জটিল সুবিধাৰ উত্তৰ বিচৰাৰ ক্ষেত্ৰটো সসহায় কৰিব।

ভগৱদ্‌গীতা বিবেক, বুদ্ধি আৰু প্ৰভাৰ এনেকুৱা গ্ৰন্থ হয়, য'ত সকলো বেদ অন্তৰ্ভুক্ত হৈ আছে। এইখন এনেকুৱা কিতাপ হয়, যিটোকা লাখ লাখ লোকে পঢ়িছে আৰু কোটি কোটি লোকে শুনিছে। যদিও ভগৱদ্‌গীতাৰ প্ৰত্যেক উদাহৰণ আমাৰ জীৱনৰ লগত জড়িত আছে কিন্তু মই সেইটো পাঠকে নিৰ্বাচন কৰো, যিটো সহজতে জীৱনৰ লগত সম্বন্ধ কৰিব পৰা যায়। এতিয়া মনোবৈজ্ঞানিক আৰু নিউৰোলজিয়ে বহুত উন্নতি কৰিলে কিন্তু আপুনি এইটো চাই আশ্বাচৰ্যচকিত হ'ব যে

ভগৱদ্‌গীতা, বৰ্তমান জীৱন তথা মানৱ মনোবৃত্তিৰ মাজত কেনেকুৱা প্ৰাকৃতিক মিল আছে।

প্ৰসংগ

এজন ধীন কৃষকে এজন যুৱকক কামত ৰাখে। সেই যুৱকক প্ৰতিদিনে পাচটা বৃক্ষ কাটিব লগা আছিল। প্ৰথম দিনৰ কামৰ পিছত যুৱকে দেখিলে যে তেওঁ ছটা গছ কাটিছে, যিটো তেওঁৰ লক্ষ্যতকৈ এটা অধিক আছিল। তেওঁ বহুত প্ৰসন্ন হয় আৰু মালিকক তেওঁৰ উপলব্ধিক কোৱাৰ লোভ সংবৰণ কৰিব নোৱাৰিলে। তেওঁ মালিকৰ আগত কুঠাৰ ৰাখি আগলৈ আৰু অধিক গছ কাটি দেখুওৱাৰ কথা দিলে।

পিছত দিনা, আশা আৰু উৎসাহেৰে তেওঁ গছ কাটিবলৈ আৰম্ভ কৰি দিলে, কিন্তু দিনৰ শেষৰ ভাগত তেওঁ পালে যে তেওঁ কেৱল পাচটাহে গছ কাটিব পাৰিলে। তেওঁ নিজকে বুজালে যে আজি বোধহয় তেওঁৰ দিন নহয়। কালিলৈ তেওঁ সাতটা গছ কাটিবই। পিছ দিনা তেওঁ যেতিয়া চাৰিটা গছতকৈ অধিক কাটিব নোৱাৰিলে তেওঁ আচৰিত হ'ল, পৰিশ্ৰম কৰাৰ পিছটো কটা গছৰ সংখ্যা কমি গৈছে। তেওঁ নিৰাশ হৈ মালিকৰ ওচৰলৈ যায় আৰু সকলো কথা কয়। মালিকে সুধিলে, তুমি কেতিয়া কুঠাৰৰ ধাৰা চুকা কৰিছিলা?''

বৰ্তমান কঠিনতা

আমিশ সাধাৰণতে এনেকুৱা কঠিনতাৰ সম্মুখিন হ'ব লগা হয়, যেতিয়া কঠোৰ পৰিশ্ৰম কৰাৰ পিছটো মনৰ অনুসাৰে পৰিণাম নাপাওঁ। আমি দুখী হৈ এইটো ভাৱি থাকো যে আমাৰ লগত এনেকুৱা কিয় হৈছে। আমি সাধাৰণতে সমস্যাক লৈ স্হিতৰ হৈ থাকো আৰু এইটো পাহৰি যাওঁ যে সমাধান আৰু আত্মনিৰীক্ষণে, জীৱনৰ কঠিনাৰ তলা খোলা কুঞ্জী হয়।

প্ৰত্যেক পাৰ হোৱাৰ দিনৰ লগতে জীৱন বহুত সময়লৈকে অদৃশ্য হৈ যায় কাৰণ এইটোৱে পুৰস্কাৰ আৰু কঠিনতা দুয়োকে লৈ আহে। আমি মনুষ্যই যিমানেই বুদ্ধিমান নহওক, এই সম্ভাৱিত ৰহস্যময়ী প্ৰকৃতিৰ আগত বিৱশ হৈ যায়। আমি পল-প্ৰতিপলে কঠিনতাৰ সম্মুখিন হ'ব লগা হয় আৰু আমি তাৰ পৰা পাৰ পোৱাৰ অত্যন্ত চেষ্টাত লাগি থাকো। আমি এইধৰণৰ বাধাক সুখিন হ'বলৈ প্ৰস্তুত থাকো যাতে নিজৰ পৰিয়ালৰ বঞ্চিত সদস্যক সুখ-সুবিধা দিব পাৰো।

সম্ভৱতঃ আমি প্ৰত্যেক বাধাৰ পৰা মুক্তি পোৱাৰ যোগ্যতাও ৰাখো, কিন্তু কেতিয়াবা কেতিয়াবা এনেকুৱা সময় আহে যেতিয়া আমি কিছুমান বিচিত্ৰ প্ৰশ্নৰ মাজত সোমাই পৰো যে জীৱনক কেনেকৈ চলাব লাগে বা কোনো নিশ্চিত ধৰণে কিয় চলিব লাগে। আমি আমাৰ জীৱনক সুচাৰু ৰূপে চলাবৰ বাবে ভূল ধৰণক প্ৰয়োগ কৰো আৰু কেতিয়াবা নিজৰ মূল্যকো বন্ধকত দি দিওঁ, তাৰ পৰিণাম স্বৰূপে আমি দুস্ট বনি যাওঁ আৰু নিজৰ কৰা কাৰ্যৰ পৰা মাথা পাৰি থকাৰ বাদে হাতলৈ একো নাহে।

অৰ্জুনৰ ধৰ্মসংকট

মহাৰাজ পাণ্ডুৰ পুত্ৰ অৰ্জুন, কুৰুক্ষেত্ৰৰ যুদ্ধভূমিত যুদ্ধৰ বাবে প্ৰস্তুত আছিল কিন্তু দুয়ো পক্ষৰ পাজত ঠিয় হোৱা পিতামহ, গুৰু মামা, ভাই, ভতীজা, চচুৰ আৰু শুভচিন্তিকক দেখি তেওঁৰ মন দুবিধাগ্ৰস্হ হৈ যায়। নিজৰ পৰিয়ালজন, মিত্ৰ আৰু সম্বন্ধিয়ক দেখি তেওঁ কৰুণা তথা দয়াৰে বিগলিত হৈ উঠে।

তেওঁ নিজকে এনেকুৱা এক পৰিস্হিতি পাই যিটোৰ তেওঁ কল্পনাও কৰিব পৰা নাছিল, তেওঁ নিজৰ মানুহৰ লগতে যুদ্ধ কৰিব লগা আছিল। তেওঁ তেওঁলোকৰ আশীৰ্বাদতেই ডাঙৰ-দীঘল হৈছিল, তেওঁ তেওঁলোকৰ লগত কেনেকৈ যুদ্ধ কৰিব পাৰিব। এইটো ভাৱি তেওঁ মানসিক ৰূপেৰে অচেতন হৈ যায় যে যি ব্যক্তিয়ে তেওঁ ধেনু-কাৰ চলোৱা শিকাই, আজি তেওঁ তেওঁৰ ওপৰতে ধেনু-কাৰ চলাব। তেওঁ এই বিচিত্ৰ পৰিস্হিতিত ভ্ৰমিত হৈ ঠিয় হৈছিল। তেওঁ একো বজা নাছিল যে তেওঁ কি কৰিব আৰু কলৈ যাব। তেওঁ এই বিষয়ে কৰ পৰাও আশ্বাসন পোৱা নাছিল এই সকলো কিয় কৰিব লাগে।

প্ৰথম অধ্যায়ৰ 28 তম শ্লোকত অৰ্জুনে কয়- *"মোৰ প্ৰিয় কৃষ্ণ, মোৰ মিত্ৰ তথা বান্ধৱক মোৰ সমুখত যুদ্ধৰ বাবে প্ৰস্তুত হোৱা দেখি, মোৰ শৰীৰৰ অংগ কপি উঠিছে আৰু কণ্ঠ শুকাই গৈছে।"*

প্ৰথম অধ্যায়ৰ 29 তম শ্লোকত অৰ্জুনে কয়- *"মোৰ গোটেই শৰীৰ কপি উঠিছে, গাণ্ডীৱ মোৰ হাতৰ পৰা পৰি গৈছে আৰু মোৰ চাল পুৰি গৈছে।"*

প্ৰথম অধ্যায়ৰ 28 তম শ্লোকত অৰ্জুনে কয়- *"মই ইয়াত অধিক সময়লৈকে ঠিয় হ'ব নোৱাৰিম। মই নিজকে পাহৰি গৈছো আৰু মোৰ মস্তিস্ক ঘূৰি আছে। হে কেসৱ, মই কেৱল এই দুৰ্ভাগ্যৰ কাৰণক চাই আছো।"*

প্ৰথম অধ্যায়ৰ 28 তম শ্লোকত অৰ্জুনে কয়- *"হে জনাৰ্দন, যদি মনুষ্য লোভেৰে ভৰি আছে, তেওঁ মিত্ৰ বা পৰিয়ালক বধ কৰাৰ কোনো বেয়া দেখা নাপাওঁ, কিন্তু আমি কোনো পৰিয়ালৰ পাপক জনাৰ পিছটো, এই পাপ কৰ্মক কিয় কৰিব লাগে ?"*

আজি আমি তিনি ধৰণৰ যুদ্ধ ক্ষেত্ৰত আছো, সকলোতকৈ প্ৰথমে আমি নিজৰ লগত যুজি আছো আৰু জানিব বিচাৰো যে আমি কোন হয়, আমি কি কৰিব লাগে, কি শুদ্ধ আৰু কি ভূল হয়। দ্বিতীয়তে আমি ওচৰে পাজৰৰ লোকৰ লগত সংঘৰ্ষৰত হৈ থাকো, যাতে আমি তেওঁলোকক কব পাৰো যে আমি যি ভাৱি আছো সেইটো শুদ্ধ হয়নে নহয়। তৃতীয়তে আমি ভৌতিক বস্তুৰ বাবে সংঘষৰত হয়, এইটো পিয়াহ কেৱল সেইটো কাৰণে নালাগে যে আমাক লাগে বৰং সেইকাৰণেও হয় যে আনৰ ওচৰত সেই সকলো আছে। এখিন কিতাপে সেই অস্পষ্টতাৰ ওপৰটো প্ৰকাশ পেলাব, যিটোৰ আমি সময়ে সম্মুখিন হ'ব লগা হয়।

অৰ্জুন এক ধীৰ, গম্ভীৰ, আৰু কৰ্তব্যপৰায়ণ ব্যক্তি আছিল, যি সম্বন্ধিয়ৰ কু-কাৰ্যক জনাৰ পিছটো নিজৰ ৰাজকীয় অধিকাৰ আৰু ভৌতিক নামলৈকে এৰিবলৈ প্ৰস্তুত আছিল যাতে তেওঁ তেওঁলোকৰ লগত সংঘৰ্ষ কৰিব লগা নহয়। ভগৱান কৃষ্ণই ধৈৰ্যৰে তেওঁৰ মনৰ সকলো সমস্যাক সমাধান কৰে আৰু তেওঁৰ কৰ্তব্যক অনুভৱ কৰোৱাই।

কৃষ্ণ -প্ৰত্যেকৰে পৰামৰ্শদাতা

বৰ্তমান যুগত, আমাৰ মনৰ সমস্যাক সামাধান কৰিবৰ বাবে কৃষ্ণ আমাৰ লগত নাই কিন্তু আমি অকলশৰীয়া আৰু অসহায়ো নহয়। **ভগৱদ্গীতাৰ দশম অধ্যায়ৰ 20 মত শ্লোকত প্ৰভুৱে কৈছেঃ "*ময়েই সেই মহান আত্মা হয় যি প্ৰত্যেক জীৱিত প্ৰাণীৰ হৃদয়ত বাস কৰে। মই সকলো জীৱৰ আৰম্ভ, মধ্য আৰু অন্ত হয়।*"**আমি আজি আমাৰ ভিতৰত এক অৰ্জুন আছে, যি নিজৰ ওচৰে পাজৰে কোনো কৃষ্ণ বা গুৰুৰ সন্ধানত আছে। আমি অৱচেতনৰ ৰূপত এনেকুৱা ব্যক্তিক বিচাৰো যি আমাক কঠিনাত মাৰ্গদৰ্শনৰ লগত আমাৰ উৎপাদকতা আৰু ক্ষমতাও বৃদ্ধি কৰিব পাৰে। আমাৰ সকলোৰে লগত কৃষ্ণই সেই পৰামৰ্শদাতা হয়, যি সেই সত্য জ্ঞানৰ স্বামী হয়, যাৰ বলত অজ্ঞানৰ অন্ধকাৰ নাশ হ'ব পাৰে। ইয়াৰ অতিৰিক্ত আমি ৰিচাৰ্চ আৰু অন্য বৈজ্ঞানিক অনুসন্ধানৰো সহযোগ পাব পাৰো।

ঈশ্বৰ আমাৰ সকলোৰে ভিতৰত আছে, গতিকেঃ আমি আমাৰ সমস্যাৰ সমাধানৰ বাবে, নিজৰ ভিতৰখনক চাব লাগিব আৰু সেই সৰ্বোচ্চ স্থানৰ আগত নিজৰ কৰ্ম আৰু পৰিস্থিতিৰ সমপৰ্ণ কৰিঃ লক্ষ্যৰ প্ৰতি পুৰা নিষ্ঠাৰে কাৰ্য কৰিব লাগিব। লক্ষ্য ঠিক কৰাৰ পিছত তাৰ প্ৰতি নিজৰ শ্ৰম আৰু নিষ্ঠা দিয়াটো আৱশ্যক হয় কিন্তু সেই পৰিণামৰ অপেক্ষা ৰখাটো ভূল হয়, যাৰ অধিকাৰী বোধহয় আপুনি নহয়। যদি আপুনি সম্ভাৱিত পৰিণামৰ বিষয়ে ভাৱে তেতিয়াহ'লে আপোনাৰ কামৰ প্ৰক্ৰিয়াৰ পৰা ধ্যান নাইকিয়া হোৱাৰ লগতে আপুনি এইটোও পাহৰি যাব যে আপুনি কি পোৱাৰ অধিকাৰী হয় আৰু কি নোপোৱাৰ অধিকাৰী নাৰাখে।

এইখন কিতাপে কি ধৰণে আপোনাৰ সহায় কৰে। এইটো ভগৱদ্‌গীতাৰ সেই জ্ঞানকৰ সমখলৈ আনে, যিটো জীৱনক বুজি পোৱাত সহায় কৰিব, লগতে এইটো সেই মনোবৈজ্ঞানিক আৰু মনোবৈজ্ঞানিক ৰিচাৰ্চৰ ওপৰটো বল দিয়ে, যাৰ অনুসাৰে আপোনাৰ ভিতৰত যি কোনো সমস্যাৰ সমাধান পোৱাৰ ক্ষমতা লুকাই থাকে। এইটো জনাটো অনিবাৰ্য হয় যে সমস্যা আৰু পৰিস্থিতিৰে প্ৰভাৱী ৰূপেৰে কেনেকৈ ঠিক কৰা যায় আৰু এইখন কিতাপ আপোনাক কেৱল এইটোৱেই নিশিকাই যে আপুনি কি কৰিব লাগে, বৰং এইটোও শিকাই যে আপুনি এইটোক কিয় কৰিব লাগে।

□□□

লেখকীয়

এইটো কোৱাৰ আৱশ্যকতা নাই যে প্ৰত্যেক ব্যক্তিয়ে জীৱনত ধন, মান তথা সফলতা বিচাৰে, কিন্তু বহুত কম ব্যক্তিয়ে এইটোক প্ৰাপ্ত কৰে। ব্যক্তিয়ে এইটো ভাবিবলৈ বিৱশ হৈ যায় যে সৰ্বশক্তিমান প্ৰভুৰ ধন, আনন্দ, প্ৰসন্নতা তথা যশ দিয়া সময়ত কৃপণ কিয় হৈ যায়। এই কিতাপখনৰ মাধ্যমেৰে আপুনি বৈজ্ঞানিক তথা আধ্যাত্মিক কথাৰ বিষয়ে জানিব পাৰিব। এইটো আধ্যাত্মিক জ্ঞান ভগৱদ্‌গীতাৰ ওপৰত আধাৰিত হয়। মই বিজ্ঞান তথা আধ্যাত্মৰ অন্তৰক কম কৰাৰ যত্ন কৰিছো কাৰণ মোৰ ধাৰণা হ'ল যে মানৱ বিজ্ঞান, আধ্যাত্মিক বিজ্ঞানৰ এক সৰু-ভাগ হয়।

ভগৱদ্‌গীতাই কিয় ?

যেনেদৰে আপোনালোকে জানে যে ভাৰতীয় ধৰ্ম তথা পুৰাণত অনেক দেয দেৱীৰ বৰ্ণনা পোৱা যায়, কিন্তু যি কোনো দেৱতাই সম্পূৰ্ণ সৃষ্টিকাৰী হোৱাৰ ঘোষণা কৰা নাই। এইটো কেৱল ভগৱান শ্ৰীকৃষ্ণইহে কৈছে। ভগৱদ্‌গীতাৰ শ্লোকৰ অধ্যয়নৰ পৰা আপুনি জানিব যে প্ৰভুৱে কেৱল সত্য জ্ঞানেই দিয়া নাই, তাঁৰ পৰিৱৰ্তে সম্পূৰ্ণ সৃষ্টিৰ নিয়ন্তা হোৱাৰ ঘোষণাও কৰে। এইখন কোনো ধাৰ্মিক কিতাপ নহয় কাৰণ ধৰ্ম তথা অধ্যাত্মত পৰ্যাপ্ত অন্তৰ আছে। ধৰ্মক মনুষ্যই বনাই কিন্তু অধ্যাত্ম প্ৰভুৰ দেন হয়।

প্ৰভুৱে ভগৱদ্‌গীতাত স্পষ্ট ৰূপেৰে কৈছে যে তেওঁ পক্ষপাতীও নহয় আৰু কৃপণো নহয়। নৱম অধ্যায়ৰ শ্লোক সংখ্যা 9 ত তেওঁ কৈছে- "*এই সকলো কৰ্মই মোক বান্ধিব নোৱাৰে। মই এই ভৌতিক গতিবিধিৰ পৰা অনাসক্ত হওঁ।*" আপুনি সুধিব পাৰে যে যদি প্ৰভু পক্ষপাতী নহয় তেতিয়া সংসাৰত কিছুমান ব্যক্তি ধনী বা নিৰ্ধন কিয় হয় ?

বিগত জীৱনৰ কৰ্মীৰ আধাৰত মনুষ্যই বিভিন্ন পৰিৱেশত জন্ম লৈছে. কিন্তু যদি আমি প্ৰকৃতিৰ নিয়মৰ পালন কৰো তেতিয়া নিশ্চয় সফল হ'ম, তাৰ লাগিলে আমাৰ জন্ম যতে ততে হ'লেও।

এজন ব্যক্তিয়ে আন এজনৰ তুলনাত কঠোৰ পৰিশ্ৰম কৰিছে বোধহয় সম্ভৱতঃ সেইকাৰণে তেওঁ ভাল পৰিণাম পাইছে।

মস্তিস্কৰ পৰা উলোৱা ৰিচাৰক মূৰ্ত ৰূপ দি আমি ইচ্ছিত পৰিণাম পাব পাৰে। এই কিতাপখনত আপুনি মস্তিস্কৰ বৈজ্ঞানিক ভাগ তথা শ্ৰীকৃষ্ণৰ ৰচনক জানিব পাৰিব। এই কিতাপখনত সন্মিলিত সকলো বিষয় জীৱনৰ ওপৰত আধাৰিত হয়। যদি আপোনাৰ আধাৰেই দুৰ্বল হয় তেতিয়া প্ৰাৰ্থনাৰ পৰাও কোনো অন্তৰ নপৰে।

সকলো আয়ুস বৰ্গৰ বাবে লিখা কিতাপখন ছাত্ৰৰ বাবে বিশেষ ৰূপেৰে উপযোগী হয় কাৰ তেওঁলোকৰ ব্যক্তিত্তৰ বিকাশ হ'ব তথা চিন্তাও কম হ'ব। কঠিনতাপূৰ্ব কায দৰ্শা, ৰাজনীতি, কাৰ্যজনিত চিন্তা তথা মানসিক চিন্তাৰে থকা ব্যক্তিৰ বাবেও এইটো সহায়ক সিদ্ধ হ'ব। এইখন কিতাপ সেই গৃহিণীৰ বাবে লিখা গৈছে যি অসন্তুষ্ট, চিন্তাযুক্ত, উপেক্ষিত তথা কাৰ্যৰ অতিৰিক্ত ভাৰেৰে ত্ৰস্ত হৈ আছে।

মই শ্ৰী অৰুণ জ্যোতি টাকোলৈ মোৰ কৃতজ্ঞতা প্ৰকট কৰিছো, যি এই কিতাপখনক অসমীয়া পাঠকক প্ৰস্তুত কৰাত সহায় কৰে।

-কপিল কক্কড়

অনুক্ৰমণিকা

অধ্যায় - 1

ৰহস্যোদ্‌ঘাটন

বিভিন্ন ৰাজ্যত বিজয় পাবৰ বাবে যেতিয়া চিকন্দৰে ঘূৰি আহিছিল, তেতিয়া ঘূৰি অহাত তেওঁ অৱস্থা বেয়া হৈ যায় আৰু মৃত্যু-শৰ্যালৈকে গৈ পাই। মৃত্যুক সম্মুখত পাই হঠাতে তেওঁৰ সকলো উপলব্ধি, সম্পত্তি আৰু বিজয় নিৰৰ্থক হৈ উঠে। ইয়াত তেওঁ যেনে তেনে নিজৰ মাকৰ ওচৰ ঘৰলৈ আহিব বিচাৰিছিল। অৱশ্যে তেওঁ এইটো জানিছিল যে তেওঁ ৰোগী শৰীৰে তালৈ গৈ পোৱাৰ অনুমতি নিদিব।

নিৰাশজনক অৱস্থাত তেওঁ তেওঁ সেনাপতিক মাতি কলে, "মই বহুত সোনকালে এই সংসাৰৰ পৰা বিদায় লম, মই বিচাৰো যে তোমালোকে মোৰ অন্তিম তিনিটা ইচ্ছাক পুৰা কৰা।"

মোৰ প্ৰথম ইচ্ছা হ'ল যে মোৰ বৈদ্যই মোৰ শ উঠাব। দ্বিতীয় ইচ্ছা হ'ল, যি ৰাস্তায়েদি মোৰ শক লৈ যাব লাগে, তাত সেই সকলো ধন সোনক চটিয়াই দিব লাগে, যিটো মই লুটিছিলো।"

তাৰ পিছত তেওঁ এবাৰ উশাহ লৈ কয়, "মোৰ তৃতীয় আৰু অন্তিম ইচ্ছা এইটো হয় যে মোৰ দুটা হাত দাঙোতে মেলি থাকিব লাগে।" মানুহে ৰজাৰ এই বিচিত্ৰ কথাক শুনি আচৰিত হয় কিন্তু কিবা সুধিবলৈ সাহস কৰিব নোৱাৰিলে। তেওঁৰ প্ৰিয় সেনাপতিয়ে ৰজাৰ হাতত চুমা খাই কলে, "আমি আপোনাৰ সকলো ইচ্ছা নিশ্চয় পুৰা কৰিম। কেৱল এইটো কৈ দিয়ক যে আপুনি এনেকুৱা ইচ্ছা কিয় ব্যক্ত কৰিলে?" তেতিয়া চিকন্দৰে গভীৰ উশাহ লৈ উত্তৰ দিলে, "মই সংসাৰক সেই তিনিটা শিক্ষা দিব বিচাৰো, যিটো মই এতিয়াহে শিকিছো।

প্ৰথম শিক্ষা- "মই বিচাৰো যে বৈদ্য-হাকীমেই মোৰ শক উঠাওক যাতে মানুহে বুজি পাওক যে যি কোনো চিকিৎসক ৰোগীৰ বাস্তৱত স্বাস্থ্যৱান কৰিব নোৱাৰে আৰু মৃত্যুৰ মুখৰ পৰা হাত হাৰিব নোৱাৰে, সেইকাৰণে '**জীৱনক গম্ভীৰতাৰে লবলৈ শিকিব লাগে।**'"

দ্বিতীয় শিক্ষা- "কবৰস্থানলৈ লৈ যোৱা ৰাস্তাত ধন-সোন আদিক মানুহৰ অনুভৱ হ'ব যে ইমনা ধন-সম্পত্তি থকাৰ স্বত্তেও মোৰ লগত

একো নাই যোৱা নাই। মই সকলো ইয়াতেই এৰি থৈ গৈছো। **সেইকাৰণে ধনৰ পিছত পলোৱা আৰু তেওঁৰ জীৱনৰ উদ্দেশ্য মনা, কেৱল সময়ক নষ্ট কৰা হয়।"**

তৃতীয় শিক্ষা- "শ লৈ যোৱা সময়ত মোৰ দুটা হাত মেলি যোৱা দেখি মানুহৰ এইটো অনুভৱ হ'ব যে **মই এইখন সংসাৰলৈ খালি হাতত আহিছিলো আৰু খালি হাতেদি গৈ আছো...**" আৰু এইটো কয় যে তেওঁ মৃত্যুৰ কোলাত সোমাই গৈছে।

চিকন্দৰ মহানে জীৱনৰ এই পৰম সত্যক তেতিয়াহে জানে, যেতিয়া তেওঁক মৃত্যুৰ ভয়ানক আঙুলিয়ে আচুৰি পেলাইছিল। আমি এই তথ্যৰ অনুভৱ কেতিয়া কৰো? জীৱনত কিমান কি আছে, সেইটো নুচোৱা কৰি, আমি আমাৰ জগতত হেৰাই যাওঁ।

যেতিয়া জীৱনত কিবা গম্ভীৰ দূৰ্ঘটনা ঘটে বা আমি কোনো প্ৰিয়জনক হেৰুৱাই দিওঁ, তেতিয়া আমি জীৱনৰ বিষয়ে এইদৰে বিচাৰ কৰো। ইয়াৰ বাদে আমি এইদৰে ব্যৱহাৰ দেখুৱাওঁ, ধৰক জীৱন এক নিৰন্তৰে চলাৰ প্ৰক্ৰিয়া হয় আৰু সম্ভৱতঃ আমাৰ জীৱনত সকলো স্থায়ী হয়।

নিশ্চিত ৰূপেৰে মই আপোনাক মনে বিচৰা ধৰণে জীয়াই থাকিবৰ বাবে হতোৎসাহিত কৰা নাই, বৰং মই এইটো বুজাব বিচাৰো যে যদি আমি জীৱনৰ সাৰ্থকক বিষয়ে জানি লওঁ, তেতিয়া আমি এইটোক আগতকৈ অধিক সাৰ্থক বনাব পাৰো। এইদৰে আমি আমাৰ প্ৰয়াসত আগতকৈ অধিক প্ৰসন্নতা আৰু সফলতাও পাব পাৰো।

মনোবৈজ্ঞানিক বিজ্ঞানে মনোবিজ্ঞান আৰু পৰা-মনোবিজ্ঞানৰ ক্ষেত্ৰত বহুত প্ৰগতি কৰিছে। যাৰ সহায়েৰে আমি মন-মস্তিষ্ক আৰু তাৰ লগত জড়িত ক্ৰিয়াকলাপক ভালদৰে জানিব পাৰিছো। বৰ্তমানত, গোটেই বিশ্বত অসংখ্য স্বাবলম্বন কাৰ্যশালা চলোৱা গৈছে। ইয়ালৈকে যে কৰ্পৰেট জগতটো কৰ্মচাৰীৰ বাবে ব্যৱহাৰগত প্ৰশিক্ষণ আৰ, কৌশলৰ মহতক নাকচ কৰিব নোৱাৰি।

মন-মস্তিষ্কৰ কাৰ্যবিধিৰ গভীৰ তথ্যই জীৱনক ভৌতিক আৰু আধ্যাত্মিক ৰূপেৰে প্ৰগতিৰ পথত অগ্ৰসৰ কৰাৰ অদ্‌ভুত টেকনিক বিকিশিত কৰিছে। বৰ্তমানত, ভৌতিক তথা আধ্যাত্মবাদ সহ-অস্তিত্ত্বত, য'ত সম্পূৰ্ণ আৰু কল্যাণ দুয়োটাৰ ওপৰত বল দিয়া যায়।

যোজনা

জীৱনক এক যোজনা হয়। আমাৰ সফলতা-অসফলতা, আৰু

আমাৰ স্থিতি-পৰিস্থিতি, সেই যোজনাৰ পৰিণাম হয়, যাৰ আমি যোজনা বনাও আৰু যাৰ ওপৰত অমল কৰিব কৰো, যদি জীৱনত সকলো শ্ৰেষ্ঠ হয় তেতিয়া ইয়াৰ অৰ্থ হ'ব যে আমি শ্ৰেষ্ঠ যোজনা প্ৰয়োগ কৰিছো কিন্তু যদি আমি সংঘৰ্ষৰত থাকো তেতিয়া সেইটো ইয়াৰ সূচক হ'ব যে আমি নিজে নিৰ্ণয় লোৱাৰ পৰিৱৰ্তে, নিজৰ জীৱনক কোনো অন্য মানুহৰ হাতত গটাই দিওঁ, তেতিয়া এইটোও এক প্ৰয়োগীক যোজনা হ'ব।

ঠিক সেইদৰে, আমি জীৱনত যোজনা বনাই থাকো, তাৰ কিছুমান পৰিণাম কেতিয়াবা আমাৰ পক্ষত থাকে আৰু কেতিয়াবা বিপক্ষত। দুজন ছাত্ৰৰ, কোনো এজন, আনৰজনৰ তুলনাত, পৰীক্ষাত অধিক নম্বৰ আনিব পাৰে, ইয়াত দুয়োৰে যোজনা আছে, যিটো এজনৰ বাবে কাম কৰে কিন্তু আনজনৰ বাবে কামত নাহে।

ভাৱনাত্মক (EQ), আধ্যাত্মিক লব্ধি (SQ) ত কৰ্পৰেট প্ৰশিক্ষণ কাৰ্যশালা আৰু ট্ৰেইন দা ট্ৰেনাৰ (TTT) ৱৰ্কশ্বপ আয়োজিত কৰাৰ বাদেও মই ছাত্ৰৰ বাবে ব্যক্তিগত পৰামৰ্শ আৰু মনোদৈহিক পৰীক্ষণ (চাইকোমেটিক টেস্ট) ও আয়োজিত কৰো। মোৰ অনুভৱৰ আধাৰত, সেই মাক-দেউতাকে নিজৰ সন্তানক মনোদৈহিক পৰীক্ষণ আৰু পৰামৰ্শৰ বাবে লৈ যায়, যি নিজৰ জীৱন তথা ব্যৱসায়ত বহুত সফল হৈছে। অধিকতৰ ছাত্ৰৰ মাক-দেউতাক বৈজ্ঞানিক ডাক্টৰ, চি.এ. আৰু ইঞ্জীনিয়াৰ আদি হয়, তেওঁলোকে নিজৰ ল'ৰা ছোৱালীক বিভিন্ন স্থানলৈ লৈ যায় যাতে সন্তানে নিজৰ সহজ বুদ্ধিৰ বিকাশ কৰি শৈক্ষিক ৰূপেৰে আৰু সক্ষম হ'ব পাৰে। মাক-দেউতাকে তেওঁলোকৰ বাবে এইটো যোজনাক প্ৰয়োগ কৰে।

ডাক্টৰ বা বৈজ্ঞানিকৰ পুত্ৰ ডাক্টৰ বা বৈজ্ঞানিকেই হ'ব, এনেকুৱা পৈতৃক ৰূপেৰে নিশ্চিত নহয়, এইটো বহুত সময়লৈকে মাক-দেউতাৰ যোজনাৰ ওপৰত নিৰ্ভৰ কৰে। এই ব্যৱসায়িকৰ সন্তান কেৱল নিজৰ বুদ্ধিৰ বলতেই ভাল প্ৰদৰ্শন নকৰে, তেওঁলোকে মা-দেউতাকৰ সহযোগৰ পৰাও ভাল সহযোগ পাই।

যদি আপুনি ভোজন বনাব, তেতিয়া ভোজনৰ সোৱাদ বহুত সময়লৈকে এই কথাৰ ওপৰত নিৰ্ভৰ কৰে যে আপুনি সেইটোক কেনেকৈ বনাই। এই যোজনাত আপোনাৰ তথ্য, অনুভৱ, কিমান ব্যক্তিৰ ভোজন বনাব লাগে, আপোনাৰ দ্বাৰা প্ৰয়োগ কৰা চৰণ, আপোনাৰ একাগ্ৰতাৰ স্তৰ, মুড (আনন্দৰে বনাইছে বা বিৱশতাৰে) আদি কাৰক অন্তৰ্ভুক্ত থাকিব। যদি আপুনি মুডৰ ঋণাত্মকতাক প্ৰভাৱ পৰিব দিব বা আপোনাৰ আগতে 50 জন লোকৰ বাবে ভোজন বনোৱাৰ অনুভৱ নাই, তেতিয়া এইটো এক অৱচেতন যোজনা হ'ব, আপুনি এইটোক ভালদৰে কৰিব

নোৱাৰিব। আমি প্ৰতিটো সময়ত চেতন অথবা অৱচেতন ৰূপেৰে যোজনা প্ৰস্তুত কৰি থাকে।

অৱধাৰণা আৰু যোজনা

আমি কোনটো যোজনা প্ৰয়োগ কৰো? আমি এনেকুৱা অৱধাৰণাৰ লগত জড়িত যোজনাক প্ৰয়োগ কৰোনে, যেনে- "কোনোও মোৰ নিয়তিক সলনি কৰিব নোৱাৰে"- "মই সেইটো পাম, যিটো মেৰ ভাগ্যত লিখা আছে" বা "মই মোৰ ভাগৰ নিয়ন্তা হওঁ" বা "মই মোৰ জীৱনৰ উত্তৰদায়ী হয়।" আমাৰ এইটো অৱধাৰণা তথা বিচাৰে আমাৰ জীৱন গঢ়ে। আমি আগৰ অধ্যায়ত এই বিষয়ে বিস্তাৰেৰে চৰ্চা কৰিম।

ভাৱনাত্মক লব্ধি (Emotional Quotient)

আগতে বুদ্ধি লব্ধি (Intelligence Quotient-IQ)ত বহুত বল দিয়া গৈছিল। অৱশ্যে আজিও ইয়াৰ মহত্ত কম হোৱা নাই, কিন্তু ইয়াৰ লগতে ভাৱনাত্মক আৰু আধ্যাত্মিক লব্ধিৰ ওপৰটো পুৰা ধ্যান দিব লাগে। এই দুটাৰ মিল থকা ব্যক্তিক সফলতা আৰু চেতনাৰ উচ্চ স্তৰলৈকে লৈ যাব লাগে।

ভাৱানাত্মক লব্ধিৰ দ্বাৰ আমি আমাৰ ভাৱনাক চিনি লৈ তাৰ প্ৰবন্ধন কৰো। প্ৰকৃতিৰ বিনা মনুষ্যই একো নহয়, ওচৰে পাজৰৰ পৰিৱেশৰ পৰা তাৰ সংবাদ বহুমূল্য হয় কাৰণ ইয়াতে তাৰ ভাৱো অন্তৰ্ভুক্ত থাকে। এইটো যোগাত্ম অথবা ঋণাত্মক, যি কোনো হ'ব পাৰে, আমি সেইটোক চম্ভালিব জানিব লাগে। নিজৰ পক্ষত কিছু ঘটিলে অধিক উত্তেজিত হ'ব নালাগে তথা কিছু বিৰোধ কৰিলেও শান্তি বনাই ৰাখিব লাগে। যেতিয়া আমাৰ মনত প্ৰতিদিনে প্ৰায় 60,000 বিচাৰ আহে তেতিয়া ভাৱনাত্মক লব্ধিৰ মহত্ত আৰু বাঢ়ি যায়।

ভাৱনাত্মক লব্ধিক নিয়ন্ত্ৰিত কৰা উপায় ঃ PRICECARO

অসমীয়াত 'PRICECARO' ৰ অৰ্থ হ'ব 'মূল্যাংকন কৰা', যদি আমি ভালদৰে জীৱনৰ মূল্যাংকন কৰো তেতিয়া আগতকৈ অধিক উৎপাদ আৰু প্ৰসন্ন হোৱাত সহায় পাই। তলত দিয়া প্ৰত্যেক গুণ আপোনাক আকৰ্ষণ কৰা প্ৰক্ৰিয়াত সহায়ক হ'ব -

উদ্দেশ্যপূৰ্ণ বিচাৰ (Purposeful Thinking) - এটা উদ্দেশ্যৰ লগত উচিত দৃষ্টিকোণেৰে চিন্তা কৰাই সকলোতকৈ ডাঙৰ কুঞ্জী হয়।

যদি মনৰ নিয়ন্ত্ৰণ থাকিব, তেতিয়া এইটো সম্ভৱ নহ'ব যদি নিজৰ মনক নিয়ন্ত্ৰণ কৰা শিকি লয় তেতিয়া আপুনি সদায় উদ্দেশ্যপূৰ্ণ চিন্তনৰ লগত গতি কৰিব পাৰিব। আপুনি ৰচনাত্মক ৰূপেৰে এইটো ভাৱিব লাগিব যে আপুনি জীৱন তথা নিজৰ বিষয়ে আৰু ভালদৰে কেনেকৈ বুজিব পাৰিব। নিজৰ লগত সম্বন্ধিত কথাক আৰু সাৰ্থক আৰু অন্তদৃষ্টিৰে যুক্ত কেনেকৈ কৰিব পাৰে।

অনাৱশ্যক চিন্তাই আমাক অসফলতাৰ ফালে লৈ যায় সেইকাৰণে সাৰ্থক চিন্তনৰ দ্বাৰা আপুনি আপোনাৰ বিচাৰক বহুত সূক্ষ্মতাৰে নিৰীক্ষণ কৰিব পাৰিব। মনত ৰাখিব যে এটা উদ্দেশ্যপূৰ্ণ বিচাৰৰ পিছত অন্য সাৰ্থক বিচাৰ সম্মুখলৈ আহে।

সমুত্থান (Resilience) - থমাচ এডিমনে বিজুলীৰ আৱিস্কাৰৰ পূৰ্বে দহ হাজাৰ বাৰ অসফল হয়, অৱশ্যে তেওঁ কেতিয়াও কোৱা নাই যে তেওঁ ফেইল হৈ গৈছে বুলি। তেওঁ এইটো কৈছে যে তেওঁ দহ হাজাৰ প্ৰণালিক অনুসন্ধান কৰি উলিয়াইছে, যাৰ বিনা তেওঁ কাৰ্য কৰিব নোৱাৰে। তেওঁ এইটোও কয়- "যদি মই কোৱাহেঁতেন যে মই এইটো কৰিব নোৱাৰো", মই হাৰি গৈছো, তেতিয়া বোধহয় তেওঁ সে দিনাই অসফল হৈ গ'লহেঁতেন।

প্ৰত্যেক ক্ষেত্ৰত কাৰ্য কৰাৰ সময়ত উঠা-নমা হ'ব পাৰে। ইয়ালৈকে যে শচিন তেন্দুলকাৰৰ দৰে খেলুৱৈয়ে খেল পথাৰলৈ নামে তেতিয়া তেওঁৰ ভাৱ, প্ৰেৰণা আৰু উৎসাহৰ স্তৰত অন্তৰ থাকে। লাগিলে খেল পথাৰত হাজাৰ হাজাৰ টি.ভি.ৰ মাধ্যমেৰে কোটি কোটি দৰ্শকে তেওঁ দেখা পাই কিন্তু তথাপিও তেওঁৰ নিৰসতা ব্যাপ্ত হৈ যায় কাৰণ তেওঁৰ বাবে মানুহে, প্ৰশংসক আৰু মেডিয়া এনেয়ে সাধাৰণ হৈ যায়, সেইকাৰণে তেওঁৰ জীৱনত কেতিয়াবা-কেতিয়াবা এনেকুৱা সময় আহে, যেতিয়া তেওঁ প্ৰেৰণা তথা প্ৰোৎসাহনৰ অভাৱ পাই। সমুত্থান শক্তিয়ে ব্যক্তিক আত্ম-প্ৰেৰণাৰ দ্বাৰা ঋণাত্মক ভাৱা তথা ভাৱানাৰ সমস্যাৰ পৰা বাহিৰলৈ লৈ আহে। যি সময়ত আপুনি নিজকে হীন বা খেল পথাৰৰ পৰা বাহিৰত অনুভৱ কৰে, সেই সময়ত এইটো শক্তিয়ে আপোনাক আকৌ সঠিক সময়লৈ লৈ আহে য'তনেকি বাকী লোকে সেই সময়ত এইটো ভাৱে যে আপুনি প্ৰতিযোগীতাৰ পৰা বাহিৰ হৈ গৈছে।

পদক্ষেপ লোৱা শক্তি (Initiative) - যেতিয়া আপুনি কোনো পদক্ষেপ লয়, তেতিয়া সংসাৰে লাগিলে যিয়েই নাভাৱক আপুনি মনত ৰাখিব যে এইটো পদক্ষেপে আপোনাক শিকাৰ আৰু এটা অনুভৱ দিছে। এইটোৱে আপোনাৰ উদ্দেশ্যৰ এখোজ ওচৰলৈও লৈ যায়।

পদক্ষেপ লোৱাৰ পৰা কেতিয়াও সংকোচ হ'ব নালাগে, বিশেষকৈ যেতিয়া আপোনাক মন আৰু শৰীৰে ইয়াৰ বাবে উত্তেজিত কৰিছে, লাগিলে আপুনি কামৰ ক্ষেত্ৰত অন্তৰ্মুখী হ'লেও, আপুনি পদক্ষেপ লোৱাৰ অভ্যাসৰ সজাগ ৰূপেৰে বিকশিত কৰিব লাগিব। যি লোকে পদক্ষেপ লোৱা পাহৰি যায়, তেওঁ সংসাৰেও পাহৰি যায়।

সক্ষমতা (Competence) - এইটো জনাটো বহুত গুৰুত্বপূৰ্ণ হয় যে আপুনি কিমান জানে আৰু আপুনি ইয়াৰ পৰা কি জানি আছে। যদি আপুনি অক্ষম হয়, আৰু ভিতৰৰ পৰা নিজৰ বিশেজ্ঞতাৰ অভাৱক অনুভৱ কৰে, তেতিয়াহ'লে ইয়াৰ পৰা ঋণাত্মকতা আৰু ভয় উৎপন্ন হ'ব যিটো কামৰ বাবে প্ৰথম খোজ উঠোৱাৰ পূৰ্বে আপোনাক পংগু বনাই দিব অৰ্থাৎ আপুনি সেই কামক কৰিব নোৱাৰিব।

গতিকে নিজৰ ক্ষেত্ৰত গভীৰ ৰিচাৰ্চ আৰু অধ্যয়ন কৰক, ইয়াৰ পৰা কেৱল সক্ষমতাৰ স্তৰেই নাবাঢ়ে বৰং আপোনাৰ আত্মবিশ্বাসো বৃদ্ধি হ'ব। হেনৰী ফৰ্ডে কেতিয়াবা কোনো ঔপচাৰিক শিক্ষা নাপাই কিন্তু মেকানিজিমৰ ক্ষেত্ৰত কোনো অভাৱ নাছিল।

সমানুভূতি (Empathy) - আপুনি প্ৰথমে নিজৰ প্ৰতি সংবেদনশীল বনাব লাগিব, তেতিয়া আপুনি আনৰ পৰতি সংবেদনশীল হ'ব পাৰিব, গতিকে আত্ম-বিশ্লেষণ কৰক, নিজৰ ব্যৱহাৰ, ভাৱনা আৰু বিচাৰৰ ওপৰত প্ৰশ্নচিহ্ন লগাওক। আনৰ ভাৱনাকো সন্মান কৰিব লাগে। আনৰ ভাৱানাক আদৰ দিয়া অৰ্থ এইটো নহয় যে আপুনি তাত সহমতো হয়। আনৰ দৃষ্টিৰে চাই 'জয়' ৰ স্হিতি পাবলৈ যত্ন কৰক। সহানুভূতিৰ অৰ্থ হ'ল চুবুৰীয়াৰ পীড়াক বুজি পোৱা। আনৰ কথাক একেবাৰে সহনশীলতা আৰু ভালদৰে নুশুনাকে নিজৰ বিচাৰ কেতিয়াও নাৰাখিব।

কেতিয়াবা মানুহে ভুলতে সমানুভূতিক সহানুভূতি বুলি মানে। সহানুভূতি এক এনেকুৱা ভাৱান হয়, য'ত আপুনি আনৰ প্ৰতি সহানুভূতি নৰখাকেও, তেওঁৰ দৃষ্টিত ভাল বনি থাকিবৰ বাবে, এনেদৰে দেখুৱাব পাৰে কিন্তু সমানুভূতিত আপুনি সন্মুখৰ জনৰ দৃশ্য পীড়াক নিজৰ কৰি জানে। সঠিক অৰ্থত তেওঁলোকৰ পীড়াক বুজি পাই।

বিশ্বাস (Confidence) - যি কাম কৰিব, বিশ্বাস আৰু দৃঢ় ধাৰণাৰে কৰিব। এইটো বিশ্বাস আপোনাৰ বাহিৰৰ আচৰণতেই নহয় বৰং আপোনাৰ বিচাৰ, অনুভৱ আৰু কাৰ্যটো জিলিকিব লাগে। আপুনি কোনো স্হিতিত বহুবিকল্পীয় প্ৰশ্নৰ উত্তৰ দি আপোনাৰ বিশ্বাসৰ স্তৰক নিৰীক্ষণ কৰিব পাৰে। যি কোনো স্হিতিৰ সম্ভাৱিত পৰিণামৰ দ্বাৰা নিজকে নিৰীক্ষণ আৰু নিজৰ মানসিক বিশ্লেষণ কৰক। এটা অধ্যয়নত ইয়াৰ ওপৰত বিস্তাৰেৰৈ চৰ্চা কৰিম।

অনুকূলনশীলতা (Adaptability) - আমি অৱচেতন ৰূপেৰে নিজৰ বাবে সুবিধা-ক্ষেত্ৰ গঢ়ি লওঁ। আজি যদি ৰাতি 9:30 বজাত আপোনাৰ দোৱাৰৰ ঘণ্টি বাজে, বিশেষকৈ যেতিয়া আপুনি টি.ভি. চাই থাকে তেতিয়া সকলোতকৈ প্ৰথমে মগজুলৈ এইটো আহে, "এইটো সময়ত কোনো দিগদাৰ কৰিব আহিছে ?"

যেতিয়া দোৱাৰ খুলি অতিথি দেখা পাই তেতিয়া আপুনি চেহেৰাত হাঁহি উলিয়াই তেওঁৰ স্বাগতম জনাই, কাৰণ আমি আমাৰ বাবে সুবিধাৰ ক্ষেত্ৰ বনাই লৈছো। আমি আগৰ পৰাই ঠিক কৰো ৰাখো যে সেই আমি কি কৰিব লাগে যে, যৰ পৰা অতিথিও অসহজ অনুভৱ কৰে।

মুডৰ উঠা নমাৰে আমাৰ চিনাকিৰ সুবিধা-ক্ষেত্ৰক চিনি পোৱা যায়। এনেকুৱা তেতিয়া হয় যেতিয়া আমি মনৰ নিয়ন্ত্ৰণত থাকো। আমি চাব লাগে যে মুড আমাৰ সুবিধা-ক্ষেত্ৰক প্ৰভাৱিত নকৰে আৰু আমি আমাৰ সুবিধা-ক্ষেত্ৰৰ বিস্তাৰ কৰিবও জানিব লাগে। এইদৰে আমি নিজকে যিকোনো পৰিস্হিতিত অনুকূল বনাব পাৰিম, জীৱনত আগৰ পৰা অধিক ব্যৱহাৰিকতা আহিব। আমি নিজকে নিয়মিত সুবিধাৰে অলপ অলপ বঞ্চিত কৰি সুবিধা-ক্ষেত্ৰৰ বিস্তাৰ কৰিব পাৰি, যেনেদৰে টি.ভি. শ্বোক এৰি কোনো অন্য কাম কৰা বা আকৌ কোনো অনপ্ৰেক্ষিত কাৰ্যৰ প্ৰতি অস্বীকৃতিৰ কাৰণে স্বীকৃতিৰ ভাৱ উৎপন্ন কৰা।

ঘনিষ্ঠতা (Rapport) - বাহিৰৰ আৰু ভিতৰৰ গ্ৰাহৰ মেলৰ পৰ কোনো সংগঠন বনাইি ভিতৰৰ গ্ৰাহক তেওঁলোক হয়, যি সংগঠনত নিজৰ জেষ্ঠ সহকৰ্মী বা অধিনস্হৰ ৰূপত কাৰ্যৰত হৈ থাকে বাহিৰৰ গ্ৰাহক তেওঁলোক হয়, যাক আপুনি উৎপাদ অথবা সেৱা প্ৰদান কৰে। আপোনাৰ বাহিৰৰ আৰু ভিতৰ, দুয়ো প্ৰকাৰৰ গ্ৰাহকৰ লগত ঘনিষ্ঠ বা সম্পৰ্ক থাকে, যিটো আপোনাৰ ব্যৱহাৰৰ দ্বাৰা আপোনাৰ প্ৰদৰ্শনৰ স্তৰক আকে। আমি প্ৰত্যেকৰে লগত ঘনিষ্ঠতা বনাই ৰাখিব লাগে যদি কোনো ব্যক্তিয়ে বিশেষক পছন্দ নকৰে তেতিয়াও তেওঁৰ প্ৰতি ব্যৱহাৰত তিতা-কেহা নালাগে। এইটো ঠিক যে আপুনি যোগাত্মক, সুখ আৰু আনক ধ্যানত ৰখাৰ সংগতিত থাকিব লাগে। ঠিক এইদৰে, যদি আপুনি তেওঁৰ দৰে হয়, তেতিয়া সকলোৱে আপোনাৰ লগত থাকিব বিচাৰিব।

আশাবাদীতা (Optimism) - ব্যক্তি সদায় আশাবাদী হ'ব লাগে। আপুনি যোগাত্মক ৰূপেৰে আশাবাদী হৈ বিচাৰ কৰিব লাগে যে সকলো আপোনাৰ অনুকূল হ'ব। লগতে আপুনি প্ৰবৃত্তিৰ নিয়মক ধ্যানত ৰাখি ইমান ব্যৱহাৰিকতাও প্ৰয়োগ কৰিব লাগিব যে প্ৰকৃতিয়ে আপোনাক আপোনাৰ মনোবাঞ্চিতই নহয় বৰং সিমানেই দিয়ে, যিটোৰ আপুনি

আচল অধিকাৰী হয়। মনত ৰাখিব যে নিৰাশাবাদে আমাক কাম কৰাৰ পৰা ৰখোৱা আৰু ব্যৰ্থ চিন্তাৰ ফালে থেলি দিয়ে য'তনেকি আশাবাদীতাই আমাকই নিৰন্তৰে কৰ্ম কৰিবলৈ প্ৰেৰণা দিয়ে। সফলতা সেই লোকৰ লগত সম্বন্ধ ৰাখে, যি কৰ্ম কৰে. **আপুনি 'মন' নামৰ অধ্যায়ত, এই বিষয়ে বিস্তাৰেৰে জানিব।**

কৌশল বনাম অভিবৃত্তি (Skill vs Attitude) - মই সাধাৰণতে আপোনাৰ কাৰ্যশালাত ভাগ লোৱাসকলক কওঁ যে তেওঁলোকে নিজৰ 'ৰেল মডেল' ৰ বিষয়ে ভাবক। ৰোল মডেল সেইজন হয়, যাক আপুনি বিচাৰে, যাৰ দৰে আপুনি বনিব বিচাৰে, তেওঁৰ দৰে গুণ আৰু গুৰু পাব বিচাৰে। তেওঁলোকে নিজৰ ৰোল মডেলৰ গণনা কৰি কয়- সাহসী, সময়ৰ সৎ ব্যৱহাৰ, সমৰ্থক, সহযোগী, দয়ালু, পৰিশ্ৰমী আদি। তাৰ পিছত মই তেওঁলোকক কওঁ যে জানিবলৈ চেষ্টা কৰা যে ইয়াৰে কোনটো গুণ শৈক্ষিক ৰূপেৰে প্ৰাপ্ত কৰিব পৰা যায়, ইয়াৰ অৰ্থ হ'ল যে কি বিশেষতা বা গুণক স্কুল-কলেজৰ ঔপচাৰিক শিক্ষাৰ পৰা পাব পাৰি। এটা বা দুটা গুণৰ নাম লোৱা যায়, সেই সকলো একেবাৰে সঠিক নহয়। তাৰ পিছত মই তেওঁলোকক অন্য গুণাৰ বিষয়ে প্ৰশ্ন কৰো তেতিয়া এটক দীঘলীয়া হামি ভৰাৰ পিছত উত্তৰ আহে যে এইটো হ'ল মনোবৃত্তি।

আমি আমাৰ ৰোলমডেলক তেওঁৰ সফলতা আৰু উপলব্ধিৰ কাৰণে নহয় বৰং তেওঁ দ্বাৰা প্ৰদৰ্শিত অভিবৃত্তিৰ কাৰণে বিচাৰো। অভিবৃত্তিয়ে আমাক ব্যৱহাৰলৈ লৈ যায় আৰু এইটো ভাৱানাত্মক লব্ধিৰ কুঞ্জী হয় য'তনেকি ব্যক্তিয়ে শৈক্ষিক ৰূপেৰে বৃদ্ধি লব্ধি পাই।

এবাৰ মই ফৰ্চুন 500 সংস্থাৰ জেনেৰেল মেনেজাৰৰ ওচৰলৈ গৈছিলো, তেওঁ মোক কয়, "যি কোনো ব্যক্তি লাগিলে তেওঁ আই.আই.এম. ৰপৰা হওক বা আই.আই.টি. ৰপৰা হওক, আমাৰ বাবে প্ৰতীকাত্মক হয়, সেইটোও তেতিয়ালৈকে, যেতিয়ালৈকে তেওঁলোকে আমাৰ ওচৰত সাক্ষাৎকাৰৰ বাবে নাহে। আমাৰ সংগঠনৰ এটা অংশ বনাৰ পিছত, আমাৰ বাবে এইটো কোনো গুৰুত্ব নহয় যে তেওঁলোকে কৰ পৰা পঢ়িছে কাৰণ এতিয়া তেওঁলোকৰ অভিবৃত্তি আৰু প্ৰদান কৰাৰ যোগ্যতাই আমাৰ কেন্দ্ৰ-বিন্দু হয়।

এইদৰে, এবাৰ মই 2 লাখ কোটিৰ টাৰ্নঅভাৰৰ সংগঠনৰ ডায়ৰেক্টৰৰ লগত কথা পাতিছিলো, "আমাৰ ওচৰত আই.আই.টি. আৰু অন্য ডাঙৰ সংস্থাৰ পৰা বহুত নিযুক্তি হয়, কিন্তু মই নোট কৰো যে এই ব্যক্তিসকলে আমাৰ লগত অধিক সময়লৈকে কাৰ্য কৰিব নোৱাৰে কাৰণ যেতিয়া সংগঠনে তেওঁলোকক বাহিৰৰ ক্ষেত্ৰলৈ পঠিয়াই, তেতিয়া তেওঁলোকৰ এনেকুৱা অভিবৃত্তি নহয়।"

আধ্যাত্মিক লব্ধি (Spiritual Quotient)

সকলো অভিবৃত্তি আৰু আৱানাত্মক লব্ধিৰ লগত জড়িত আছে। কেতিয়াবা যেতিয়া আমি ভয়, উদ্বেগ, অনিশ্চিয়তা, কষ্টৰে ঘেৰি যাওঁ তেতিয়া সন্তুলন সাধনৰ প্ৰয়োজন হয় যাতে নিজকে চিন্তামুক্ত কৰি নিজৰ কাৰ্যকল্প কৰিব পাৰে। এইদৰে লোচ বাঢ়ে আৰু আমি উচিত অধিবৃত্তিক প্ৰয়োগ কৰো। এইটো আমাৰ আধ্যাত্মিক পক্ষ বা আধ্যাত্মিক লব্ধি হয়। এইটো আমাৰ জীৱনত বহুত গুৰুত্বপূৰ্ণ হয় কাৰণ আমি এক এনেকুৱা প্ৰতিযোগীতা ভাগ লৈছো, য'ত সকলোৱে আনতকৈ আগত গুচি যোৱাৰ লক্ষ্যত থাকে। অৱশ্যে আমি এইটো দৌৰত তীব্ৰ গতিৰে দৌৰাৰ আৱশ্যক হয় কিন্তু কেতিয়াবা আমাৰা দহা সেই কাৰৰ দৰে হয় যিটোত ভাল পিকআপ থকাৰ স্বত্তেও, ইন্ধন হোৱাৰ কাৰণে ৰখি যায়। আমাৰ কাৰৰ ইন্ধন হয়, আধ্যাত্মিক লব্ধি যাৰ উৰ্জাই আমাক জীৱন্ততা প্ৰদান কৰে।

মই ভগৱদ্গীতাৰ পৰা শ্লোক লৈছো, মোৰ পুৰা বিশ্বাস আছে যে সেইটোৱে আপোনাক আকৌ জীৱন্ততাৰ ইন্ধন আৰু তাৰ নিয়মক বুজি পোৱাত সহায় কৰিব। আপুনি গোটেই সহনশীলতাৰ লগত কাৰ্য কৰিব পাৰিব। নিজৰ পক্ষ ৰাখি আনৰ প্ৰতি বিজয়ী থাকিব লাগিব। এইখন কিতাপে আপোনাক জীৱনৰ বিসংগতিৰ পৰা উলাই অহাত সহায় কৰিব।

লাগিলে সেইটো ভাৱানাত্মক লব্ধি হওক বা আধ্যাত্মিক লব্ধিয়েই হওক, ইয়াৰে যি কোনো মনুষ্যক 'মন' ৰ বিনা স্বাধীন ৰূপেৰে চালিত বা নিয়মিত কৰিব নোৱাৰে।

অৱশ্যে এই বিষয়ৰ ওপৰত আমি আগৰ আগৰ অধ্যায়ত বিস্তাৰেৰে চৰ্চা কৰিছো কিন্তু ইয়াত মই আপোাক মস্তিস্কৰ কাৰ্যবিধিৰ বিষয়ে বুজাব বিচাৰো, যিটো মনৰ এটা সৰু অংশ হয়।

মস্তিষ্ক আৰু ইয়াৰ অৱয়ব

দ্বিতয়ী অধ্যায়লৈ যোৱাৰ পূৰ্বে আমি মস্তিস্কৰ কাৰ্যক্ষমতাক জানি, এইটো গম পাব লাগিব যে আমি এইটো আমাৰ উন্নতিৰ বাবে আৰু অধিক প্ৰভাৱী কেনেকৈ বনাব পৰা যায়। আমি মস্তিস্ক-ব্যৱহাৰ সম্বন্ধৰ পৰা এইটো গম পাওঁ যে ব্যৱহাৰ আৰু মনসিক প্ৰক্ৰিয়াক উৎপন্ন আৰু নিয়ন্ত্ৰিত কৰে, য'ত ভাৱনা, ব্যক্তিত্ত্ব, চিন্তন, শিকা, মনত ৰখা আৰু সমস্যাৰ সমাধান আদিও অন্তভুক্ত আছে। এইটো বৌদ্ধিক

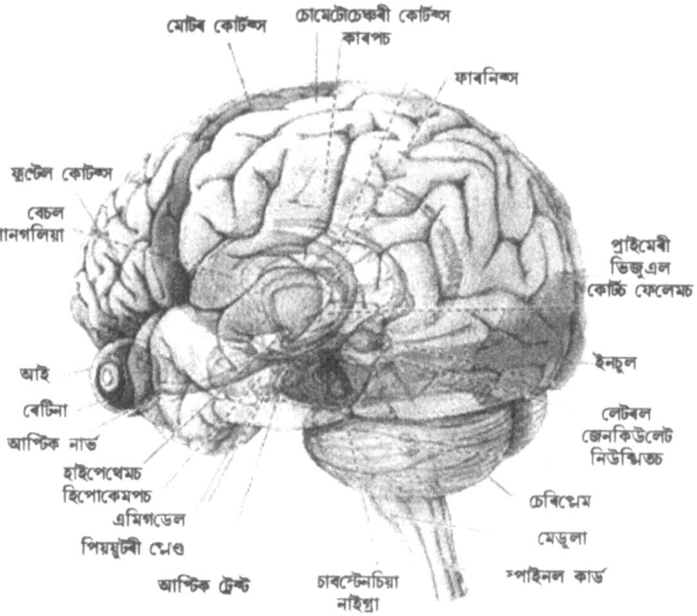

প্ৰক্ৰিয়া- আৰু ব্যক্তিত্তৰ বাবে উত্তৰদায়ী ব্যৱহাৰৰ জৈৱিক কাৰণ (সৃজনশীল বুদ্ধিমত্তাৰ পৰা মানসিক ৰোগড়লৈকে) ৰ চিনি পোৱাটো সহায় কৰে।

মস্তিস্ক সেইটো প্ৰাৰম্ভিক কিদু হয়, যৰ পৰা আমাৰ সম্পূৰ্ণ মানসিক তথ্যৰ ওপৰত কাৰ্য কৰে। ইয়াত এই বিভিন্ন ইন্দ্ৰিয়ৰ সক্ৰিয় মিলনৰ নিউট্ৰনক স্বাস্থ্যৱান কৰি ৰাখে, বৃদ্ধাৱস্থাৰ সন্মুখিন হ'লৈও প্ৰস্তুত কৰে। স্নায়ু কোশিকা এক বৃক্ষৰ দৰে হয়, যেনেদৰে বুঢ়ি হয়, শাখা দুৰ্বল হৈ পৰি যায়, কিন্তু যদি এই কোশিকাক নিশ্চিত কাৰ্যৰে সক্ৰিয় ৰখা যায় তেতিয়া তাৰ ওচৰে পাজৰে কোশিকা নতুন নেটৱৰ্ক বনে তথা অগৰটোকো বনাই ৰাখে। এইটো কোশিকা ডোপামাইন, চেৰোটোন, নোৰপাইজফ্ৰাইন, গাভা অপিঅড্চ আৰু টৰিন আদি স্বাস্থ্য ৰসায়নৰ উৎপাদনটো সহায় কৰে।

মস্তিস্ক তিনিটা মুখ্য অংগৰে বনেঃ অগ্ৰ মস্তিস্ক, মধ্য মস্তিস্ক তথা পশ্চ মস্তিস্ক। আগৰ ভাগত চেৰিব্ৰম, .পেলমচ আৰু হাইপোথেলম্চ (লিম্বিকা তন্ত্ৰৰ অংগ) আছে। মাজত টক্কম, টেগমেন্টে আছে তথা সকলোতকৈ পিছত চেৰিবেলম, পান আৰু মেডুলা আছে। প্ৰায়ঃ মধ্য-মস্তিস্ক, পান মেডুলাক মিলাই ব্ৰেনস্টেম বুলিও কয়।

চেৰিব্ৰম

মানৱ মস্তিস্কৰ সকলোতকৈ ডাঙৰ ভাগ চেৰিব্ৰম, চিন্তি কৰা আৰু কাম কৰা আদিৰ দৰে উচ্চতৰ মগজু কাৰ্যৰে জড়িত থাকে। এইটো বৈচিছক চালকৰ গতি, সন্তুলন আৰু সাম্য তথা পেশী বলৰ সংযোজনটো অন্তভুক্ত থাকে। এইটো মস্তিস্কৰ পিছৰ ফালে তথা ব্ৰেনস্টেমৰ অলপ ওপৰত স্হিত থাকে। চেৰিব্ৰল কৰ্টেক্স চাৰিটা খণ্ডত ভাগ কৰা হয়- অগ্ৰ, ভিত্তীয়, পৰস্পৰ পাল, কানৰ খণ্ড।

অগ্ৰ খণ্ড (Frontal lobe)ঃ- ইয়াক ভাৱনাত্মক কেন্দ্ৰ বুলি কোৱা যায়, ইয়াৰ আমাৰ ব্যক্তিৰ লগতো গভীৰ সম্বন্ধ আছে, এইটো গাড়ীৰ গতিবিধি, সমস্যাৰ সমাধান, সহজতা, স্মৃতি, ভাষা, ন্যায়, আৱেগৰ নিয়ন্ত্ৰণ সামাজিক আৰু কাম সম্বন্ধী ব্যৱহাৰত অন্তৰ্ভুক্ত থাকে।

ভিত্তীয় খণ্ড (Parietal lobe)ঃ- বোধ আৰু সংবেদনত অন্তৰ্ভুক্ত থাকে তথা সংবেদিক সূচনাক দৃশ্য তন্ত্ৰৰে মিলাই।

কানৰ খণ্ড (temporal lobe)ঃ- টেম্পোৰেবল এলোভ শ্ৰৱণ সম্বন্ধী প্ৰক্ৰিয়াত অন্তভুৰ্ক্ত হয় তথা এইটো বাণী আৰু দৃশ্য ক্ষমতাত অৰ্ধগত প্ৰক্ৰিয়াৰ বাবেও মহত্ত্বপূৰ্ণ হয়। এইটো দীৰ্ঘকালীন স্মৃতি নিৰ্মাণত বিশেষ ভূমিকা পালন কৰে তথা পশ্চ কপাল খণ্ড আমাৰ দৃশ্য বোধ তন্ত্ৰৰ কেন্দ্ৰ হয়।

লিম্বিকা তন্ত্ৰ

এটোক 'ভাৱানাত্মক তন্ত্ৰ বুলিও কোৱা হয়, এইটো চেৰিব্ৰমত লাগি থকা পোৱা যায়। এইটো ভাৱান, ব্যৱহাৰ, দীৰ্ঘাকলীন স্মৃতি আৰু ঘ্ৰাণশক্তি আদিৰ শব্দ 'লিম্বচ' ৰ দ্বাৰা বনে, যিটোক প্ৰায় 'বৰ্ডাৰ' বা 'ভেণ্ট' বুলি কোৱা হয়। থেলমচ, হাইপোথেলমচ, এমিগডলা আৰু হিপ্পোকেম্পচো এই তন্ত্ৰত অন্তৰ্ভুক্ত থাকে।

থেলেমচ সংবেদী আৰু চালক গতিবিধিৰ ধ্যানত ৰাখি তথা হাইপোথেলমেচ ভোক, পিয়াস, বিষৰ প্ৰতিক্ৰিয়া, আনন্দৰ স্তৰ, কামৰ সন্তুষ্টি, ক্ৰোধ আৰু আক্ৰামক ব্যৱহাৰ আদিৰ বাবে উত্তৰদায়ী হয়।

এমিগডলা বিবিধ ভাৱনাত্মক ব্যৱহাৰত অন্তৰ্ভুক্ত থাকে। ইয়াৰ ওপৰত বহুত গহন ৰিচাৰ্চ আৰু অধ্যয়ন কৰা গৈছে যাৰ লগত ব্যৱহাৰিক, প্ৰোৎসাহন আৰু প্ৰেৰিত কৰাত ইয়াৰ প্ৰয়োগক গম পোৱা গৈছে। ইয়াৰ বিভিন্ন অংগ, শিকা আৰু প্ৰোৎসাহন দিয়াৰ প্ৰতিক্ৰিয়াৰ লগত জড়িত থাকে, অৱশ্যে ভয়ৰ বিষয়ত তাৰ ভূমিকা অলপ বেলেগ হয়।

এইটোৱে ভাৱনাত্মক ঘটনাৰ সূচনাক একত্ৰ কৰে. গতিকে কোৱা যায় যে এইটো ভাৱানত্মক স্মৃতিত নিজৰ যোগদান দিয়ে। ভাৱনাত্মক স্মৃতিক স্মৃতিৰ অৱচেতন ৰূপত দেখা যায়, যিটো হিপ্পোকেম্পাছৰ ঘোষণাত্মক স্মৃতিৰ পৰা বিপৰীত হয়।

মস্তিষ্কৰ সোওঁ তথা বাওঁ ভাগ

যদি আপুনি ধ্যান দিব, এটা সমান গতিত বাহন চলোৱা সময়ত আপুনি কাৰোবাৰ লগত ফোনত সহজভাৱে কথা পাতিব পাৰে, কিন্তু ৰাস্তাত টাৰ্ন কৰা সময়ত আপুনি এটা ক্ষণৰ বাবে মনে মনে থাকে। আপুনি কেতিয়াবা ভাৱিছেনে যে এনেকুৱা কিয় হয়?

এনেকুৱা সেইকাৰণে হয় কাৰণ যেতিয়া আপুনি গাড়ী চলাই তেতিয়া আপোনাৰ সোঁ মস্তিস্ক স্হানিক সজাগতাৰে ৰাস্তাৰ ধ্যান ৰাখে য'তনেকি বাওঁ মস্তিস্কই বাৰ্তালাপ আৰু শব্দ কৌশলৰ ওপৰত ধ্যান দিয়ে। যেতিয়া যাতায়তত আপোনাৰ ধ্যান টানে তেতিয়া আপুনি আপোনাৰ প্ৰাথমিক কেন্দ্ৰ শব্দ (বাওঁ মস্তিস্ক) ৰপৰা আতৰি (সোঁ মস্তিস্ক) স্হানিক সজাগতাৰ ফালে লৈ আনে যাতে সেইটোক ঠিক কৰিব পাৰে। মস্তিস্কক এই পৰিৱৰ্তন আৰু তাৰ পৰা ঘূৰি অহাত কিছু সময় লাগে তেতিয়া দিশ পৰিৱৰ্তন হোৱা সময়ত কথা ৰখি যায়।

এই ধৰণে সোঁ আৰু বাওঁ মস্তিস্কৰ ভূমিকা বহুত মহত্ত্ব ৰাখে। যদি আমি মানৱ মস্তিস্কৰ অধ্যয়ন কৰো তেতিয়া পাম যে ইয়াত অসীম সম্ভাৱান লুকাই আছে, যিটো বাহিৰলৈ আহিবলৈ অপেক্ষা কৰি আছে। সোঁ তথা বাওঁ মস্তিস্কই নিজৰ নিজৰ কাৰ্য, বিভিন্ন সন্দৰ্ভত কৰে। প্ৰায় 95 শতাংশ লোকত, বাওঁ ভাগ তৰ্ক তথা বিস্তাৰ কেন্দ্ৰিত থাকে তথাৰ সোঁ ভাগত নমুনাক চিনি পাই দৃশ্য কেন্দ্ৰিত থাকে। সোঁ ভাগত চিত্ৰ আৰু দৃশ্যক প্ৰয়োগ কৰে য'তনেকি বাওঁ ভাগে এই চিত্ৰ আৰু দৃশ্যক শব্দত পৰিৱৰ্তন কৰে। মস্তিস্কৰ সোওঁ আৰু বাওঁ ভাগৰ কাৰ্যসূচী নিম্নলিখিত হয়।

শৈক্ষিক ৰূপেৰে মস্তিস্কৰ সোওঁ ভাগৰ তুলনাত, বাওঁ ভাগক অধিক প্ৰশিক্ষিত কৰা যায়। অংকগণিত আৰু শব্দকৌশলৰ ওপৰত অধিক ধ্যান দিয়া যায় য'তনেকি সংগীত, কল্পনা আৰু অন্তৰ্জাত বিকাশৰ ওপৰত ইমান ধ্যান নাথাকে।

সোঁ ভাগ	বাওঁ ভাগ
স্হানিক সজাগতা কলাত্মক সংগীত, স্মৃতি, স্বপ্ন বস্তুক উচিত স্হানত চিনি পোৱা তৃতীয়াত্মক স্হান শৰীৰৰ স্হিতিক জনা যি দেখে বা কৰে সেইটোক বুজি পোৱা আৰু মনত ৰখা গোটেই তথ্যৰ অংশক গুটাই সম্পূৰ্ণ চিত্ৰ বনোৱা শৰীৰৰ বাওঁ ভাগক নিয়ন্ত্ৰিত কৰা।	তৰ্ক ক্ৰম বোধ বুদ্ধিসম্পন্ন, বিৱেকসম্পন্ন সুস্পষ্টতা ভাষাক বুজি পোৱা আৰু প্ৰয়োগ (শুনা, পঢ়া, কোৱা, লিখা) কোৱা আৰু লিখা বাতৰিৰ স্মৃতি / সূচনাৰ বিস্তৃত বিশ্লেষণ শৰীৰৰ সোঁ ভাগক নিয়ন্ত্ৰিত কৰা।

সংগীতৰ মস্তিস্কৰ সোঁ ভাগৰ লগত সম্বন্ধ থাকে। আপোনাৰ মনত আছেনে যে আপুনি বহু বছৰ আগতে শুনা গানকো কিমান সহজতে গাব পাৰে। লাগিলে সেইটো আপুনি বহুত দিন গোৱা নাই।

আপুনি সেইটো ইমান সহজতে কিয় গাব পাৰে? ইয়াৰ উত্তৰ সোঁ মস্তিস্কৰ ওচৰত আছে, য'ত সংগীতৰ অনুভৱ আছে তথা স্মৃতি সুৰক্ষিত থাকে। আপুনি সংগীতৰ গানক মনত পেলাবৰ বাবে বাওঁ ভাগক প্ৰয়োগ কৰিব লগা নহয়। যেতিয়া আপুনি গান শুনে, সেইটো মস্তিস্কৰ সোঁ ভাগ বনি যায়, সেইফালে স্মৃতি থাকি যায়, কিছু দশকৰ পিছত কোৱাৰ অপেক্ষাত পৰি যায়।

এইদৰে, মস্তিস্কৰ সোঁ ভাগৰ মাধ্যমেৰে আপোনাৰ আধ্যাত্মিক সম্পৰ্কও বিকশিত হয়। ধ্যান আন্তৰিক শান্তি আৰু অন্তৰ্জাত শক্তিৰ বিকাশ কৰে, যৰ পৰা জীৱনৰ পথত আৱশ্যকীয় অন্তৰ্জাতি প্ৰাপ্ত হয়।

অতঃ মস্তিস্কৰ সোঁ ভাগক বিকশিত কৰি ব্যক্তিক সুপ্ত যোগ্যতা জাগৃত কৰিব লাগে তথা অন্তদৃষ্টিক আকৰ্ষণ বনাব লাগিব।

মস্তিষ্কৰ ক্ষমতা শুধৰোৱাৰ উপায়

পঢ়া

আপোনাৰ ব্যৱসায়িক ক্ষেত্ৰ অথবা স্বালম্বনৰ লগত জড়িত কিতাপ পঢ়িলে কেৱল আপোনাৰ জ্ঞানেই নাবাঢ়ে বৰং মস্তিস্কক নতুন বিচাৰ উৎপন্ন কৰাৰ চেলেঞ্জ পাই আৰু সেইটো ক্ষমতাৱান হ'ব।

পাঠ্যক্রম

পঢ়িবৰ বাবে কোনো বয়স নাথাকে। সেই বিষয়ৰ কোৰ্চ কৰক, যিটো আপুনি পঢ়িব বিচাৰে, এইটোৰ সৰু কালৰ কিবা আধৰুৱা ইচ্ছাও হ'ব পাৰে, যিটো আপুনি তেতিয়া পুৰা কৰিব পৰা নাছিলে। এইদৰে আপুনি মস্তিস্কক কিছু শিকিবৰ বাবে আগ্ৰহশীল বনাই, আৰু অধিক সক্রিয় হ'বৰ বাবে প্ৰোৎসাহিত কৰায়।

কামক বেলেগ ধৰণে কৰা

মস্তিস্কৰ কাৰ্যক্ষমতা বঢ়াব বিচাৰে তেতিয়াহ'লে কাৰ্যক বেলেগ ধৰণে কৰক। অৱশ্যে আপুনি প্ৰতিটো কামক উলোটা ধৰণে কৰিব নোৱাৰে কিন্তু যদি আপুনি আপোনাৰ ৰুমাল বাওঁ হাতত বান্ধে তেতিয়াহ'লে সোঁ হাতত বাঢ়িবলৈ আৰম্ভ কৰি দিয়ক। আপুনি আঙুঠি বেলেগ বেলেগ আঙুলিত পিন্ধক। আপোনাক এনে লাগিব যে আপুনি এই পৰিৱৰ্তন হোৱা স্হিতিত অলপ অসহজ হৈছে। এইটো সেই ক্ষণ হয় যেতিয়া আপুনি মস্তিস্কক অলপ বেলেগ কৰিবৰ বাবে উত্তেজিত কৰি আছে।

উকড়ু বহা

এইটো এক এনেকুৱা প্ৰণালী হয় যিটো স্নায়ু পথক খুলি দিয়ে। যেনেদৰে শ্ৰেণী কোঠাক অধ্যাপকে ছাত্ৰক শাস্তি দিয়া সময়ত সেইটো উকড়ু বহে। ইয়াত কাণৰ তলৰ একিউপাঞ্চাৰ বিন্দু সক্রিয় হ'লে স্নায়ু পথ উত্তেজিত হয়। বাওঁ হাতৰ পৰা সোঁ কাণ তথা সোঁ হাতেদি বাওঁ কাণক ধৰক। এতিয়া আঠু কাঢ়ক, ঠিয় হওক তথা বহক। তল মূৰ কৰা সময়ত উশাহ ভিতৰলৈ লওক তথা ঠিয় হোৱা সময়ত উশাহ এৰি দিয়ক। এইটো একেলেথাৰিয়ে 5 মিনিটলৈকে কৰক। ই.ই.জি. স্কেন ৰিপৰ্টৰ পৰা গম পোৱা গৈছে যে ইয়াৰ পৰা মস্তিস্কৰ সোঁ আৰু বাওঁ ভাগৰ তালমিল বাঢ়ে।

পানী খোৱা

মস্তিস্কত 85 শতাংশ পানী থাকে। গতিকে মস্তিস্কৰ কাৰ্যক্ষমতা পানীৰ অপূৰ্তিৰ ওপৰত নিৰ্ভৰ কৰে। এইটোও হ'ব পাৰে যে আপুনি বহুত বুঢ়া বা স্মৃতিহীন হোৱা নাই, কেৱল আপোনাক পানীৰ আৱশ্যক হৈছে। অধ্যয়নৰ পৰা গম পোৱা গৈছে যে বহুন দীঘলীয়া সময়লৈকে নিৰ্জলীকৰণৰ পৰা মস্তিস্কৰ ভিতৰত খামুচ মাৰিব ধৰে। মস্তিস্কৰ বাবে পানী বহুত আৱশ্যক হয়। ভোক তথা পিয়াসো আপোনাৰ মস্তিস্কৰ আৱশ্যকতাক সংকেত দিয়ে। যদি আপুনি পৰ্যাপত মাত্ৰাত পানী খোৱা নাই তেতিয়া বোধহয় শৰীৰক পানীৰ পিয়াস দূৰ কৰিবৰ বাবে আপুনি বেছি খাবলৈ আৰম্ভ কৰি দিব।

যেতিয়া ভোক অনুভৱ হয়, প্ৰথমে কেইবা গিলাছ পানী খাওক। হ'ব পাৰে যে আপোনাৰ ভোক লগাই নাই।

মস্তিষ্ক বিন্দুৰ ব্যায়াম

এটা হাত এনেদৰে মেলক যে বুঢ়া আঙুলি আৰু তৰ্জনীৰ মাজত বহুত ঠাই বনে। আপুনি তৰ্জনী আৰু বুঢ়া আঙুলিক কলাব্ৰনেৰে (collarbone) অলপ তলত শেস্হি (Sternum-চেপেটা হাড়, ব্ৰেস্টবোন) দুটাৰ ফালে ৰাখক। ইয়ত অলপ অলপ কৰি হেচা দিয়ক। সেই সময়ত ইটো হাত পেটৰ নাভি ক্ষেত্ৰত ৰাখক। এই বিন্দুৰ ওপৰত 2 মিনিটলৈকে অলপ কোমল হেচা দিয়ক। মস্তিস্কৰ ফালে ৰক্ত প্ৰৱাহত উন্নতি হ'লে তাৰ সক্ৰিয়তা বাঢ়িব। ইয়াৰ পৰা ডাঙৰ ৰক্ত প্ৰৱাহেৰে লিখা, পঢ়া আৰু বুজি পাবৰ বাবে আৱশ্যকীয় একাগ্ৰতা কৌশলক পৰিৱৰ্তন কৰাত সহায় পাব।

হাত তথা আঠুৰ ব্যায়াম

ঠিয় হওক অথবা বহক। বাওঁ আঠুক উঠোৱা সময়ত, তাত সোঁ হাত আনক। তাৰ পিছত আঠুক উঠোৱা সময়ত বাওঁ হাত আনক। আপোনাৰ হাতক এইদৰে হিলাওক, ধৰক আপুনি পেৰেড কৰিছে। এইটো বহি বা ঠিয় হৈ 1 মিনিট কৰক। ইয়াৰ পৰা মস্তিস্কৰ সোঁ তথা বাওঁ ভাগৰ সংযোজনত পৰিৱৰ্তন হ'ব। দুটা গোলাৰ্দ্ধত সূচনা প্ৰৱাহৰ ব্যায়াম হ'লে একাগ্ৰতাৰ উচ্চতৰ স্তৰত পোৱাটো সহায় পাই।

আঙুলিৰ ব্যায়াম

ঠিয় হওক বা বহক। সোঁ বন্ধমালাক বাওঁ ভৰিৰ তলুৱাৰ তললৈ

লৈ যাওক। সোঁ বন্ধমালাক বাওঁ বন্ধমালাৰ ওপৰত এইদৰে ঘূৰাওক আৰু আঙুলি এইদৰে মিলাওক যে সোঁ বন্ধমালাৰ ওপৰত থাকক। কিলাকুতি বাহিৰৰ ফালে ঘূৰাই আঙুলিৰ ভিতৰৰ ফালে লৈ যাওক আৰু আৰামেৰে বুকুৰ মাজত লগাই দিয়ক। এই মূদ্ৰাত থাকে। ভৰিৰ তলুৱা আৰু কিলাকুতি ঘূৰাওক আৰু এই মূদ্ৰাত কিছু মিনিটলৈকে উশাহ লওক। আপুনি ইয়াৰ পিছত নিজকে বহুত শান্ত আৰু সহজ পাব।

ইয়াৰ অতিৰিক্তৰ ড্ৰইং, পেইন্টিং, ক্ৰচবৰ্ড আৰু চুডুকো আদি ব্যায়ামো মস্তিস্কৰ কাৰ্যক্ষমতাক বঢ়াই।

মাইণ্ড কোচ

মোৰ দ্বাৰা প্ৰস্তুত কৰা মাইণ্ড কোচ, এটা মবাইল চফ্টৱেৰ হয়, যিটো নিবিচাৰা ভাৱৰ সন্মুখিন কৰি বাঞ্চিত যোগাত্মক ব্যৱহাৰলৈ পৰিৱৰ্তন কৰাত সহায় কৰে। ইয়াত বৈজ্ঞানিক ৰিচাৰ্চৰ ওপৰত আধাৰিত মনোবৈজ্ঞানিক প্ৰশ্ন তথা সমাধান হয়। এইটো আপোনাৰ মস্তিস্ক এই ধৰণে উত্তেজিত কৰে যে আপোনাক প্ৰশ্ন সুধিলে, উত্তৰ দিয়াৰ প্ৰয়াস নকৰাকে মস্তিস্কই উত্তৰ দি দিয়ে, লাহে লাহে এইটো আপোনাৰ ব্যৱহাৰ আৰু বুদ্ধিসম্পন্নতাৰ উচ্চ সতৰলৈকে লৈ যায়ঃ যেনেদৰে আমি আপোনাৰ নাম, স্হান বা প্ৰিয় ৰং সুধো তেতিয়া আপোনাৰ উত্তৰ ভৱাৰ আগতে মস্তিস্কই সঞ্চালতি ৰূপেৰে প্ৰতিক্ৰিয়াত উত্তৰ দিব। এইদৰে মাইণ্ড কোচটো মস্তিস্কক উত্তেজিত কৰা প্ৰশ্ন বাক্য তথা সমাধান হয়, যিটো ঋণাত্মক ভাৱৰ ওপৰত প্ৰভাৱ পৰি, সেইটোক বাহিৰলৈ উলিয়াই দিয়ে।

মনোবৈজ্ঞানিক ৰূপেৰে পোৱা যায় যে প্ৰত্যেক ব্যক্তিয়ে সংসাধনপূৰ্ণ হয় তথা যি কোনো ভাৱৰ ওপৰত নিয়ন্ত্ৰণ পোৱাৰ যোগ্যতা ৰাখে। হ'ব পাৰে যে ব্যক্তিয়ে তেওঁৰ ধৰণৰ বিষয়ে গম নাপাই। ইয়াত বৈজ্ঞানিক মনোবৈজ্ঞানিক উপায়ৰ মাধ্যমেৰে নিবিচৰা শক্তিশালী ভাৱৰ পৰা মুক্তি পোৱাৰ ধৰণ দিয়া গৈছে। সেইটো পদ্ধতি হ'ল, 'আত্মবিশ্লেষণৰ দ্বাৰা আত্মসশক্তিকৰণ'

প্ৰায়ঃ ক্ৰোধ বা ভয়গ্ৰস্হ ব্যক্তিয়ে সমস্যা ৰা উক্ত ব্যক্তিৰ প্ৰতিঘৃণাৰ মনোভাৱ পালনি লৈছে আৰু সমাধান ভাৱিব নোৱাৰে। ইয়াত সমাধান পাবৰ বাবে টেকনিকৰ সহায়েৰে প্ৰশ্ন সুধা যায় যাতে ব্যক্তিক সেই ভাৱৰ পৰা বাহিৰলৈ অহাত যোগ্য বনাব পাৰে। প্ৰত্যেক প্ৰশ্নৰ উত্তৰ দিয়াৰ পিছত ব্যক্তিয়ে নিজকে আগতকৈ বেছি শ্ৰেস্ঠ পাই আৰু অভ্যাসৰ অন্তত ঋণাত্মক ভাৱৰ পৰা মুক্তি পাই।

এইটো ক্ৰোধ, ভয়, অনিশ্চিয়তা, চিন্তা, নিৰ্ণয় নিৰ্ধাৰণ, আত্মবিশ্বাসত অভাৱ, উদ্বেগ, উপেক্ষা আৰু অধীৰতা আদি মনোভাৱৰ ওপৰত কাৰ্য কৰে। এইটো ভাৱৰ স্তৰৰ আকলন কৰে, লুকাই থকাৰ কাৰণে অনুসন্ধান কৰা আৰু তাৰ পৰা পাবৰ বাবে প্ৰভাৱী টেকনিক দিয়াত সহায় কৰে। এইটোক চেলুলেয়ৰ ফোনৰ প্ৰয়োগেৰে, কেতিয়াবা কেতিয়াবা প্ৰয়োগত আনিব পৰা যায়। আপুনি ইয়াৰ অধিক তথ্য পাবৰ বাবে ত যাব পাৰে।

যুগৰ মাধ্যমেৰে উদ্‌ভৱ বিজ্ঞান

যেনেদৰে আমি এতিয়া মনুষ্যৰ বিজ্ঞানৰ চৰ্চা কৰিছো, সেইদৰে যুগৰ মাধ্যমেৰে উদ্‌ভৱ বিজ্ঞানো হয়। এই দুটা ক্ষেত্ৰৰ তথ্যৰে আপুনি আধ্যাত্মিকতাৰ পথৰ ফালে আৰু অধিক স্পষ্টতাৰে বাঢ়িব পাৰিব।

কোনো স্বয়ংসিদ্ধ আত্মা আছে, যি মানৱ জাতিক সফল জীৱন জীয়াৰ থকাৰ পথ দেখুওৱাই। বাস্তৱত মই এইটো মানো যে মানবিজ্ঞান, আধ্যাত্মিক বিজ্ঞানৰ এটা সৰু অংগ হয়। প্ৰাচীন মহান ঋষিয়ে বহুত ভাল কথা কৈছে আৰু নিজৰ বুদ্ধি-বিবেকৰ বলত তেওঁলোকে বহুতো আত্মাক মাৰ্গদৰ্শন কৰোৱাত সফল হৈছে। তেওঁলোকে মন তথা ইন্দ্ৰিয়ৰ ওপৰটো গভীৰ ভাৱে চৰ্চা কৰিছে। গতিকে অধ্যাত্ম আৰু বিজ্ঞানৰ লগত পৰস্পৰ সম্বন্ধ আছে তথা পৰস্পৰে নিৰ্ভৰ হৈও থাকে। মই এইটোক স্বামী মুক্তেশ্বৰ মহাৰাজৰ গণনাৰ মাধ্যমেৰে দৰ্শাব বিচাৰো যে এইটো আজিৰ সন্দৰ্ভত কিমান প্ৰাসংগিক হয়, যাতে আমি আধ্যাত্মিকতাৰ সম্ভাৱনা প্ৰশংসা কৰিব পাৰে।

যুগৰ মাধ্যমেৰে, উদ্‌ভৱ বিজ্ঞানৰ অনুসাৰে, কলিযুগক সকলো চাৰিটা যুগৰ ভিতৰত সকলোতকৈ বেয়া বুলি মানা যায়। মনুষ্যৰ বুদ্ধি কেৱল এক চতুৰ্থাংশ বিকশিত হ'ব আৰু মনুষ্যই মুঠতে ভৌতিক সৃষ্টিৰ পৰা পাৰ হ'ব নোৱাৰিব।

সত্যযুগ শ্ৰেষ্ঠ হয়, য'ত মনুষ্য অদৃশ্য জগতৰ পৰা পাৰ হৈ, ঈশ্বৰ তথা আত্মাৰ লগত সাক্ষাৎকাৰ কৰিব পাৰে। সত্যযুগৰ পিছত ত্ৰেতা, তাৰ পিছন দ্বাপৰ আৰু অন্তত কলিযুগ আহে। সংসাৰৰ সকলো হিন্দুত সমান্যতঃ এইটো মান্যতা চলি আহিছে যে আমি কলিযুগ আছো কিন্তু শ্ৰী শ্ৰী গুৰু স্বামী মুক্তেঈৱৰ মহাৰাজে (1855-193৬), গুৰু পৰমহংস যোগানন্দৰ গুৰু (পৰমহংস যোগানন্দৰ এক যোগীৰ আত্মকথাৰ লেখকক তথা 'যোগদা সৎসংগ চচাইটি' ৰ সংস্থাপক ৰাখিছে আৰু আমেৰিকাৰ পৰা সঞ্চালিত হয়) এই বিষয়ত বিভিন্ন মত ৰাখে। তেওঁ

এজন স্বয়ংসিদ্ধ স্বামী আছিল, যি 1963 চনত সমাধি লয়।

প্ৰায়ঃ এইটো মানা যায় যে সত্যযুগ 17,28,000 বৰ্ষৰ, নেতা ত্ৰেতা 12,96,000 বৰ্ষৰ দ্বাপৰ 8,64,000 বৰ্ষৰ তথা কলিযুগ 4,32,000 বৰ্ষৰ হয়। স্বামী শ্ৰী শ্ৰী মুক্তেশ্বৰ মাহাৰে কৈছে যে এই সংখ্যাৰ পিছত এটা প্ৰসংগ আছে, তেওঁ তাৰো বাখ্যা কৰিছে।

দ্বাপৰ যুগ পূৰ্ণ হোৱাৰ উপৰান্ত, মহাৰাজ পৰীক্ষিতৰ শাসনকালত গণনাৰ এইটো ভূল হয়। সেই সময়ত মহাৰাজ যুধিষ্ঠিৰে ধ্যান দিয়ে যে কলিযুগে নিজৰ পৌত্ৰ ৰজা পৰীক্ষিতক ৰাগাদী দি দিয়ে। তেওঁ নিজৰ ৰাজদৰবাৰত সকলো বুদ্ধিমান ব্যক্তি সহিত হিমালয়ৰ ফালে গুচি যায়, তেতিয়া ৰজা পৰীক্ষিতৰ ৰাজদৰবাৰত এনেকুৱা কোনো ব্যক্তি বচা নাছিল যে যুগৰ উপযুক্ত গণনা কৰিব পাৰে বা এইটোক জানিব পাৰে। দ্বাপৰ যুগ সমাপ্ত হোৱাৰ পিছত কোনোও কলিযুগৰ পৰিচয়ৰ ঘোষণাৰ সাহস কৰা নাই। কিদৰে কলিযুগৰ প্ৰথম বৰ্ষ, দ্বাপৰৰ গণনাত আহি যায়। কেইবা বৰ্ষৰ পিছত সেই কালৰ বুদ্ধিমান আৰু সাহসীয়াল লোকক এনে লাগে যে কলিযুগৰ অৱধি 1200 বৰ্ষ হয়। কাৰণ তেওঁলোকৰ বুদ্ধি একেবাৰে বিকশিত হোৱা নাছিল, গতিকে তেওঁলোকে এইটো নিষ্কৰ্ষত গৈ পাই যে কলিযুগৰ সেই 1200 বৰ্ষ আমাৰ পৃথিৱীৰ সামান্য 1200 বৰ্ষ নাছিল। সেইটো ঈশ্বৰৰ বৰ্ষ আছিল, য'ত প্ৰত্যেক মাহত 12 মাহ আৰু 30 দিন থাকে।

আৰু প্ৰত্যেক ঈশ্বৰ দিৱস, পৃথিৱীৰ এটা বৰ্ষৰ সমান আছিল। এইদৰে

1 দিন - 1 বৰ্ষ

360 দিন - 360 বৰ্ষ

সত্যযুগ ঃ 360 বৰ্ষ + 4800 বৰ্ষ = 17,28,000 বৰ্ষ

ত্ৰেতা যুগ ঃ 360 বৰ্ষ + 3600 বৰ্ষ = 12,96,000 বৰ্ষ

দ্বাপৰ যুগ ঃ 310 বৰ্ষ + 2400 বৰ্ষ = 8,64,000 বৰ্ষ

কলিযুগ ঃ 360 বৰ্ষ + 1200 বৰ্ষ = 4,32,000 বৰ্ষ

তেওঁলোকে কৈছে যে সত্যযুগৰ 4800 বৰ্ষৰ ভিতৰত (400 4000 400) সত্যযুগৰ পূৰ্বে তথা পিছৰ 400-400 বৰ্ষ তাৰ মূৰ হয়। এইদৰে 4600 (300 300 300), 2400 (200 200 200) আৰু 1200 (100 100 100) ও ত্ৰেতা, দ্বাপৰ তথা কলিযুগৰ মূৰ হয়। তেওঁলোকৰ গণনাই সংকেত দিয়ে যে ই. 1600 ত কলিযুগ (কলিযুগৰ শেষৰ এশ বছৰ তাৰ মূৰ আছিল), অতঃ দ্বাপৰ যুগৰ বিশেষতাও উভৰি আহে।

ই. 1600 ত উইলিয়াম গিলবাৰ্টে চুম্বকীয় বলৰ অনুসন্ধান কৰে। 1609 চনত, কেপলাৰে ল অফ এস্ট্ৰনমি তথা গেলিলিয়ই টেলিস্কোপ বনাই। 1670 ৰ প্ৰায় নিউটনে মধ্যাকৰ্ষণৰ সিদ্ধান্তৰ বাখ্যা কৰে। 1699 চনত দ্বাপৰৰ 200 বছৰৰ কাল সমাপ্ত হৈ যায়। এইটো কাৰণে যোৱাৰ এশ বছৰত মনুষ্যই উচ্চতাৰ শিখৰক স্পৰ্শ কৰে।

যদি আপুনি যোৱা দুই হাজাৰ বৰ্ষত মানৱতাৰ ইতিহাস চাব তেতিয়া মনুষ্য যুদ্ধ, কবজ, আনৰ প্ৰতি অনাদৰ তথা মহিলাৰ প্ৰতি হীন ভাৱ আৰু অসৎ কাৰ্যত লিপ্ত আছে কিন্তু যোৱা পাচ বৰ্ষত মনুষ্যৰ বহুত পৰিৱৰ্তন আহে। মনুষ্যই গণতন্ত্ৰক প্ৰয়োগ কৰে, ভেদা-ভাৱ আতৰি যায় আৰু স্ত্ৰী-পুৰুষক সমান ভাৱেৰে চাব ধৰিলে। আনৰ ভাৱনাৰো সন্মান কৰিব ধৰিলে। যেতিয়া 1894 চনত এই গণনাৰ ৰহস্যোদ্ঘাটন কৰে তেতিয়া ইয়াক '26 ফাগুন, 194 দ্বাপৰ' নাম দিয়ে।

মোৰ পুৰা বিশ্বাস আছে যে আপুনি এই তৰ্ক আৰু তথ্যৰ আধাৰত বুজি পাইছে বোধহয় যে আমি কলিযুগত জীয়াই থকা নাই আৰু তীব্ৰ গতিত আগবাঢ়ি উৰ্বৰ মস্তিস্ক উৎপন্ন কৰি আছো, যিটো জীৱনত উচ্চতাৰ শিখৰত পাবৰ বাবে আৱশ্যক হ'ব। এইটোৱে আমাক ইয়াৰ পিছৰ অধ্যায়ৰ ফাল লৈ যাব যিটো ঈশ্বৰ আৰু তেওঁৰ নিয়মৰ বাখ্যা কৰে। মোৰ বাবে, ভগৱদ্গীতাৰ শ্লোকতকৈ শ্ৰেষ্ঠ জ্ঞানপ্ৰদ একো হ'ব নোৱাৰে, যিটো জীৱনৰ নিয়মৰ ইমান সাৰ্থক ব্যাখ্যা কৰে।

❑❑❑

অধ্যায় - 2

ঈশ্বৰ

জীৱন এটা উপহাৰ হয় আৰু ৰঙক বিভিন্ন মিলিনৰ লগত আমাৰ সমুখত প্ৰস্তুত কৰে। এইটো প্ৰত্যেক ব্যক্তিক জীয়াই থকাৰ আৰু সকলো ধৰণৰ উথল-পুথল সহ্য কৰাৰ উপদেশ দিয়ে, যিটোক আপুনি দুঃখৰ ছাঁ বুলি ভাৱে। এইটো উথল-পুথল কস্ট, উদ্বেগ, চিন্তা, ঘৃণা, লোভ বা অন্য ঋণাত্মক মনোভাৱৰ পৰা এইটো হ'ব পাৰে। কোনোবাই সচাকে ভাৱেনেকি যে এই ঋণাত্মক ভাৱৰ পৰা মুক্তি পাবৰ বাবে কি কৰিব লাগে ? আমি সকলোৱে সফল হ'ব লাগে কিন্তু এইটো নাজানো যে এইটো কেনেদৰে পোৱা যায় ? আমাৰ ভিতৰত কেৱল কিছুমানেহে সেই পাই, যিটো আমি বিচাৰিছিলো (প্ৰায়ঃ জীৱনত লক্ষ্য পোৱাৰ পিছটো মানুহে অসন্তুস্ট হৈ থাকে। এনেকুৱা কিয় হয় ? এইটো প্ৰশ্নৰ উত্তৰ কঠিন নহয়। অৱশ্যে এইটো জীৱনৰ পৰা দূৰ কৰাটো কঠিন যেন লাগে। যাৰ কাৰণ হ'ল- অহং, লোভ, ঘৃণা আৰু ঈৰ্ষা আদি। যদি আমি আমাৰ প্ৰাপ্য নাপাওঁ তেতিয়া আমি ঋণাত্মক মনোবৃত্তি প্ৰয়োগ কৰি লওঁ।

অনেক পীড়িত তথা দুঃখী ব্যক্তিৰ মাজত কেৱল কিছুমানেহে এনেকুৱা হ'ব যি নিজৰ অৱস্থাৰ ওপৰত বিচাৰ কৰে, তেওঁলোকে এইটো জানিবলৈ প্ৰয়াস কৰে যে ঋণাত্মক পৰিস্থিতিৰ ওপৰত কেনেদৰে নিয়ন্ত্ৰণ ৰাখিব পাৰে। বুদ্ধিমান ব্যক্তিৰ আৰম্ভণিত পীড়াৰ উপেক্ষিত কৰি দিয়ে আৰু সমস্যা বাঢ়ি যায় তেতিয়া তাৰ সামাধানৰ কিবা নহয় কিবা উপায় বিচাৰি উলিয়াই।

আপুনি মানক বা নামানক, যেতিয়ালৈকে আপুনি ঈশ্বৰ আৰু তেওঁৰ নিয়মক জানি নলয়, তেতিয়ালৈকে জীৱনত সফল হোৱা, প্ৰসন্নদায়ক জীৱন জীয়াই থকা বা এক বিবেকী মনুষ্যৰ ৰূপত বিকশিত হোৱাটো বহুত কঠিন হয়। এজন ব্যক্তিয়ে আজীৱন প্ৰয়োগ কৰিব পাৰে, জীৱনক জনা বা নিজৰ ধৰণে জীয়াই থকা শিকাত সময় নস্ট কৰিব পাৰে, নিজৰ অনুভৱৰ পৰা কিছু শিকিব পাৰে (যিটো আকৌ ব্যৰ্থ

হ'ব পাৰে), বা তথাকথিত গুৰুৰ কোৱাৰ অনুসাৰে চলিব পাৰে।

বাস্তৱিকতে এইটো হয় যে এই সকলো প্ৰক্ৰিয়া নিজে নিজে বহুত দীঘলীয়া তথা ভাগৰ লগাই দিয়া হয়, যৰ পৰা সময়, ধন তথা উৰ্জাৰ অপব্যয় হয় তথা যোগাত্মক পৰিণামো প্ৰাপ্ত নহয়। যেতিয়ালৈকে বাস্তৱিকতাৰ অনুভৱ হয় তেতিয়ালৈকে আয়ুৰ অন্তিম চৰণত গৈ পাই যায়।

আপুনালোক সকলোৱে জানে যে মানৱ জীৱনক সকলোতকৈ শ্ৰেষ্ঠ বুলি মানা যায়। গতিকে এইটোক এনেয়ে ব্যৰ্থ কৰিলে কি লাভ হয়? জীৱনৰ অল্প তথা অনিশ্চয় অৱধি তথা সাধনাৰ দুৰ্লভ্‌তাৰ কাৰণে জীৱনৰ মহত্তক বুজি পোৱাটো আৰু আৱশ্যক হৈ যায়। প্ৰভুৱে আপোনাক যি জীৱন ৰূপী উপহাৰ দিছে, সেইটো প্ৰভুৰ দ্বাৰা বনোৱা নিয়মৰ অনুসাৰে চলিব লাগে। এইটো কোৱাৰ প্ৰয়োজন নাই যে প্ৰভুৰ প্ৰদত্ত নিয়মৰ আধাৰত কোনো ব্যক্তিয়ে সফলতা আৰু সমৃদ্ধি অৰ্জিত কৰিব পাৰে।

বেদ তথা ভগৱদ্‌গীতাৰ দৰে পৱিত্ৰ গ্ৰন্থ, জীৱনক শুধৰোৱা আৰু সুন্দৰ কৰাৰ দিশ-নিৰ্দেশ দিয়ে কিন্তু দুৰ্ভাগ্যৱশত আমি আমাৰ জীৱনত ইমান ব্যস্ত হৈ থাকো যে আমাৰ ওচৰত তেওঁৰ পঠন-পাঠন আৰু মনন কৰাৰ সময় নাথাকে। যেতিয়াৰ পৰা আমি উশাহ লৈছো তেতিয়াৰ পৰা প্ৰভুৰ নাম শুনি আহিছো সেইকাৰণে আমাৰ চেতনাই এইটো স্বীকাৰ কৰে যে আমি আগৰ পৰা এই বিষয়ে সকলো জানো। যিদৰে এজৰ কিশোৰে নিজৰ মাক-পিতাকৰ আদেশক পালন কৰা এৰি দিয়ে আৰু মানি লয় যে তেওঁ সকলো জানে, এনেকুৱা কিছু দশা আমাৰো হয়। এইখন কিতাপে পাঠকলৈকে জ্ঞানৰ ভাণ্ডাৰ দিয়াৰ উদ্দেশ্যৰে লিখা গৈছে আৰু আশ্বস্ত কৰে যে যদি কোনো ব্যক্তিয়ে ধাৰ্মিক ৰূপেৰে ইয়াৰ পালন কৰিব তেতিয়া সেইটো তেওঁৰ বাঞ্চিত লক্ষ্যলৈ গৈ পাবলৈ বেছি সময় নালাগে। এইখন কিতাপ শ্ৰীকৃষ্ণ আৰু অৰ্জুনৰ বাৰ্তালাপৰ ওপৰত কেন্দ্ৰিত হ'ব আৰু তাৰ পিছত পাঠকে, সেই মানৱ বিজ্ঞান অংশৰ সাক্ষী হ'ব, যিটো প্ৰত্যেকে প্ৰসন্নতাপূৰ্বক ভাৱে প্ৰয়োগ কৰিব পাৰে। এইখন কোনো ধাৰ্মিক গ্ৰন্থ নহয় বৰং আধ্যাত্মিক আৰু বৈজ্ঞানিক ৰূপেৰে উন্নত পাঠ্য হয়, যিটো সফলতা তথা সম্পন্নতাৰ বাবে মনোবাঞ্চিত দৃষ্টিকোণ দিয়ে যে মানৱ বিজ্ঞান, অধ্যাত্ম বিজ্ঞানৰ সৰু অংশ হয়। এই কিতাপখনক পঢ়াৰ পিছত পাঠকো ইয়াৰ পৰামৰ্শ সমৰ্থক হ'ব। ইয়াত ধৰ্ম আৰু অধ্যাত্মৰ মাজৰ অন্তৰ একেবাৰে স্পষ্ট হয়। ধৰ্মক মনুষ্যই কয় কিন্তু আধ্যাত্মৰ ৰচনা প্ৰভুৱে কৰে।

আপুনি কেতিয়াবা ভাৱেনে যে মানৱ শৰীৰৰ এক শতাংশ ভাগো তেওঁৰ নিয়ন্ত্ৰণত নাথাকে ? কিছুমান স্বৈচ্ছিক মাংসপেশীয়ে আমাৰ নিয়ন্ত্ৰণত থাকে যেতিয়ালৈকে যে অন্য মাংসপেশীয়ে আমাৰ নিয়ন্ত্ৰণৰ অধীনত নহয়। যি কোনো ব্যক্তিয়ে হাওঁফাওঁ, হৃদয় তথা কিডনি আদি মানৱীয় অংগক নিয়ন্ত্ৰণ কৰিব নোৱাৰে, কিন্তু ইয়াৰ অৰ্থ এইটো নহয় যে তেওঁ কেতিয়াও নিয়ন্ত্ৰণ কৰিব নোৱাৰে। ঠিক সেইদৰে আপোনাৰ নিজৰ সফলতা তথা অসফলতাৰ ওপৰত কোনো নিয়ন্ত্ৰণ নাথাকে, কিন্তু ইয়াৰ অৰ্থ এইটোও নহয় যে সেইটো আপোনাৰ ভাগ্যৰ অধীন হয়। আপুনি নিজে আপোনাৰ কৰ্ম ৰ দ্বাৰা আপোনাৰ ভাগ্যক বনাই তথা ঈশ্বৰ অথবা মহাশক্তি (যি কোনো আপুনি নাম লব বিচাৰে) আপোনাক কৰ্মফল দিয়ে! অতঃ জীৱনত পূৰ্ণতঃ সফলতা অৰ্জিত কৰে তেতিয়া প্ৰাকৃতিক নিয়মৰ মহত্ত্ব তথা উপদেয়তাক জানিব লাগিব।

কাল মাৰ্ক্স নিজৰ অৰ্থশাস্ত্ৰ তথা দৰ্শনশাস্ত্ৰ সম্বন্ধী কিতাপত লিখিছে ঃ- "শ্ৰমিক প্ৰকৃতিৰ বিনা একো কৰিক নোৱাৰে। ইয়াৰ শ্ৰম পদাৰ্থৰ ওপৰত আধাৰিত থাকে, যৰ পৰা উৎপাদৰ নিৰ্মাণ হয়। মনুষ্য প্ৰকৃতিৰ কাৰণে জীৱিত থাকে তথা এইটো প্ৰকৃতি তেওঁৰ শৰীৰ হয়। গতিকেঃ তেওঁ প্ৰকৃতিৰ লগত তলমিল ৰাখিব লাগে। মনুষ্যও প্ৰকৃতিৰ এটা ভাগ হয়। অতীতটো অনেক মহান সফল মহানুভৱে প্ৰকৃতি তথা ইয়াৰ নিয়মক প্ৰশংসা কৰিছে। যদি আপুনিও তেওঁলোকৰ দৰে প্ৰকৃতিৰ নিয়মক পালন কৰে তেতিয়াহ'লে তেওঁলোকৰ দৰে বনিব পাৰিব।

সফলতাৰ দুটা ভাগ ভাগ কৰিব পাৰে-**অল্পকালীন** তথা **দীৰ্ঘকালীন** সফলতা। বৰ্তমান স্তৰত যি মনুষ্যই দেখে, সেই বহু শতিকাৰ দীঘলীয়া যাত্ৰাৰে বিকাশ কৰি ইয়ালৈকে আহি পাইছে। ইয়াত অনিবাৰ্য প্ৰশ্ন এইটো হয় যে আমি 'কি গতি' ৰে বিকাশ কৰি আছো আৰু অন্য মহত্ত্বপূৰ্ণ কথা এইটোও হয় যে "এই গতি" ক কেনেদৰে চিনি পোৱা যায় ? নিম্ন তালিকালৰ পৰা আপুনি দুই ধৰণৰ সফলতাৰ অন্তৰক জানিব পাৰিব -

দীৰ্ঘকালী সফলতা	অল্পকালীন সফলতা
• ব্যক্তিয়ে প্ৰকৃতিৰ নিয়মক পালন কৰে। • মানৱ কল্যাণৰ লগত জড়িত কাৰ্য কৰে। • মনুষ্যজীৱনত আধ্যাত্মিক তথা ভৌতিক সফলতা আৰ্জিত কৰে। • সমাজৰ দ্বাৰা প্ৰশংসিত তথা দৈৱী ব্যক্তিত্বৰ ৰূপত সম্মানিত কৰে। • প্ৰসন্ন তথা শান্ত জীৱন ব্যতীত কৰে।	• প্ৰকৃতিৰ নিয়মক অৱহেলনা কৰা যায়। • কেৱল নিজী কল্যাণৰ বিষয়ে ভৱা যায়। • ভৌতিক সফলতা পাই কিন্তু আধ্যাত্মিক ৰূপেৰে পতন হৈ যায়। • প্ৰথমে অলপ সম্মান পাই কিন্তু শীঘ্ৰে সমাজে তেওঁৰ দুষ্টতাক চিনি পাই। • চিন্তাযুক্ত তথা ব্যাকুল জীৱন ব্যতীত কৰে।

যদি মই সুধো যে দিনত কিমান ঘণ্টা থাকে তেতিয়া স্বাভাৱিক ৰূপেৰে উত্তৰ পাম '24 ঘণ্টা' মোৰ ইয়াৰ পিছৰ প্ৰশ্ন হ'ল যে আমি ইয়াৰে কিমান ঘণ্টা দৈনিক কামৰ গতিবিধিত পাৰ কৰো? এই দৈনিক কাৰ্যৰ আমাৰ নিদ্ৰা কিমান ঘণ্টা হয়, কাম আৰু যাত্ৰাৰ ঘণ্টা তথা ভোজন আৰু আৰামৰ সময় অন্তৰ্ভুক্ত থাকে যিটো মুঠতে মিলাই 20 ঘণ্টা হৈ যায়। আমি কি গতিবিধিৰে বিকাশ কৰিম, এইটো শেষৰ চাৰি ঘণ্টাৰ সঠিক ব্যৱহাৰৰ ওপৰত নিৰ্ভৰ কৰে। আমি এই চাৰি ঘণ্টাক টি.ভি. চোৱা, কথা পতা বা ক্ৰিকেট চোৱাত পাৰ কৰিমনে বা এইটো আমাৰ উৎপাদকতা বঢ়োৱাত, মনক নিয়ন্ত্ৰিত কৰা আৰু প্ৰকৃতিৰ নিয়মেৰে এক হৈ লগাম।

ইয়াত কোনো সন্দেহ নাই যে আধুনিক মনুষ্যৰ প্ৰগতিৰ পথত অগ্ৰসৰ হয় কিন্তু তেওঁৰ অলপ আভাস হ'ব ধৰে যে তেওঁ প্ৰকৃতিৰ কাৰণে আগবাঢ়িব পাৰে। শক্তিশালী প্ৰকৃতিৰ তুলনাত মনুষ্য অস্তিত্বহীন হয়। সম্ভৱতঃ সেইকাৰণে মনুষ্যই বানপানী, অকাল, ভূমিকম্প আদি প্ৰকৃতিক আপদৰ পৰা ত্ৰস্ত হৈ যায় তথাৰ তেওঁৰ ওচৰত পলোৱাৰ বাদে একো বিকল্প নাথাকে। মুনষই নিজকে আৱিষ্কাৰ বুলি ভাৱে

কিন্তু তেওঁলোকে মাত্র অন্বেষক হয়। তেওঁলোকে অণুক বনোৱা নাই, কেৱল কেৱল তাৰ অনুসন্ধান কৰিছে। তেওঁলোকে বৈজ্ঞানিক উপলব্ধিৰ বলত প্ৰকৃতিৰ তত্ত্বৰ অন্বেষণ ভৰিব পাৰে।

সকলোতকৈ প্ৰথমে আমি বেদ তথা তাত নিহিত উদ্দেশ্য জনাৰ প্ৰয়াস কৰিম। বেদৰ ৰচনা স্বয়ং ঈশ্বৰে কৰিছে তথা ব্ৰহ্মাক দি দিছে, যাতে সৃষ্টিৰ জীৱক সহায় কৰিব পৰা যায়। এইটো প্ৰক্ৰিয়া টেলিপেথী (চেতন সংবহন) ৰ দ্বাৰা কৰা গৈছে, কাৰণ সেই কালত আখৰ অথবা লিপি অস্তিত্বত নাছিল। বেদৰ চাৰিয়া সংস্কৃত ভাষাত উপনিষদত প্ৰস্তুত কৰা গৈছে। যদিও ভাষা তথা ইয়াৰ প্ৰয়োগক ইমান গুপ্ত ৰখা গৈছে যে এইটো অস্পষ্ট বনি গৈছে। কুৰুক্ষেত্ৰ যুদ্ধৰ ক্ষেত্ৰত ভগৱদ্গীতা অস্তিত্বত আছে। ইয়াৰ পৱিত্ৰ শব্দ স্বয়ং শ্ৰীকৃষ্ণৰ শ্ৰীমুখৰ পৰা উলাই, যেতিয়া তেওঁ অৰ্জুনক উপদেশ দিয়ে।

তেতিয়াৰ পৰা লৈ আজিলৈকে অনেক বিদ্বান তথা ভাষ্যাকাৰে গীতাত নিজৰ ভাষ্য প্ৰস্তুত কৰিছে যাতে এইটোক জনসাধাৰণৰ বাবে সৰল কৰিব পৰা যায়। বেদৰ মাধ্যমেৰে গীতাত ইচ্ছিত লক্ষ্যৰ প্ৰাপ্তিৰ বাবে সৃষ্টিৰ ৰহস্য, কাৰ্মিক চক্ৰ, আচাৰ সংহিতা আৰু নিয়ম আদিৰ বৰ্ণনা কৰা গৈছে।

দ্বিতীয় অধ্যায়ৰ শ্লোক-সংখ্যা 45 ত প্ৰভুৱে কৈছে -

"হে অৰ্জুন! সকলো বেদ তিনিটা গুণৰ কাৰ্যৰূপত সংসাৰক প্ৰকাশৱান কৰে। গতিকে তুমি অসংসাৰী অৰ্থাৎ নিষ্কামী আৰু সুখ-দুঃখ আদি দ্বন্ডৰে ৰহিত, নিত্য বস্তুত স্হিত তথা যোগক্ষেমক নিবিচৰা তথা আত্মপৰায়াণ হয়।"

বেদত সৰ্ব ব্ৰহ্মাণ্ডৰ সত্য তথা জ্ঞানৰ বিষয়ে উল্লেখ আছে। বেদৰ সকলো গহন অধ্যয়নৰ পিছত উপনিষদ অস্তিত্বলৈ আহে। বেদত নিহিত জ্ঞানক জানিবৰ বাবে উপনিষদৰ ৰচনা কৰা গৈছে।

আহক, এতিয়া আমি জানিবলৈ প্ৰয়াস কৰো যে প্ৰভু দেখাত কেনেকুৱা হয়? তেওঁৰ আকৃতিক কেনেকৈ জানিব পাৰি?

সঞ্জয়ে মহাৰাজ ধৃতৰাষ্ট্ৰক কুৰুক্ষেত্ৰৰ যুদ্ধৰ বিষেয় শুনাই আছিল। এইটো যুদ্ধ 'মহাভাৰত' ৰ নামেৰে জনা যায়। ভগৱদ্গীতাৰ মহত্ত্বপূৰ্ণ অধ্যায়ৰ বাবে শ্লোকৰ মাধ্যমেৰে প্ৰভুৰ বিভিন্ন ৰূপ তথা মহিমাৰ বৰ্ণনা কৰা গৈছে। যদিও এইটো বৰ্ণনা প্ৰভুৱে স্বয়ং কৰিছে, তথাপিও তেওঁ অভিমানী নহয়। তেওঁ এইটো শব্দ অৰ্জুনক প্ৰেৰিত কৰিবৰ বাবে কয় যিটো বৰ্তমান পৰিস্হিতিৰে পৰাজিত হৈ নিৰুৎসাহিত হৈ বহিছিল। কাৰণ তেওঁ একেবাৰে ভ্ৰমিত আছিল, অতঃ প্ৰভুৰ বাবে আৱশ্যক হৈ যায় যে তেওঁ অৰ্জুনক নিজৰ দৈৱ স্বৰূপৰ পৰিচয় দিয়াটো। তেওঁ এইটো

বিচাৰিছিল যে অৰ্জুনে এই সকলো দেখক-শুনি নিজৰ হেৰুৱা স্বাভিমান পুনঃ পাই লয়।

এইটো শ্লোক নিম্নলিখিত হয় ঃ

এঘৰতম অধ্যায়ত প্ৰভুৱে কৈছে-

"অৰ্জুনে অনেক মুখ তথা নেত্ৰৰে যুক্ত তথা অনেক অদ্ভুত দৰ্শনৰ দিব্য ভূষণ তথা শাস্ত্ৰৰে যুক্ত, দিব্য মালা তথা বস্ত্ৰকৰ ধাৰণ কৰা, দিব্য গোন্ধৰ অনুলেপন কৰিছে তথাসকলো প্ৰকাৰৰ আশ্চৰ্যৰে যুক্ত, সীমাৰহিত বিৰটা স্বৰূপ, মৰমেশ্বৰক দেখিছে।" (10-11)

"আকাশত হাজাৰ হাজাৰ সূৰ্যৰ উৎপন্ন হোৱাৰ পৰা উলোৱা প্ৰকাশো সেই বিশ্বৰূপ পৰমাত্মাৰ প্ৰকাশৰ সদৃশ্য হ'ব নোৱাৰে।" (12)

অৰ্জুনে কয়- *"হে দেৱ! আপোনাৰ শৰীৰত সম্পূৰ্ণ দেৱ তথা অনেক ভূতৰ সমুদায় আৰু কমলৰ আসনত বহি ব্ৰহ্মা তথা মহাদেৱ আৰু সম্পূৰ্ণ ঋষি তথা দিব্য সৰ্পক দেখিছো।"* (15)

"হে মহাত্মন! এইখন স্বৰ্গ তথা পৃথিৱীৰ মাজত সম্পূৰ্ণ আকাশ তথা সকলো দিশা আপোনাক পৰিপূৰ্ণ হয় তথা আপোনাৰ এই অলৌকিক আৰু ভয়ংকৰ ৰূপক দেখি তিনি লোকে অতি ব্যথাক প্ৰাপ্ত হৈ আছে।" (20)

নৱম অধ্যায়ৰ শ্লোকত 6 ত প্ৰভুৱে কৈছে-

"যি প্ৰকাৰে উৎপন্ন হয়, সৰ্বত্ৰ বিচৰণ কৰা মহান বায়ু সদাই আকাশত স্হিত আছে, সেইদৰে সম্পূৰ্ণ প্ৰাণী মোত স্হিত আছে।"

দশম অধ্যায়ত প্ৰভুৱে কৈছে -

"হে অৰ্জুন! মই সকলো ভূতৰ হৃদয়ত স্হিত আত্মা হয় তথা সম্পূৰ্ণ ভূতৰ আদি, মধ্য আৰু অন্তও মই হয়।" (20)

"মই অক্ষৰত আহি তথা সমাসত দণ্ড নামৰ সমাস হয় তথা কালৰো মহাকাল তথা বিৰাট স্বৰূপ, সকলোৰে ভৰণ-পোষণ কৰা মইয়েই হয়।" (33)

"হে অৰ্জুন! মই সকলোৰে নাশ কৰা মৃত্যু তথা উৎপত্তিৰ কাৰণ হয়। স্ত্ৰীটো ময়েই কীৰ্তি, শ্ৰী, ৱাক, মেধা, ধৃতি তথা ক্ষমা হয়।" (34)

"মই দমন কৰাৰ শক্তি হয়। গোপনী ভাৱত মৌন তথা জ্ঞানৱানৰ তত্ত্বজ্ঞানো মই হয়।" (38)

সপ্তম অধ্যায়ৰ শ্লোক সংখ্যা 26 ত প্ৰভুৱে কৈছে -

"হে অৰ্জুন! পূৰ্বত ব্যতীত হোৱা তথা বৰ্তমানত স্হিত তথা

ভৱিষ্যতত হ'বলগীয়া সকলো ভূতক মই জানো, কিন্তু মোক কোনো শ্ৰদ্ধা তথা ভৱিষ্যত ৰহিত পুৰুষে নাজানে।''

দশম অধ্যায়ৰ শ্লোক সংখ্যা 3 ত প্ৰভুৱে কৈছে -

"যিয়ে মোক অজন্মা, অনাদি তথা লোকৰ মহান ঈশ্বৰ তত্ত্বৰে জানে, তেওঁ মনুষ্যত জ্ঞানৱান পুৰুষ, সম্পূৰ্ণ পাপৰ পৰা মুক্ত হৈ যায়।

পোন্ধৰতম অধ্যায়ত প্ৰভুৱে কয় -

"যি প্ৰকাশময় পৰমপদক সূৰ্য, চন্দ্ৰ তথা অগ্নিৰে প্ৰকাশিত কৰিব নোৱাৰে তথা যি পৰমদক প্ৰাপ্ত কৰি মনুষ্যই এই সংসাৰত পুনঃ জন্ম লব নোৱাৰে, তেওঁ মোৰ পৰামধাস হয়।'' (6)

"মই পৃথিৱীত প্ৰৱেশ কৰি, নিজৰ শক্তিৰে সকলো সকলো ভূতক ধাৰণ কৰিছো তথা ৰসস্বৰূপ অৰ্থাৎ আমৃতময় চন্দ্ৰমা হৈ সম্পূৰ্ণ ঔষধি তথা বনস্পতিক পুষ্ট কৰিছো।'' (13)

"মই সকলো প্ৰাণীৰ শৰীৰত স্হিত বৈশ্বনাৰ অগ্নিৰূপ হৈ প্ৰাণ আৰু অপানেৰে যুক্ত চাৰি প্ৰকাৰৰ অন্নক পাচন কৰে।'' (14)

ভগৱদ্গীতা ত দিয়া শ্লোকক পঢ়ি আপুনি জানিব গৈছে ছাগে যে প্ৰভুৱে এই সংসাৰৰ ঘট ঘট ব্যাপ্ত হয় তথা তেওঁৰ কোনো নিশ্চিত স্বৰূপ নাথাকে। তেওঁ এই কিতাপখনৰ ৰূপটো এই সময়ত আপোনাৰ লগত আছে। তেওঁৰ স্বৰূপ মানৱীয় মস্তিস্ক তথা ইন্দ্ৰিয়ক বুজিব পাৰি। অধিকতৰ ব্যক্তিয়ে এইটো ভাৱে যে প্ৰভুৰ স্বৰূপ নিশ্চিত হয় তথা তেওঁ আমাৰ পৰা এক নিশ্চিত দূৰত্বত থাকে। তেওঁলোকে এইটো জানিব নোৱাৰে যে প্ৰভু সৰ্বত্ৰ হয়। আজি আমি এই তীব্ৰ সংচাৰ সাধনৰ এই যুগত ফোন, ইন্টাৰনেট তথা ফেক্সৰ মাধ্যমেৰে য'তে ততে বাতিৰ পঠিয়াব পাৰো, যাৰ বাবে ভৌতিক শৰীৰৰ উপস্হিতিৰ কোনো আৱশ্যক নহয়। এইটো প্ৰক্ৰিয়া চেটেলাইত তথা কেবলৰ দ্বাৰা সঞ্চালিত কৰা যায়। যেনেদৰে মই আগতেও কৈছো যে মানৱ বিজ্ঞান, আধ্যাত্ম বিজ্ঞানৰ এটা সৰু ভাগ হয়, গতিকে যদি আমি এইটো প্ৰক্ৰিয়াক বুজি পোৱাত সক্ষম হম তেতিয়া আমি ঈশ্বৰৰ স্বৰূপহীন স্বৰূপকো বুজি পাব পাৰি।

জিল বল্ট টেইলাৰৰ অনুভৱে আপোনাৰ এইটো বুজি পোৱাত সহায় কৰিব যে ঈশ্বৰে কি ধৰণে সৰ্বত্ৰ ব্যাপত হৈ আছে, আমি তেওঁৰ লগত কি ধৰণে জড়িত থাকো। আমি এক নহয় কিন্তু একৰূপ হয়। বাস্তৱিকতে আধ্যাত্মিক জগতত, আমাৰ মাজত কোনো অন্তৰ নাই, আমি সকলোৱে এটা শ্ৰোতৰ লগত জড়িত আছো তথা সৰ্বব্যাপী হয়।

নিউৰোএনাটমিস্ট জিল বল্ট টেইলাৰে এদিন ৰাতিপুৱা উঠি পাই যে

তেওঁৰ মেচিভ ষ্ট্ৰোক হৈছে। বাণী, গতি আৰু বুজি পোৱা আদি সকলোৱে মস্তিস্ক ক্ৰিয়াক এক-এক কৰিব গৈ থাকো- যিটোক তেওঁ কঠোৰ অধ্যয়নৰ পৰা গম পাই। এইটোৱে জাগৰুকতা আৰু শুধৰণি শক্তিশালীৰ কাহিনী হয়- যে আমি কিদৰে এই জগতৰ পৰা আৰু ইটোৰ পৰা আন এটাৰ লগত জড়িত আছো।

10 ডিচেম্বৰ, 1966 ৰ এদিন ৰাতিপুৱা মই পাওঁ যে মই ব্ৰেইন ডিঅৰ্ডাৰেৰে গ্ৰস্ত হৈ গৈছো। মোৰ মগজুৰ আধা বাওঁ, ভাগত এটা ৰক্ত নলিকা ফাটি গৈছে। চাৰি ঘণ্টাৰ ভিতৰত মই পাওঁ যে মস্তিস্কই তথ্যক গ্ৰহণ কৰাৰ সকলো যোগ্যতা হেৰুৱাই দিছে। মই সেইদিনৰ পৰা কথা কোৱা, খোজ কঢ়া, পঢ়া বা একো মনত ৰাখিব পৰা নাছিলো। মই কোনো মাকৰ কোলাত থকা নৱজাতৰ দৰে হৈ গৈছিলো।

ষ্ট্ৰোকৰ ৰাতিপুৱা, মই মোৰ কাৰ্ডিঅ-গ্লাইডাৰৰ ওপৰত ব্যায়াম আৰম্ভ কৰো যিটো গোটেই শৰীৰৰ ব্যায়াম-মেছিন হয়। ব্যায়াম কৰা সময়ত মোৰ অনুভৱ হয় যে মোৰ হাত আদিম মানুহৰ হাতৰ দৰে দেখা পাইছো। এইটোক মই বহুত বিচিত্ৰ যেন লাগিল। মই মোৰ শৰীৰৰ ফালে চালো আৰু ভাৱিলো, "আৰে মোক কিমান যে অদ্‌ভুত লাগিছে" এনেকুৱা লাগিছিল যে মোৰ চেতনা, মোৰ যথাৰ্থৰ সামান্য বোধেৰে পৰি আছো, মেছিনত ঠিক হোৱা এজন ব্যক্তিৰ ৰূপত বলেগ গোপনীয়তা সময় ঠিয় হৈ আছিল, য'ত মই নিজে এই অনুভৱৰ সাক্ষী আছিলো।

এইটো বহুত বিবিত্ৰ আছিল আৰু মূৰবিষ হৈ আছিল। মই মেছিনৰ পৰা উঠি কোঠাৰ মজিয়াত খোজ কাঢ়িব ধৰিলো, অনুভৱ কৰিলো যে শৰীৰৰ সকলো ক্ৰিয়া মন্দ হৈ গৈছে। মোৰ সকলো পদক্ষেপৰ প্ৰৱাহ আৰু গতি কমি গৈ আছে। মোৰ ভিতৰৰ তন্ত্ৰও শিথিল হৈ গৈছে আৰু মই কেৱল মোৰ অন্তৰাল তন্ত্ৰৰ ওপৰতে ধ্যান দিব পাৰিছো। যেতিয়া মই বাথৰুমত শ্বাৱাৰৰ তলত যাব ধৰো, তেতিয়া মই মোৰ শৰীৰৰ ভিতৰৰ পৰা এটা স্বৰ অহা শুনা পাওঁ। কোনোবাই কম স্বৰত কৈছিল, "মাংসপেশী, তুমি খামুচ মাৰি ধৰা, মাংসপেশী তুমি শিথিল হৈ যোৱা।"

আৰু মই সন্তুলন হেৰুৱাই দেৱালৰ ফালে তল মূৰ কৰিলো। মই মোৰ বাহুৰ ফাচলে চালো তেতিয়া মোৰ অনুভৱ হয় যে মই মোৰ শৰীৰৰ সীমা পৰিভাষিত কৰিব পৰা নাই, মোৰ আদি-অন্ত কত আছে। কাৰণ মোৰ বাহুৰ অণু আৰু পৰমাণু, দেৱালৰ অণু আৰু পৰমাণুক এক এক কৰা গৈছে। মই কেৱল এই উৰ্জাক চিনি পাব পাৰিছো। মই নিজকে সুধিলো, মোৰ এইবিলাক কিয় হৈ আছে? আৰু সেই সময়ত মোৰ মগজুৰ বাওঁ গোলাৰ্দ্ধ মুক হৈ গৈছে। যেনেদৰে কোনোবাই ৰিমটেৰে মিউট

বুটাম টিপি দিলে-পূৰ্ণ শক্তি আৰু মৌনৰ বাবে।

প্ৰথমে মই মোৰ ভিতৰত এই মৌন মস্তিস্কক পাই, চম্মা খাই গৈছো কিন্তু তেতিয়া মই মোৰ চাৰিওফালে ব্যাপ্ত এই উৰ্জাৰ যাদুৰে আচৰিত হৈ গৈছো। কাৰণ মই মোৰ শৰীৰৰ সীমাক চিনি পোৱা নাছিলো, সেইকাৰণে মই নিজকে বিস্তৃত আৰু বিশাল পাইছো। মই নিজকে সেই উৰ্জাৰ লগত একেলগে পাওঁ, যিটো বহুত সুন্দৰ আছিল।

কল্পনা কৰক যে যি মস্তিস্ক আপোনাৰ বাহিৰৰ জগতৰ লগত জড়িত ৰাখে, সেইটো ভাঙিলে আপোনাৰে কেনে লাগে! তাত সেই কালত, মোৰ কাৰ্যৰ লগত জড়িত সকলো কস্টা নাইকিয়া হৈছিল। মোৰ শৰীৰ কোমল হৈ গৈছিল। জীৱনৰ লগত জড়িত সকলো কস্ট সম্বন্ধ কলৈ গুচি গ'ল। মই পূৰ্ণ শান্তিৰ অৱস্হাত আছিল। অলপ কল্পনা কৰক যে 37 বছৰৰ ভাৱানাত্মক বোজা মূৰৰ পৰা নাইকিয়া হ'লে কেনে লাগে! মোৰ আনন্দৰ সীমান নাছিল। এইটো ভাৱনাৰে নিজে নিজে বহুত সুন্দৰ আছিল।

আৰ, সেই ক্ষণত মোৰ সোঁ বাহুক পক্ষঘাত হৈ যায় আৰু মোৰ অনুভৱ হয় "হে ভগৱান! মোৰ পক্ষঘাত হৈছে!" তেতিয়া মোৰ মগজুৱে মোক কয়, "ৱাহ! কিমান ভাল হয়, মস্তিস্ক বিজ্ঞানিক নিজৰ মগজুৰ ভিতৰৰ পৰা অধ্যয়ন কৰিবলৈ কিমান যে সুযোগ পাইছে ?"

তেতিয়া মোৰ বিচাৰ আহে, "মই এক ব্যস্ত মহিলা হয়। মোৰ ওচৰত পক্ষাঘাতৰ বাবে সময় নাই। যদি মই ইয়াক ৰখাব নোৱাৰো. তেতিয়া মই এইটোক এক-দুই সপ্তাহলৈকে লগত ৰখাৰ পিছত কামলৈ ঘূৰি আহিম।"

মই মোৰ আঘাত পোৱা বাহুক হিলোৱাৰ চেস্টা কৰি মানিব বিচাৰো যে সকলো ঠিক হৈ গৈছে। সেই সময়ত মই এটা ফোন নম্বৰ ডাইল কৰিছিলো। ফোন বাজে, মোৰ সহকৰ্মীয়ে ফোন উঠাই আৰু হাঁহে। মই নিজকে কলো, "হে ভগৱান! এইটো মাত কোনো বিপদত পৰাক বচোৱা কুকৰৰ দৰে হয়।" মই তেওঁ স্পস্টৰে কৈ দিলো, "মই নদীত আছো, মোক সহায় লাগে।"

কিন্তু মোৰ মাত উলাই, "হু-হু-হু" মই ভাৱিলো যে 'হে ভগৱান মোৰ স্বৰো গল্ডনৰিটৰীভাৰ (Golden retirever) ৰ দৰে লাগিছে", তেতিয়া মই জানিব পৰা নাছিলো যে মই কব নোৱাৰো।

তেওঁ ফোনত চিনি পাই গ'ল যে মোক সহায় লাগে। তেওঁৰ মোৰ সহায় কৰে। কিছু সময়ৰ পিছত মই এম্বুলেঞ্চত, বোস্টনৰ পৰা মাচ

জেনেৰেল হস্পিতেলত গৈ পাই যাওঁ আৰু মই এটা সৰু বললৈ পৰিৱৰ্তন হৈ গ'লো। এটা এনেকুৱা বেলুন, য'ত কেৱল বতাহ আছে। মই অনুভৱ কৰিলো যে উৰ্জাই সেই বেলুনক ওপৰলৈ উঠাইছে আৰু মোৰ আত্মাক সমপৰ্ণ কৰি অনুভৱ কৰো। সেই ক্ষণত মই গম পালো যে মোৰ জীৱন মোৰ বশত নাছিল। ডাক্টৰে মোৰ প্ৰাণ বচাই মোক জীৱনদান দিব পাৰে নহ'লে এইটো মোৰ স্হানান্তৰণৰ ক্ষণ হয়।

সেই দোপৰীয়া যেতিয়া মোৰ চেতনা আহি যায় তেতিয়া এইটো জানি দুখ পালো যে মই জীয়াই আছো। মই ভাৱিছিলো যে মোৰ আত্মা গৈছে, মোৰ জীৱনক আলবিদা কৈছিলো আৰু মোৰ মন যথাৰ্থৰ দুটা বিভিন্ন ক্ষেত্ৰত ডুলি আছিল। মোৰ এন্দ্ৰিক চেতনাত পীড়াৰ দৰে উত্তেজিত হৈছিল। প্ৰকাশে মোৰ মস্তিস্কক জংঘলত লগা জুইৰ দৰে জলাই আছিল। মাত ইমান তীব্ৰ আছিল আৰু কোলাহলেৰে ভৰা আছিল যে মই পিছফালৰ পৰা আহা এটা স্বৰকো চিনি পোৱা নাছিলো, মই তাৰ পৰা পলাব বিচাৰিলো।

কাৰণ মই সেই সময়ত মোৰ শৰীৰক বাস্তৱিক স্হিতিক গম পোৱা নাছিলো সেইকাৰণে মই নিজকে কোনো জিন্নৰ দৰে বিস্তৃত, বিশাল আৰু মুক্ত পাওঁ। মোৰ আত্মা মুক্ত আকাশত এনেদৰে বিচৰণ কৰি আছিল ধৰক এটা ডাঙৰ হেল মাছে সাগৰত আনন্দ-মগ্ন হৈ সাঁতুৰি আছে। আনন্দদায়ক! মই মোৰ চিন্তা ধাৰা মনত পৰো যে মই কিদৰে এই বিশাল আৰু বিস্তৃত অস্তিত্তক সমেট কৰি, সেইটোক শৰীৰত ভৰাব পৰা নাছিলো।

মোৰ অনুভৱ হয়, "কিন্তু মই এতিয়াও জীৱিত আছো! মই জীৱিত আছো আৰু মই নিৰ্বাণ পাই লৈছো। যদি মই জীৱিত অৱস্হাত নিৰ্বাণ পাইছো, তেতিয়া প্ৰত্যেক জীৱিত ব্যক্তিও নিৰ্বাণ পাব পাৰে।" মই এক এনেকুৱা জগতৰ কল্পনা কৰিছো, য'ত সুন্দৰ, শান্ত, দয়ালু আৰু প্ৰিয় বক্তি থাকে, যি এইটো জানিছিল যে তেওঁলোকে এইটো ক্ষেত্ৰত যেতিয়াই তেতিয়াই আহিব পাৰে। তেওঁলোকে যদি বিচাৰে তেতিয়া নিজৰ বাওঁ গোলাৰ্দ্ধৰ সোঁ ফালে খোজ দিব পাৰিলেহেঁতেনে, এই শান্তিক পাব পাৰিলেহেঁতেন। তাৰ পিছত মোৰ অনুভৱ হয় যে কিমান অদ্‌ভুত উপহাৰ হ'ব পাৰে, আমি আমাৰ জীৱনক কেনেকৈ জীয়াম, এইটো অন্তদৃষ্টি পাই যায় তেতিয়া কিমান সুন্দৰ হৈ যাব আৰু তাৰ পিছত এইটোৱেই মোক স্বাস্হ্য লাভৰ প্ৰেৰণা দিয়ে।

এই দূৰ্ঘটনাৰ আঢ়ৈ সপ্তাহৰ পিছত সৰ্জনে মোৰ মস্তিস্কৰ পৰা গল্ফৰ বলৰ আকাৰ ৰক্ত জমা হোৱা ঠোপা উলিয়াই দিয়ে, যিটো মোৰ

ভাষিক কেন্দ্ৰত প্ৰভাৱ পেলাইছিল। আজি মই তোৰ মামৰ লগত আছো, যি মোৰ জীৱনত কোনো দেৱদূততকৈ কম নহয়। মই একেবাৰে স্বাস্থ্যৱান হ'বৰ বাবে প্ৰায় আঠ বছৰ লাগে।

এইটো বাস্তৱিক অনুভৱে দৰ্শাহি যে আমি সকলো ঠাইতে উপস্থিত আছো। জিম বণ্টকো সেই সময়ত অনুভৱ হৈছিল যে তেওঁৰ বাহুৰ অণু-পৰমাণু, দেৱালৰ অণু-পৰমাণুৰ লগত এক হৈছিল আৰু তাৰ পিছত তাৰ আৰু ওচৰে পাজৰৰ পৰিৱেশত কোনো অন্তৰ নাছিল।

প্ৰায়ঁ এইটো প্ৰশ্ন সুধা যায় যে **প্ৰভুৱে সৃষ্টিৰ ৰচনা কি কৰিলে ?**

এই প্ৰশ্নৰ উত্তৰ দিবৰ বাবে আমি প্ৰকৃতিৰ তত্ত্বৰ ওপৰত বিচাৰ কৰিব লাগিব। ভাগৱানে ভগৱদ্‌গীতাত বহুত সুন্দৰ ধৰণে ইয়াৰ বাখ্যা কৰিছে। সেইকাৰণে মই আপোনাক বাৰম্বাৰে কৈছো যে আপুনি প্ৰকৃতিৰ নিয়মক পালন কৰিব লাগে।

সপ্ত অধ্যায়ৰ নিম্ন শ্লোকত প্ৰভুৱে কৈছে -

"হে অৰ্জুন! পৃথিৱী, জল, অগ্নি, বায়ু, আকাশ, মন, বুদ্ধি তথা অহংকাৰ, আঠ প্ৰকাৰেৰে বিভক্ত হোৱা মোৰে প্ৰকৃতি হয়।" (4)

"এই আঠটা ভেদৰ মোৰ জন প্ৰকৃতি হয় তথা অন্য চেতনা প্ৰকৃতি হয়, যৰ পৰা সম্পূৰ্ণ জগত ধাৰণ কৰা যায়।"

এই সকলো পাচ হাজাৰ বৰ্ষ পূৰ্বে কোৱা গৈছিল যিটো আজিও সিমানেই সঠিক তথা সত্য হট। মনুষ্যই নিৰ্জৰ স্বাৰ্থপূৰ্তিৰ বাবে প্ৰাকৃতিক সংসাধনৰ অৎস ব্যৱহাৰ কৰি আছে। প্ৰভুৱে স্পষ্ট কৰি কৈছে যে সম্পূৰ্ণ প্ৰকৃতি তেওঁৰেই এটা অংশ হয়। গতিকে আমি ধাৰ্মিক ৰূপেৰে নিয়মৰ পালন কৰিব লাগে।

"সত্ত, ৰজ তথা তমোগুণেৰে উৎপন্ন হোৱা ভাৱৰ উৎপত্তি মোৰেই জীৱন, হয়, কিন্তু বাস্তৱত সেইটো মোৰ লগত আৰু মই নাই।" (12)

যেনেদৰে প্ৰভুৱে কৈছে যে সকলো তেওঁৰ ভিতৰত সংলগ্ন হৈ আছে, অৰ্জুন তথা সঞ্জয় ইয়াৰ সাক্ষী হয়। গতিকে সফলতা পাবৰ বাবে মনুষ্যক ঈশ্বৰীয় বিধান পালন কৰিব লাগে। প্ৰভুৰ পথ কষ্টবিহীন হয়, যদি আপুনি এই পথত নাযাব তেতিয়া আপুনি কষ্ট, নিৰাশ তথা উৎকণ্ঠা আদি দুষ্পৰিণাম ভুগিব লাগিব। এটা কথা সদায় স্মৰণ কৰিব, প্ৰভু পক্ষপাতী নহয়।

তেওঁ কাৰোঁৰে পক্ষ নলয়। তেওঁ মনুষ্যক, প্ৰকৃতিৰ তিনিটা ৰূপৰ অনুসাৰে কৰ্ম কৰাৰ যোগ্যতা প্ৰদান কৰে। এইবিলাক হ'ল- ভাল কৰ্ম, ব্যসন তথা অজ্ঞান। ঈশ্বৰেই আমাক আমাৰ কৰ্মৰ ফল দিয়ে।

প্ৰাকৃতিক নিয়ম

যদি আপুনি জীৱনত সফলতা পাব বিচাৰে তেতিয়াহ'লে আপুনি প্ৰকৃতিৰ দ্বাৰ বনোৱা নিয়মৰ অনুসানেৰ চলিব লাগিব। এইটো নিয়ম সকলোৰে বাবে সমান হয়। ভগৱদ্‌গীতা ত শ্ৰীকৃষ্ণই স্পষ্ট ৰূপে কৈছে যে যি কোনো ব্যক্তিক সফলতা পাবৰ বাবে কি কৰিব লাগে। যদি আপুনি প্ৰভুৰ বচনক পালন নকৰে তেতিয়াহ'লে নিঃসন্দেহে ইয়াৰ বেয়া পৰিণাম ভুগিব। মই নকওঁ যে আপুনি প্ৰভুৰ বিশ্বাস নাৰাখে কিন্তু মই বিচাৰো যে আপুনি আত্ম-বিশ্লেষণৰ দ্বাৰা জানিবলৈ প্ৰয়াস কৰক যে আপুনি তেওঁক কিমান মনত ৰাখে। কিমান বাৰ আপুনি যি কোনো কাম কৰাৰ পূৰ্বে বিচাৰ কৰিছে যে সেই বিষয়ত প্ৰভুৰ কি ইচছা হ'ব ?

আপুনি চেতন অথবা অৱচেতন ৰূপেৰে প্ৰত্যেকৰ সহায় কৰা অথবা পৰস্পৰ নিৰ্ভৰ থাকিবৰ বাবে প্ৰস্তুত থাকে, ক্ষণিক আনন্দৰ বাবে আপুনি নৈতিক মূল্যটো চুক্তি কৰে, সেই সময়ত আপুনি পাহৰি যায় যে এই মূল্যৰ পৰা প্ৰাকৃতিক নিয়ম বনে। নিজৰ মূল্যত চুক্তি কৰাৰ পৰিৱৰ্তে প্ৰভুৰ ওপৰত বিশ্বাস ৰাখক, আপোনাৰ সকলো কষ্ট দূৰ হৈ যাব।

যদি কিছু অনুচিত কৰিছে তেতিয়াহ'লে কোনো ভূল ধাৰণা মনলৈ আহিব নিদিব। যদি কোনো ব্যক্তিয়ে কোনো অনুচিত কাৰ্য কৰিছে তেতিয়াহ'লে তেওঁৰ পৰা এইটো অপেক্ষা কৰিব নালাগে যে প্ৰভুক প্ৰাৰ্থনা কৰিলে তেওঁ বাচিব পাৰিব বা ক্ষমা কৰি দিব।

এনেতে ঈশ্বৰৰ সহায় নাপাই, তেতিয়া নিৰাশ হ'ব নালাগে। হ'ব পাৰে যে সেই ব্যক্তিক তেওঁৰ অনুভৱ নহয় কিন্তু হ'ব পাৰে তেওঁ তেওঁ কৰ্মৰ কাৰণে দণ্ডৰ অধিকৰী হয়। মানুহে সাধাৰণতে এইটোকে ভাৱে আৰু জানিব বিচাৰে যে তেওঁ জীৱনত ইমান সংঘৰ্ষ কিয় কৰিব লগা হৈছে ? তেওঁ এইটো কথাক অনুভৱ কৰিব নোৱাৰে যে তেওঁ তাকেই কৰিলে, যিটোৰ তেওঁ অধিকাৰী আছিল। নিজৰ কৰ্মৰ ওপৰত ধ্যান দিয়াৰ পৰিৱৰ্তে তেওঁ অন্য অথবা ঈশ্বৰক দোষী বুলি কয়, তেওঁৰ এনে লাগে যে আনে তেওঁৰ দুঃখৰ মূল হয়, যিটো একেবাৰে ভূল কথা হয়। কৃপা কৰি মনত ৰাখিব, "আমি যিটোৰ অধিকাৰী হয়, তাকেই পাওঁ। "এইটো এই তথ্যৰ উদ্‌ঘোষণা কৰে যে 'মনুষ্যৰ গণনাত ভূল হ'ব পাৰে কিন্তু প্ৰভুৰ হিচাব-নিকাচ কেতিয়াও ভূল হ'ব নোৱাৰে' ঈশ্বৰ দিব্য হয়, ব্ৰহ্মাণ্ডীয় হয়, আৰু আপুনি আশ্চাৰ্যকিত নহয়, "আপুনিও সেইটো হয়।" অন্তৰ কেৱল ইমানেই যে আপুনি এই বিষয়ে নাজানে কাৰণ আপুনি তেওঁক জানিব নিবিচাৰে।

তৃতীয় অধ্যায়ৰ শ্লোক সংখ্যা 33 ত প্ৰভুৱে কৈছে -

"সকলো প্ৰাণীয়ে নিজৰ প্ৰকৃতিৰ অনুসাৰে কৰ্ম কৰে। জ্ঞানৱানো নিজৰ প্ৰকৃতিৰ অনুসাৰে চেষ্টা কৰে। তাৰ পিছত ইয়াত কাৰোবাৰ সত্যই কি কৰিব।"

ইয়াৰ অৰ্থ হ'ল যে আমাৰ বিচাৰ তথা চেষ্টাৰ প্ৰকৃতিৰ তিনিটা ৰূপৰ পৰা কোনো এটাৰ দ্বাৰা নিৰ্ধাৰিত কৰা হয়। তামসিক প্ৰকৃতিৰ ব্যক্তিয়ে বিগত জীৱনত কৰা কৰ্মৰ আধাৰত এনেকুৱা প্ৰকৃতি পাই তথা তাৰ অনুসাৰে আচৰণ কৰে।

আমি ইয়াৰ পিছৰ অধ্যায়ত প্ৰাকৃতিক নিয়মৰ ওপৰত চৰ্চা কৰিম, কিন্তু নিম্ন তথ্য সদায় স্মৰণ কৰক-

1.প্ৰভুৰ গণনা (হিচাব-নিকাচ) কেতিয়াও ভূল নহয়-

• সম্পূৰ্ণ ব্ৰহ্মাণ্ডক নিয়ন্ত্ৰণত ৰখা প্ৰভুৰ গণনা কেনেকৈ ভূল হ'ব পাৰে? মনুষ্যৰ নিজৰ পীড়া-তথা কষ্টৰ বাবে প্ৰভুক দোষ দিয়ে, কিন্তু সফল হ'লে, নিজকে ধন্যবাদৰ পাত্ৰ বুলি মানে তথা পাহৰি যায় যে সৎকৰ্মৰ কাৰণে হ'ল প্ৰভুৱে সফলতা ৰূপী প্ৰসাদ দিয়ে। প্ৰভু এক বিশাল কম্পিউটাৰৰ দৰে গণনা কৰে। যদি আপোনাৰ কেলকুলেটৰত বেংকৰ একাউন্ট পাচশ টকা শেষ দেখা দিয়ে তেতিয়া তাৰ বাবে আপুনি কেলকুলেটৰক দোষ দিব নোৱাৰে। ধনৰ উচিত নিয়োজন নকৰাৰ বাবে আপোনাৰ ওচৰত ধন শেষ হৈ গৈছে।

মই প্ৰায়ঃ মানুহৰ অভিযোগ কৰা শুনা পাওঁ -"সদায় দুই ঘন্টা প্ৰভুৰ প্ৰাৰ্থনা কৰো কিন্তু তথাপিও একো লাভ নহয়।" তেওঁলোকে কয়- "প্ৰভুৱে নিজৰ সন্তানক গুৰুত্ব নিদিয়ে, কিন্তু তথাপিও আমি তেওঁৰ ওপৰত বিশ্বাস ৰাখো।"

মই আপোনাক এই বিষয়ে এটা উদাহৰণ দিব বিচাৰো। মানি লৈছো যে দুই ঘন্টালৈকে ভক্তি-ভাৱেৰে পূজা কৰিলে প্ৰভুৱে আপোনাক পাচশ নম্বৰ দিয়ে, কিন্তু পূজাৰ পৰা উঠিয়েই কোনো কাৰণত আপোনাৰ কাম কৰা ব্যক্তিৰ ওপৰত ক্ৰোধিত হৈ উঠে। প্ৰভুৱে আপোনাক এশ নম্বৰ কাটি দিলে। তেতিয়া আপোনাৰ বাবে ফোন আহে। আপুনি কব দিলে যে আপুনি ঘৰত নাই। প্ৰভুৱে আকৌ আপোনাৰ পৰা এশ নম্বৰ কাটি দিয়ে। কাৰোবাৰ লগত বেইমানি কৰিলে দুশ নম্বৰ কম হৈ যায়। আপুনি আপোনাৰ স্বাৰ্থৰ বাবে আনৰ হৃদয়ত আঘাত কৰিছে তেতিয়া আপোনাৰ এশ নম্বৰ কমি যাব, কাৰোবাক অপশব্দ কলে এশ নম্বৰ কমি যাব। এইদৰে প্ৰভুৱে

আপোনাক পাচশ নম্বৰ দিয়ে, কিন্তু অনুচিত কাৰ্যৰ বাবে ছয় নম্বৰ কাটি দিয়ে। কিছু পোৱাৰ পৰিৱৰ্তে উলোটা আপুনি বেয়া স্হিতিত পৰি যায়, কাৰণ ভগৱানৰ হিচাব কেতিয়াও ভূল নহয়।

নিজৰ কুকৰ্মক অনুভৱ নকৰাকে, আমি পুৰস্কাৰ বিচাৰো। যৰ পৰা নিঃসন্দেহে নিৰাশ আৰু কষ্টৰ জন্ম লয়। ইয়াৰ পৰিৱৰ্তে যদি আমি অলপ সময়ৰ বাবে প্ৰাৰ্থনা কৰো, নিজকে প্ৰভুৰ আগত সমৰ্পিত কৰি দিওঁ, গোটেই দিনত ভাল কৰ্ম কৰো তেতিয়া ইয়াৰ ফলত সফলতা আৰু প্ৰসন্নতাৰ পুৰস্কাৰ পাব কাৰণ, "প্ৰভুৰ গণনা কেতিয়াও ভূল নহয়।"

2. প্ৰভুক বিস্মৃত নকৰিব- ভগৱদ্‌গীতাত প্ৰভুৱে কৈছে-

"ময়েই ব্ৰহ্মাণ্ডৰ মাক-পিতা তথা ৰক্ষক হয়। ময়েই সৃষ্টি তথা বিনাশ হয়। মইয়েই ঋক, সম তথা যজুৰ্বেদ হয়।"

আগলৈ প্ৰভুৱে কয়- "নিজৰ মস্তিস্কক মোৰ লগত কেন্দ্ৰিত কৰি, মোৰ ভক্তি বনা তথা সত্য মনৰ পৰা পূজা কৰা। মোৰ গভীৰতালৈ সোমাই যোৱা। এই ধৰণে তুমি মোক পাবা।"

আপুনি আপোনাৰ ৰক্ষক, মাক-পিতা তথা মাৰ্গৰক্ষক প্ৰভুক কেনেকৈ পাহৰিব পাৰে? নিঃসন্দেহে, আজিৰ যুগত আমি প্ৰায়ঁঃ সেই লোকক পাহৰাই দিওঁ, যি আমাৰ বাবে কাম কৰিছে। এবাৰ সাঠ বৰ্ষীয় সেৱানিবৃত্তি বৃদ্ধই ভোজনৰ সময়ত নিজৰ 37 বৰ্ষীয় পুত্ৰক কোনো বিশেষ বাতৰি পঢ়িবলৈ কয়।

এইবাৰ পুত্ৰই পিতাৰ ওপৰত খং কৰিলে। বেয়াকৈ আঘাত পোৱা পিতাকে নিজৰ কোঠালৈ গ'ল, তেওঁৰ পুৰনা ডায়েৰীৰ এটা পৃষ্ঠা খুলিলে আৰু পুত্ৰক পঢ়িবলৈ দিয়ে। সেই পৃষ্ঠাত এটা ঘটনা লিখা আছিল যে যেতিয়া পুত্ৰই সৰু আছিল তেতিয়া তেওঁ পিতাকক এটা প্ৰশ্ন বিশ বাৰ সুধিছিল আৰু সেই স্নেহ আৰু অনুৰাগৰ পৰা উত্তৰো দিছিল। ইয়াৰ অতিৰিক্ত পিতাকে এটা কেতিয়াও নাপাহৰাৰ দিনৰ ৰূপত মন ৰাখিছিল। স্বাৰ্থপৰ আৰু অসফল ব্যক্তিয়ে কেৱল সংকটৰ সময়ত প্ৰভুৰ স্মৰণ কৰে। তেওঁ জানে যে যদি প্ৰকৃতিৰ বনোৱা নিয়মৰ পালন কৰে তেতিয়া প্ৰভুৱে তেওঁ সকলো ইচছা পুৰা কৰি দিব পাৰে কিন্তু তথাপিও তেওঁ ভৌতিক বস্তুৰ মোহ ত্যাগ কৰিব নোৱাৰে। প্ৰভুৱে **ভগৱদ্‌গীতা** ত কৈছে যে 'তুমি মোক তোমাৰ মস্তিস্কক কেন্দ্ৰিত কৰা' যদি আপুনি প্ৰভুৰ স্মৰণ কৰি থাকে তথা মৃত্যুৰ সময়টো তেওঁক স্মৰণ কৰে তেতয়িাহ'লে নিশ্চিত ৰূপেৰে আপুনি মোক্ষ লাভ কৰি। মোক্ষই সকলোতকৈ ডাঙৰ পুৰস্কাৰ হয় কাৰণ সেইটোৱেই আপোনাৰ সত্য ঘৰ হয়।

প্ৰভুৰ অনুসাৰে যদি আপুনি মৃত্যুৰ সময়ত ওচৰে পাজৰৰ প্ৰাণীৰ ধ্যান দিয়ে তেতিয়া আপুনি পুনঃ মনুষ্যৰ ৰূপত জন্ম লাভ কৰিব। যদি আপুনি দেৱৰ স্মৰণ কৰিছে তেতিয়া আপুনি তেওঁলোকৰ লোকত আশ্ৰয় পাব। কোনো পশুক স্মৰণ কৰিলে বনত জন্ম লাভ কৰিব। গতিকে আপুনি কেৱল প্ৰভুৰেই স্মৰণ কৰিব লাগে, কিন্তু ইয়াৰ অৰ্থ এইটো নহয় যে আপুনি আপোনাৰ বাবে নিশ্চিত কৰ্তব্যক পূৰ্তি নকৰিব।

3. খালি সময়ত প্ৰভুৰ স্মৰণ কৰক ঃ-

এই ধৰণে ব্যৰ্থৰ চিন্তা তথা কষ্টৰ পৰা বাচি যাব কাৰণ সেই সময়ত আপুনি প্ৰভুৰ লগত থাকিব, প্ৰভুৰ নাম জপেৰে আপুনি কেৱল আনন্দমগ্নই নহয় বৰং এইটো আপোনাক ভূল কাৰ্য কৰাৰ পৰা ৰখাব আৰু শান্তি প্ৰদান কৰি প্ৰভুৰ ওচৰলৈ লৈ যাব।

আমি এইটো নকওঁ যে ব্যক্তিয়ে সদা খালিকে বহি থাকিব লাগে। যদি কোনোবাই নিজৰ দায়িত্ব পালন কৰিছে, তেতিয়া তেওঁৰ প্ৰভুৰ লগত থাকে। যদি কোনো পৰিস্থিতিবশত একো কৰিব নোৱাৰে, তেতিয়া তেওঁ প্ৰাৰ্থনাৰ ৰূপত প্ৰভুৰ স্মৰণ কৰিব লাগে বা মন্ত্ৰ জপ কৰিব লাগে, তেতিয়া তেওঁ নিশ্চিত ৰূপেৰে শ্ৰেষ্ঠ আৰু আত্মবিশ্বাসেৰে যুক্ত অনুভৱ কৰিব।

4. প্ৰত্যেক জীৱত প্ৰভৰ সাক্ষাত দৰ্শন ঃ- ভগৱদ্গীতাত প্ৰভুৱে কৈছে-

"যি মোক প্ৰত্যেকতে দেখা পাই তেওঁ মোক কেতিয়াও নেহেৰুৱাই তথা মইও তেওঁৰ লগত থাকো।"

আগলৈ প্ৰভুৱে কয়-

"মই সকলো ভূতৰ হৃদয়ত স্হিত আত্মা হয়। ময়েই সকলো প্ৰাণীৰ আদি, মধ্য তথা অন্ত হয়।"

ইয়াৰ অৰ্থ হ'ব যে যদি কোনো ব্যক্তিৰ প্ৰতি কঠোৰ অথবা বেয়া ব্যৱহাৰ কৰে তেতিয়া আপুনি প্ৰভুৰ লগত এনেকুৱা ব্যৱহাৰ কৰে কাৰণ প্ৰভুৱে সকলোৰে হৃদয়ত বাস কৰে। গতিকে ব্যক্তিক পশুৰ প্ৰতিও ক্ৰুৰভাৱ দৰ্শোৱা বা অশিষ্ট দৰ্শনৰ পৰা বচাব লাগে কাৰণ এইটো আকৌ ঈশ্বৰৰ বিৰুদ্ধে কাৰ্য কৰা কথা হ'ব।

যদি কোনোবাই নিজৰ পুৰনা বেয়া অভ্যাসক নেৰে আৰু অনুচিত কাৰ্য কৰে তেতিয়া গণিতীয় গণনা নিশ্চিত ৰূপেৰে তেওঁৰ বিৰুদ্ধে যাব। যদি আপুনি পাই যে কোনোবাই আপোনাৰ লগত অনুচিত কৰিছে, তেতিয়া সেই সময়ত তাৰ পৰা খেলিমেলি হোৱা, তেওঁৰ বিষয়ে আনৰ আগত কিবা কোৱা বা তেওঁৰ উপহাস কৰা বনাওক, সকলোতকৈ

প্ৰথমে এইটো মথ্যক স্বীকাৰ কৰক যে সেই ব্যক্তি নহয়, তেওঁৰ কৰ্ম বেয়া হয়। গতিকে প্ৰতিশোধৰ জুইত জলৰ পৰিৱৰ্তে, সেই ব্যক্তিৰ প্ৰতি নিজৰ প্ৰেম ভাৱ বনাই ৰাখক, লগতে তেওঁৰ সেই কৰ্মৰ প্ৰতিও নিজৰ চিন্তা প্ৰকট কৰক, যি বেয়া প্ৰভাৱ এৰিছে। আপুনি সেই ব্যক্তিক নহয় বৰং তেওঁৰ এই কৰ্মৰ লগত সংঘৰ্ষ কৰিব লাগে, বিশেষতঃ য'তনেকি সৰ্বব্যাপী প্ৰভু আমাৰ ভিতৰত বাস কৰে।

5. উচিত সুযোগ পালেই প্ৰভুৰ চৰ্চা কৰক ঃ- যি দৰে মই আপোনাক এই তথ্যৰ ওপৰত চৰ্চা কৰি আছো। আপুনিও এই বিচাৰক আনলৈকে পোৱা দিয়ক। আপুনি কেৱল তেওঁলোকক প্ৰভুৰ বিষয়ে জানিব দিয়ক। তেওঁলোকক প্ৰত্যেক কিদুত সহমত কৰোৱাটো আৱশ্যক নহয়। প্ৰভুৰ বিষয়ে কওক কিন্তু যদি কোনোবাই অবিশ্বাস কৰে তেতিয়া তেওঁৰ লগত তৰ্ক নকৰিব। এইটো শ্ৰোতাৰ নিজৰ মানসিকতাৰ ওপৰত নিৰ্ভৰ কৰে যে তেওঁ প্ৰভুৰ ওপৰত বিশ্বাস ৰাখেনে নাই। আপুনি যিমান প্ৰভুৰ বিষয়ে কথা কব, আপোনাৰ সিমানেই আস্থা বাঢ়িব।

6. স্মৰণ কৰক যে প্ৰেম তথা প্ৰভু এক হয় ঃ- বিশ্বাস ৰাখক, যেতিয়ালৈকে আপুনি আপোনাৰ ওচৰে পাজৰৰ লোকক প্ৰেম নকৰিব, আপুনি প্ৰভুৰ সমীপত যাব নোৱাৰিব তথা জীৱনত সফলতা পাব নোৱাৰিব। ভৌতিক ৰূপেৰেও, বৰ্তমান জীৱন নেটৱৰ্কিংৰ ওপৰত নিৰ্ভৰ কৰে আৰু এই নেটৱৰ্কিংৰ বাবে আপুনি বাস্তৱিক স্নেহ দৰ্শাব লাগিব। সময়ৰ ভৌতিক আৰু আধ্যাত্মিক মাৰ্গ এইটো হয় যে আনক প্ৰেম কৰা। ইয়াৰ অৰ্থ হ'ল নিঃস্বাৰ্থ প্ৰেম, আনক প্ৰেম দিয়া সময়ত, তেওঁৰ পৰা কিবা পোৱাৰ আশা নাৰাখিব। কোনো জানে আপোনাৰ আজিৰ নিঃস্বাৰ্থ প্ৰেম, আহিবলগীয়া সময়ৰ নিৱেশ বনি ফলদায়ী হৈ যায়। বাস্তৱিক/চৰ্তৰে হিত/প্ৰেম কোনো নিৱেশ বা নিজৰ ৰুচিৰ বাবে নহয়/সফল হোৱাটোও সেই নিঃস্বাৰ্থ প্ৰেমৰ লগত জড়িত আছে য'ত যোগাত্মকতাৰ ফলস্বৰূপে যোগাত্মক পৰিণাম সন্মুখলৈ আহে আৰু আপুনি যাব প্ৰেম কৰে তেওঁক অধিক প্ৰেম দি আৰম্ভ কৰিব পাৰে। তাৰ পিছত আপোনাৰ স্নেহক তেওঁলৈ লৈ যায়, যাক আপুনি এতিয়ালৈকে ঘৃণা কৰি আহিছে। আনৰ প্ৰতি স্নেহ ৰাখক কিন্তু স্বাস্থ্য নিয়ৰ লগত চুক্তি নকৰিব। আপুনি অচিনাকী মানুহলৈকে এই স্নেহ প্ৰদৰ্শনক দেখুৱাব পাৰিব। যদি আপুনি এই অচিনাকী ব্যক্তিকো চাই হাঁহি মাৰিব তেতিয়া দশটাৰ ভিতৰত সাতজনে আপোনাক হাঁহি উত্তৰ দিব। **লিঅ বুচকাগিলে** প্ৰেমৰ বিষয়ে লিখিছে- প্ৰেম দিয়াই প্ৰেমৰ প্ৰদৰ্শন কৰা হয়, প্ৰেম শিকোৱা মানে প্ৰেমৰ জ্ঞান প্ৰাপ্ত কৰা হয়, প্ৰেমৰ অধ্যয়ন কৰিবৰ বাবে প্ৰেমৰ জগত জীয়াই থাকা, প্ৰেমক চিনি পাবৰ বাবে স্বীকাৰ কৰা,

প্ৰেমৰ ওপৰত বিশ্বাস ৰাখিবৰ বাবে তাৰ লগত সহমত হোৱা, প্ৰেমৰ প্ৰতি সমপৰ্ণৰ বাবে তাতে ডাঙৰ দীঘল হোৱা।

হাভৰ্ড ৱিটমেনে কৈছে- মোক এজন নামী চিকিৎসকে কৈছে যে যোৱ ত্ৰিশ বৰ্ষৰ পৰা তেওঁ এই ব্যৱসায়ত আছে কিন্তু এতিয়া তেওঁৰ অনুভৱ হৈছে যে প্ৰেমৰ অভাৱেই অনেক ৰোগৰ কাৰণ হয় তথা প্ৰেম তেওঁৰ বাবে উত্তম দৰৱ হয়। মই সুধিলো- "যদি উপায় কাৰগৰ নহয় তেতিয়া কি কৰিম?"

তেওঁ উত্তৰ দিয়ে- "প্ৰেমৰ মাত্ৰা দগুন কৰি দিয়া।"

7. আনক নিশ্চয় সহায় কৰক ঃ- ব্যক্তিক সদায় মনত ৰাখিব লাগে যে যদি তেওঁ আনক সহায় কৰে তেতিয়াহ'লে তেওঁ ঈশ্বৰৰ সহায় কৰি আছে। গতিকে সদায় আনক সহায় কৰিব লাগে। মাজত দুই ধৰণৰ ব্যক্তি পোৱা যায়। প্ৰথম তেওঁলোক হয় যি প্ৰয়োজনীতাৰ প্ৰতি সহানুভূতি ৰাখে, সান্তনা দিয়ে তথা মিছা আশ্বাসনো দিয়ে। অন্যফালে, তেওঁলোক যি একো নোকাৱাকে প্ৰয়োজনীতাক সহায় কৰা আৰম্ভ কৰি দিয়ে। এনে ব্যক্তি জীৱনত সদায় সক্ৰিয় হৈ থাকে আৰু তেওঁলোকে আনৰ ভৰপুৰ প্ৰেম তথা প্ৰশংসা পাই। তেওঁলোকে বিশ্বাসেৰে আনক চোৱাচিতা কৰে। যদি তেওঁলোকে নিজে সংকটত পৰি যায় তেতিয়া তেওঁলোকৰ শুভচিন্তিকৰ অভাৱ নাথাকে।

8. কৰ্মৰ পৰা আশক্তি নাৰাখিব ঃ- মোৰ বিশ্বাস আছে যে আপুনি নিশ্চিত ৰূপেৰে এইটো কথাক প্ৰশংসা কৰিব যে কৰ্মৰ আমাৰ হাতত আছে কিন্তু সেই কৰ্মৰ ফল আমাৰ হাতত নাই। এজন ব্যক্তিয়ে কোনো অপেক্ষা নৰখাকে, নিজৰ বাবে সুনিশ্চিত কৰ্তব্যৰ পালন কৰিব পাৰে। ভগৱদ্গীতাত লিখা আছে- "আপুনি আপোনাৰ বাবে নিশ্চিত কৰ্তব্যৰ পূৰ্তিৰ অধিকাৰ আছে কিন্তু আপুনি আপোনাৰ কৰ্মৰ পৰিণাম অথবা ফলৰ বিষয়ে ভাৱিব নালাগে।" যদি কোনো ব্যক্তিয়ে পৰিণামৰ পিছত দৌৰ থাকে বা কোনো মোহত পৰি যায়, তেতিয়াহ'লে তেওঁ সদায় অতিবিশ্বাসৰ প্ৰভাৱত থাকিব ('অনাশক্তি' ৰ অধ্যায়ত বিস্তাৰেৰে চৰ্চা কৰা হৈছে), পৰিণামস্বৰূপে ব্যক্তিয়ে নিজৰ উদ্দেশ্যলৈ গৈ পাব নোৱাৰে আৰু তেওঁ চিন্তা আৰু অৱসাদেৰে ঘেৰি ধৰে আৰু তেওঁৰ মস্তিষ্ক সদায় ব্যাকুল হৈ থাকে।

9. নিজৰ বাবে নহয়, বৰং আনৰ বাবে কাৰ্য কৰক ঃ- ইয়াত মোৰ তাৎপৰ্য যজ্ঞ অথবা আনৰ বাবে কৰা কাৰ্য বা বলিদান হয়। যদি আপুনি আনাৰ বাবে যত্ন কৰে তেতিয়াহ'লে নিশ্চিত ৰূপেৰে দীৰ্ঘকালীন সফলতাৰ অধিকাৰী হ'ব। প্ৰত্যেক উপযুক্ত সুযোগত বলিদান দিয়ক, তেতিয়া আপুনি জানিব পাৰিব যে আপুনি বাস্তৱত কিমান সন্তুষ্টি

পাই। ভগৱদ্‌গীতাত লিখা আছে- দেৱতাই যজ্ঞ ভোগেৰে প্ৰসন্ন হয় তথা আপুনিও প্ৰসন্নতা পায়। এই ধৰণৰ সহযোগ তথা পৰস্পৰ সম্বন্ধৰ পৰা সমৃদ্ধি উৎপন্ন হয়।

গতিকে যজ্ঞৰ দ্বাৰা আপুনি নিশ্চত ৰূপেৰে ভৌতিক তথা আধ্যাত্মিক সফলতা পাব পাৰে।

এখন সংসাৰ কি ধৰণে চলে ?

যেতিয়া আপুনি এইটো বুজিবলৈ চেস্টা কৰে বা এই জানক জানিবলৈ প্ৰয়াস কৰে যে এইখন সংসাৰ বা ব্ৰহ্মাণ্ডই কেনেকৈ কাৰ্য কৰে, তেতিয়া আপোনাৰ অনুভৱ হ'ব যে এইটো আনোৰ প্ৰথম জম নহয়, সম্ভৱতঃ এই চৰ্চাৰ পিছত অন্তিম জমও নহ'ব। 'সম্ভৱতঃ অন্তিম জমও নহয়'বাক্যৰ পৰা স্পস্ট হ'ব পাৰে যে কিছুমান ব্যক্তিৰ বাবে এইটো অন্তিম জম হয়।

ভগবান শ্ৰীকৃষ্ণই কৈছে – *"মোৰ নিৰ্দেশৰ পালন কৰা মোৰ প্ৰিয় হয় তথা মোক প্ৰাপ্ত কৰে। তেওঁ কেতিয়াও জম তথা মৃত্যুৰ এই চক্ৰৈল ঘূৰি নাহে।"* প্ৰভুৱে এইটোও স্পস্ট কৰিছে যে সকলো কাৰ্য প্ৰকৃতিৰ তিনি ৰূপৰ দ্বাৰা সম্পাদিত হয়।

উঠকতম অধ্যায়ৰ শ্লোক সংখ্যা 23 প্ৰভৱে কৈছে –

"হে অৰ্জুন! যি কৰ্মশাস্ত্ৰ বিধিৰে নিয়ত কৰিছে তথা কৰ্তাপনৰ অভিমানেৰে ৰহিত, ফলত নিবিচৰা পুৰুষৰ দ্বাৰা বিনা ৰাগ-দ্বেষেৰে কৰিছে, তেওঁক কম সাত্তিক বুলি কয়।"

এই লোকৰ পৰা পথ পাই যে এই সংসাৰত অনাশক্ত ব্যক্তি সাত্তিক প্ৰকৃতিৰ হয়। তেও। নিঃস্বাৰ্থ ভাৱেৰে আনক সহায় কৰে তথা প্ৰকৃতিৰ নিয়মৰ পালন কৰে, গতিকে তেওঁ জীৱ মৰণৰ চক্ৰৰ পৰা মুক্তি পাই যায়।

উঠৰতম অধ্যায়ৰ লোক সংখ্যা 24ত প্ৰভুৱে কৈছে –

"যি কৰ্ম বহুত পৰিশ্ৰমেৰে যুক্ত হয় তথা ফলক বিচৰা অহংকাৰ যুক্ত পুৰুষৰ দ্বাৰা কৰা যায়, সেইটো কৰ্মক ৰাজস বুলি কয়।"

আধুনিক যুগত অনেক ব্যক্তি ৰাজসী প্ৰবৃত্তিৰ হয়। তেওঁৰ উৎসাহ আৰু ইচছা ইমান তীব্ৰ হয় সে তেওঁ সুখেৰে নিজ পৰিয়ালেৰ জীৱকো বলিদান দিয়ে। অধিকতৰ ব্যক্তিয়ে নিজৰ অভিলাষাৰ পূৰ্তিৰ বাবে কাৰ্য কৰৰে আৰু সেইটো হ'ল–নায় যশ তথ্য ধন। তেতিয়া তাৰে অনেক সফল হোৱাৰ পৰিৱৰ্তে নিৰাশ হয় (অৱশ্যে তেওঁলোকৰ ওচৰত সেই সকলে থাকে, যিটো এজন ব্যক্তিৰ ইচছা থাকে, এইটো মোহ, স্বাৰ্থ

আৰু মিছা অহংৰ কাৰণে হয়)

উঠৰতম অধ্যায়ৰ শ্লোক সংখ্যা 25ত প্ৰভুৱে কয় –

"যি কৰ্ম পৰিণাম, হানি, হিংসা তথা সামৰ্থ্যক নিবিচাৰি কেৱল অজ্ঞানেৰে আৰম্ভ কৰা যায়। সেইটো কৰ্মক তামস বুলি কোৱা যায়।"

এই প্ৰকৃতিৰ ব্যক্তিক আজীৱন সংঘৰ্ষ কৰিব লগা হয় কাৰণ তেওঁ ভৌতিক সুখক বিচাৰি যিকোনো অৱস্থালৈ যাব পাৰে।এই লালসৰ সকলো দুঃখ আৰ পীড়াৰ মূল কাৰণ হয়। দুৰ্ভাগ্যৱশত, সকলো তীব্ৰতাৰে পালে ইচ্ছা ইমান গভীৰ হৈ যায় যে তেওঁ সফলতা তথা সমৃদ্ধিৰ ফালে লৈ যোৱা উচিত পথৰ বিষয়ে জানিব নিবিচাৰে। ইয়াৰ কাৰণে, তেওঁ সফলতাকে সেই ইনস্টেন্ট কফিৰ দৰে বুজে, যি বটনক টিপি যেতিয়াই তেতিয়াই খেলিখেলি কৰি পৰা যায়। আমি আগলৈ দেখিল যে জগতত কিমান সম্পূৰ্ণ আৰু নিৰন্তৰতাৰ লগত কাৰ্য কৰে। নিম্ন শ্লোকৰ মাধ্যমেৰে আমি জানিব পাৰিম যে যি কোনো মনুষ্যই প্ৰভুৰ দ্বাৰা প্ৰদত্ত ভাগ্য বা পক্ষ লোৱাৰ কাৰণে সফলতা আৰু সমৰ্থন নাপাই।

ষষ্ঠ অধ্যায়ৰ নিম্ন শ্লোকত প্ৰভৱে কৈছে –

"যোগ ভ্ৰষ্ট পুৰুষ পুণ্যৱানৰ লোকক প্ৰাপ্ত কৰি, তাত বহুত বৰ্ষ লৈকে বাস কৰি শুদ্ধ আচৰণৰ শ্ৰীমান পুৰুষৰ ঘৰত জন্ম লয়।"

"বৈৰাগ্যৱান পুৰুষে সেই লোকলৈ নাখায় জ্ঞানৱান যোগিৰ মুঠত জন্ম লয়, কিন্তু এই ধৰণে এই জন্ম সংসাৰত দুৰ্লভ হয়।"

"হে কুৰুনন্দন! এনেকুৱা পুৰুষে সমত্ববুদ্ধিৰ যোগৰ সংস্কাৰক অনায়াসে প্ৰাপ্ত হৈ যায় তথা তেওঁৰ প্ৰভাৱৰ পৰা ভাল দৰে ভাৱত প্ৰাপ্তিৰ নিমিত্ত যত্ন কৰে।"

"যোগ ভ্ৰষ্ট পুৰুষে বিষয়ৰ বশত আকৰ্ষিত হ'লেও নিঃসন্দেহে ভগৱতৰ ফালে আকৰ্ষিত হয় তথা সমত্ববুদ্ধি ৰূপ যোগৰ জিজ্ঞাসুও বেদত কোৱা ভাল কৰ্মৰ ফলৰ উলংঘন কৰা যায়।"

ইয়াৰ অৰ্থ হ'ল আমাৰ জন্মৰ পৰা প্ৰাপ্ত শৰীৰ, বুদ্ধি, প্ৰতিভা, তথা ৰুচি বিগত জীৱনৰ ওপৰত নিৰ্ভৰ কৰে। আমি সকলোৰে শৰীৰৰ ৰং, আকাৰ তথা আকৃতিত পৰস্পৰ ইজনে সিজনৰ পৰা ভিন্ন হয়। নৱজাত শিশুও একে নহয়। এইটো শিশুক পূৰ্বকৃত কৰ্মৰ ফল হয়। ব্যক্তিয়ে তাকেই পাই, যিটো তেওঁ পোৱাৰ অধিকাৰী হয়। এই প্ৰভুৰ পক্ষপাত নহয় বৰং যোৱা জন্মৰ কৰ্মৰ লোখ-জুখ হয়, যিটোক আপুনি ভাগ্যৰ ৰূপত ভূল ব্যাখ্যা কৰে।

যদি কর্ম ভাল হয় তেতিয়া তেওঁ ভাল পৰিয়ালত জন্ম লব আৰু যদি পিছৰ কৰ্ম উচিত নহয় তেতিয়া তেওঁ নিৰ্ধন আৰু হীন পৰিয়ালত জন্ম লব। তেওঁৰ বৌদ্ধিক স্তৰো পিছৰ কৰ্মৰ আধাৰত হ'ব। কোনো পৰিয়ালত জন্ম বালকক নিশ্চিত ৰূপেৰে ভাল আৰম্ভণি পাব আৰু এইটোও তেওঁৰ যোৱা কৰ্মৰ ফল হ'ব কিন্তু ইয়াৰ অৰ্থ এইটো নহয় যে কোনেও তাতকৈ আগবাঢ়ি যাব নোৱাৰে। তেওঁকো পিছ পেলাই দিব পাৰে, কিন্তু তাতকৈ হীন বালকে কঠোৰ পৰিশ্ৰম কৰিব লাগিব, ভাল কৰ্ম কৰিব লাগিব তেতিয়া তেওঁ এক অনুশাসিত আৰু ঈশ্বৰৰ আজ্ঞাত চলা যুৱকৰ ৰূপত আগবাঢ়িব পাৰিব। এইটো প্ৰয়াসে তেওঁক উচ্চ স্তৰলৈ লৈ যাব। যি কোনো বলক জন্মৰ পৰা আৰ্যিত হ'ব পাৰে, কিন্তু যেতিয়া তেওঁ দাঙৰ হৈ যায় তেতিয়া তেওঁৰ সুন্দৰতা লুকাই যায় আৰু পূৰ্ব জন্ম কৰ্মনুসাৰে ব্যক্তিত্ত্ব বনিব ধৰে। সেই জন্মত তেওঁৰ কৰ্ম ইমান ভাল নাছিল সেইকাৰণে তেওঁৰ নিজৰ স্তৰৰ পৰা তললৈ গৈ পাই যায়, বুদ্ধি আৰু সুন্দৰতা হেৰুৱাই দিয়ে। হয়, আপুনি বৰ্তমান জীৱনত কেনেকুৱ প্ৰদৰ্শন কৰে, তাৰ আধাৰত আপোনাৰ চেহেৰা, বুদ্ধিমত্তা আৰু ব্যক্তিও পৰিৱৰ্তন হৈ যায়। এইটো এক মিথক হয় যে ব্যক্তিৰ গোটেই জীৱন আগৰ পৰা নিয়ত থাকে। যদি এনেকুৱা হয় তেতিয়া আমি ঈশ্বৰৰ হাতৰ মুঠি মাত্ৰ আৰু কৰ্মৰ কোনো আধাৰ নাবাচে। যদি এনেকুৱা হোৱাহেঁতেন মনুষ্যক সদায় এক ভাল জীৱন জীয়াই থাকিবৰ বাবে প্ৰভুৰ দয়াৰ ওপৰত নিৰ্ভৰ কৰি থাকিব লাগিব। যদি আপুনিও ইয়াত বিশ্বাস ৰাখে তেতিয়াহ'লে এইখন কিতাপক আপুনি আগলৈ পঢ়াৰ প্ৰয়োজন নাই।

এনেকুৱাও হয়, যেতিয়া কোনো অনাকৰ্ষক শিশুৱে এক সুন্দৰ যুৱকত পৰিৱৰ্তন হৈ যায়। এইটো তেওঁৰ ভাগ্য নহয় বৰং। তেওঁৰ বৰ্তমান কৰ্ম ফল হয়। আপুনি এইটোক ভালদৰে জানিব লব লাগে যে এইখন সংসাৰ বিনা পক্ষপাতৰ সম্পূৰ্ণতাৰে কাম কৰে আৰু প্ৰত্যেক বস্তুৰ কাৰণ তথা প্ৰভাৱ থাকে। এইটোৱে কাৰণ যে আম গছ ৰুলে কেতিয়াও কল নহয়। কমলৰ বীজৰ পৰা আম নুলাই। ঈশ্বৰে কেৱল লেখ জোখ তথা নিৰীক্ষণ কৰে। তেওঁ প্ৰত্যেকক মুক্ত ভলৱেৰে কৰ্ম কৰাৰ অনুমতি দিয়ে। ব্যক্তিৰ ভাল বা বেয়া কৰ্মক ঠিক কৰে যে তেওঁৰ জীৱন ভাল হ'বনে বেয়া হ'ক এইটোৰ আধাৰত তেওঁৰ অহা জন্ম ঠিক হ'ব। ঈশ্ৰৰৰ দ্বাৰা বনোৱা এইটো চক্ৰ নিজে নিজে সম্পূৰ্ণ তথা সামজঞ্চপূৰ্ণ হয়।

নৱম অধ্যায়ৰ শ্লোক সংখ্যা 25 ত প্ৰভুৱে কয় -

"দেৱতাক পূজা কৰিলে দেৱতাক প্ৰাপ্ত কৰে। ভূত-প্ৰেতক পূজা কৰাসকলে ভুত-প্ৰেতক পাই। কিন্তু মোৰ ভক্তই মোকেই প্ৰাপ্ত কৰে তথা তেওঁলোকৰ পুনৰ্জন্ম নহয়।"

এইটো কলা যাদু আদিত লিপ্ত ব্যক্তিৰ বাবে সাৱধানবাণী হয়। যদি তেওঁলোকে ইয়াৰ অভ্যাস কৰে তেতিয়া তেওঁলোকৰ অহা জন্ম দুঃদায়ী হ'ব। আপুনি এইটো কথাত সহমত হ'ব যে যদি পৃথিৱীৰ ওপৰত মনুষ্য প্ৰসন্ন থাকিব পাৰে তেতিয়া প্ৰভুৰ ৰাজ্যত তেওঁক কিমান যে আনন্দ পাব। সেই আনন্দৰ কল্পনাও কৰিব নোৱাৰি। সেইটোক ভৱাৰ পৰাও বাহিৰত হয়।

তেৰতম অধ্যায়ৰ শ্লোক সংখ্যা 15 ত প্ৰভুৱে কয় -

"তেওঁ সম্পূৰ্ণ ইন্দ্ৰিয়ক জানে, কিন্তু বাস্তৱত সকলো ইন্দ্ৰিয়ৰ পৰা ৰহিত তথা আন্তৰিকতা ৰাখে আৰু নিৰ্গুণ হ'লেও নিজৰ যোগমায়াৰে সকলোৰে ধাৰণ-পোষণ কৰে তথা গুণ ভোগে।"

"সংসাৰত প্ৰকৃতিয়ে সকলো ভৌতিক কাৰণ আৰু প্ৰভাৱৰ কাৰণ কোৱা যায়, য'তনেকি সকলো জীৱন তত্ত্ব বিভিন্ন দুঃখী আৰু আনন্দৰ কাৰণ বুলি মানা যায়।" (21)

"প্ৰকৃতিত স্হিত পুৰুষে প্ৰকৃতিৰ পৰা উৎপন্ন ত্ৰিগুণাত্মক পদাৰ্থক ভোগে তথা এই গুণৰ সংগই এই জীৱাত্মাৰ ভাল বেয় যোনিত জন্ম লোৱাৰ কাৰণ হয়।"

আমি সকলোৱে এইটো মনত ৰাখিব লাগিব যে আমি প্ৰকৃতিৰ তিনিটা ৰূপৰ দ্বাৰা সঞ্চালিত হয়। আমাৰে প্ৰত্যেকৰে প্ৰকৃতিৰ কিছুমান গুণ পোৱা যায়। সাত্ত্বিক ভাৱ থকাত আমি শান্তি, সন্তুষ্টি, প্ৰসন্নতা আৰু সফলতা তথা নিৰাশ আৰু চিন্তা উপহাৰৰ স্বৰূপ পাই। তামসিক প্ৰবৃত্তি থকাত আমি অসফলতাৰ নিৰন্তৰে সন্মুখিন হ'ব লগা হয় তথা আধ্যাত্মিক স্তৰো নিম্ন হৈ যায়।

যি পৰিস্হিতিত আমি যেনেকুৱা কৰ্ম কৰো, তাৰ অনুসাৰে দণ্ডিত অথবা পুৰস্কাৰ পায়।

পোন্ধৰতম অধ্যায়ৰ শ্লোক সংখ্যা 7 ত প্ৰভুৱে কয় -

"হে অৰ্জুন! এই দেহত এইটো জীৱাত্মা মোৰেই সনাতন অংশ হয়। তেওঁৱেই এই ত্ৰিগুণময়ী মায়াত স্হিত, মনৰহিত পঞ্চম ইন্দ্ৰিয়ক আকৰ্ষিত কৰে।"

আমি সকলোৱে প্ৰভৰ ৰূপ হয় তথা এক হয়, কিন্তু আমি এইটো মানিবলৈ প্ৰস্তুত নহওঁ তথা নিজী স্বাৰ্থৰ বাবে পৰস্পৰে কাজিয়া কৰো। যেতিয়ালৈকে আমি ইজনে সিজনৰ প্ৰতি নিঃস্বাৰ্থ প্ৰেম তথা কৰুণা ভাৱ নাৰাখিম, তেতিয়ালৈকে আমি অজ্ঞানৰ অন্ধকাৰতে হেৰাই যাম।

নিজকে কওক- 'মোৰ লগত ইয়াতকৈ আগতে বেয়া ঘটনা ঘটিছেনেকি ?'

বাৰে বাৰে কৰক - 'ইয়াৰ পূৰ্বে মই অনেক বাৰ জন্ম লৈছো বোধহয়, মই ইয়াৰ পূৰ্বেও অনেক কঠিন পৰিস্থিতিৰে পাৰ হৈছো আৰু এতিয়া মই সেই পীড়া তথা চিন্তাৰ স্মৰণলৈকে কৰা নাই। এদিন মই এই সকলো চিন্তাকো পাহৰিম। গতিকে এই চিন্তাক ইমান গম্ভীৰতাৰে লোৱাৰ কি প্ৰয়োজনীয়তা আছে ?

❑

অধ্যায় - 3

কৰ্ম

কৰা কৰ্মৰ প্ৰস্তুতীকৰণেই জীৱনৰ আধাৰ হয়। এইটো সেই আধাৰ হয়, যিটো সকলো উপলব্ধি আৰু বিনাশৰ মূল হয়। যি কোনো ব্যক্তিৰ জীৱনত তেওঁৰ বিচাৰ তথা কৰ্মই তেওঁৰ জীৱনৰ আধাৰ বনে। আমাৰ বুজা পৰা আৰু বাহিৰৰ জীৱনত আমাৰ ব্যৱহাৰ তথা আচৰণক প্ৰস্তুত কৰে। এই ধৰণে বৰ্তমান জীৱন, অতীতৰ কৰ্মৰ প্ৰতিফল হয়। আপোনাৰ কৰ্মই আপোনাৰ স্তৰ, সফলতা, অসফলতা, প্ৰসন্নতা আদিৰ বাবে উত্তৰদায়ী হয়। কৰ্ম লাগিলে ভাল/বেয়া হওক বা যোগাত্মক/ঋণাত্মক, এইটো অন্য কাৰণৰ নিস্কৰ্ষ হয়। যদি আপোনাৰ কৰ্ম উচিত আৰু প্ৰকৃতিৰ নিয়মৰ সামজঞ্চত থাকে তেতিয়াহ'লে আপুনি এক প্ৰসন্নতা জীৱন জীয়াই থাকিব পাৰিব আৰু আপোনাৰ ভিতৰত যোগাত্মক উৰ্জা সৃষ্টি হ'ব। তাতো অন্যফালে, যদি আপোনাৰ কৰ্মই ঋণাত্মক আৰু বিনাশক হয় তেতিয়াহ'লে আপোনাৰ ভিতৰত নিৰন্তৰে ঋণাত্মক উৰ্জা সৃষ্টি হ'ব। এইটোৱে মহান আৰু অমৰ দৰ্শন, বিচাৰ তথা কৰ্মৰ নিয়মক প্ৰদান কৰে। আমি কি আৰু কেনেকৈ ভাৱিব লাগে ? আমি কোনটো কৰ্ম কৰিব লাগে আৰু কেনেকৈ ? সংক্ষেপত, জীৱনৰ উদ্দেশ্য স্বয়ং আমাৰ মনত প্ৰকট হ'ব আৰু আমি আমাৰ জীৱনত তালমিল, ন্যায়, প্ৰসন্নতা আৰু ক্ৰমবদ্ধতা আনিব পাৰিম।

শ্ৰেষ্ঠ তথা হীন

ভৌতিক বস্তু সকলোতকৈ হীন তথা আত্মা সকলোতকৈ মহত্ত্বপূৰ্ণ হয়। ইন্দ্ৰিয় ভৌতিক বস্তুতকৈ শ্ৰেষ্ঠ হয়, মন ইন্দ্ৰিয়তকৈ শ্ৰেষ্ঠ হয়, বুদ্ধি মনতকৈ শ্ৰেষ্ঠ হয়, তথা আত্মা আমাৰ বুদ্ধিতকৈ শ্ৰেষ্ঠ হয়।

যেতিয়া আমাৰ ইন্দ্ৰিয় ভৌতিক বস্তুক সম্পৰ্কলৈ আহে তেতিয়া কৰ্ম আৰম্ভ হয় আৰু তাৰ পিছত এইটো সকলোৰে ওপৰত নিৰ্ভৰ কৰে যে আমি আমাৰ ইন্দ্ৰিয়, মন আৰু বুদ্ধিক কিমান যোগ্যতাৰে নিয়ন্ত্ৰিত কৰো।

ওঠৰতম অধ্যায়ৰ শ্লোক সংখ্যা 13-14 ত প্ৰভুৱে কৈছে-

"অধিস্হান, কর্তা, কৰণ, চেস্টা তথা দৈৱ কৰ্মৰ পাচটা হেতু আছে।"

নিম্নলিখিত পাচটা কাৰকে মানৱ কৰ্মক সম্পাদিত কৰেঃ-

অধিস্হানৰ অৰ্থ হ'ল আপোনাৰ শৰীৰৰ বাবে নিয়ন্ত্ৰিত শক্তি। এইটো অস্তিত্ত্বৰ স্হান হয়। এইটো ইচ্ছাৰ স্হান হয়। **এইটো আপোনাৰ শৰীৰৰ প্ৰাৰম্ভিক জ্ঞানৰ একীকৰণ হয়।**

ৰ্কতা- প্ৰত্যেক ব্যক্তিৰ আত্মাই কৰ্তা হয় তথা সকলো কৰ্মৰ নিস্পাদ কৰে।

কৰণ- যি ইন্দ্ৰিয় আৰু সাধনাৰ দ্বাৰা কৰ্ম কৰা যায়, সেইটোক 'কৰণ' বুলি কয়। আমাৰ জ্ঞানেন্দ্ৰিয় তথা কৰ্মৰ অংগ, হাত, ভৰি, তথা বাণী আদি, বুদ্ধি তথা অনেক প্ৰকাৰৰ উৰ্জাৰ কাৰণ হয়। আত্মাক ভৌতিক কৰ্মক নিস্পাদন হেতু এই সকলোৰে আৱশ্যক হয়।

চেস্টা - সত্তিক, ৰাজস তথা তামসিক ভাৱেৰে কৰা প্ৰয়াসেই চেস্টা হয়। আমাৰ সকলো কৰ্ম এই তিনিটা ভাৱেৰে হয়। উদাহৰণস্বৰূপে ইয়াৰ তুলনা বল তথা বেটৰ লগত কৰিব পৰা যায়। নম্বৰ প্ৰাপ্তিৰ ৰূপত কৰ্ম ইয়াৰ দ্বাৰা কৰা যায়। এইটোৰ আধাৰত আমি ভাল, বেয়া, মিছা, বেইমানী আদি লক্ষণৰ নিৰ্বাচন কৰো।

দৈৱ- মহান আত্মা অৰ্থাৎ প্ৰভুৱেই দৈৱ হয়।

সপ্তম অধ্যায়ৰ নিম্ন শ্লোকত প্ৰভুৱে কৈছে -

'হে অৰ্জুন! প্ৰথিৱী, জল, অগ্নি, বায়ু, আকুশ তথা, মন, বুদ্ধি আৰু অহংকাৰো আঠ প্ৰকাৰেৰে বিভক্ত হোৱা মোৰ প্ৰকৃতি হয়।" (4)

'হে মহাবাহু! ইয়াৰ পৰা আনক মোৰ জীৱৰূপী পৰা অৰ্থাৎ চেতন প্ৰকৃতি জান, যৰ পৰা এইটো সম্পূৰ্ণ জগত ধাৰণ কৰা যায়।' (5)

এই উৰ্জাৰ দ্বিশাখনৰ দ্বাৰা বুজি পোৱা আৰু ভিতৰৰ পৰিচয়ৰ লগত জড়িত আছে যে আমি আত্মা হয়, আমি নিজে আমাৰ বাহিৰৰ পৰিৱেশৰ সৃজন আৰু পুনঃ সৃজন কৰো, আমাৰ আত্মাৰ প্ৰাথমিক আৰু মহত্বপূৰ্ণ সাধন মন তথা বুদ্ধি হয়।

যেনেদৰে প্ৰভুৱে কৈছে যে পৃথিৱী, জল, অগ্নি, বায়ু তথা আকাশ আদি ভৌতিক বস্তুৰ শ্ৰেণীত আছে। প্ৰত্যেক ব্যক্তিয়ে ভূমি, সমুদ্ৰ, অগ্নি, মৃত্যু, আকাশ তথা বায়ু আদিৰ ওপৰত নিয়ন্ত্ৰণ পাব বিচাৰে। মানুহে প্ৰায় নিজৰ কৰ্তব্য-নিৰ্বাহ পালন কৰি থাকিব নোৱাৰে বা কৰ্তব্যৰ সংঘৰ্ষেৰে ভ্ৰমিত হৈ যায় কাৰণ তেওঁলোকে তাৰ প্ৰাপ্তিৰ দৃষ্টিৰেহে চাই আৰু কৰ্ম আৰু তাৰ বিকাশৰ অৱধাৰণাক দৃষ্টি নিদিয়ে। যি ব্যক্তিয়ে বাস্তৱত আত্মা (ঈশ্বৰৰ সৰ্বশ্ৰেষ্ঠ উৰ্জা) হয়, তেওঁ মন, বুদ্ধি তথা মিছা আদিৰ দৰে হীন উৰ্জাৰ সহায়েৰে, নিজৰ ভৌতিক

উৰ্জাক জয় কৰাৰ চেষ্টা কৰে। এজন ব্যক্তিয়ে নিজকে বচাবৰ বাবে তথা আত্ম-সন্মানত বৃদ্ধি কৰিবৰ বাবে মিছা কথাৰ প্ৰয়োগ কৰে। আত্মা, মস্তিস্ক, বুদ্ধি তথা অহম আদি অন্য নিম্ন উৰ্জাৰ বলত ইয়াৰ ওপৰত বিজয় পাব খোজে। এইটো অহম মস্তিস্ক, শৰীৰৰ তথা বুদ্ধিক একেলগ কৰে। এজন ব্যক্তিয়ে নিজে বাচিবৰ বাবে তথা স্বাভিমানত বৃদ্ধি কৰিবৰ বাবে মিছা অহমৰ সহায় লয়। অহংকাৰে ইন্দ্ৰিয়ৰ মাধ্যমেৰে মনুষ্যৰ ভিতৰত বাসনা উৎপন্ন কৰে, তেওঁৰ মস্তিস্ক তথা বুদ্ধিৰ ওপৰত অজ্ঞানৰ পৰ্দাৰ প্ৰভাৱ পৰে, অতঃ মনুষ্যই একো উচিত ৰূপেৰে কৰিব নোৱাৰে।

আপুনি আপোনাৰ কৰ্মৰ আধাৰত উৰ্জাৰ প্ৰৱাহ পাই। যোগাত্মক উৰ্জাই যি কোনো মনুষ্যক সক্ৰিয়, সচেতন, শক্তিশালী তথা শান্ত বনাই। ঋণাত্মক উৰ্জাই মনুষ্যক ভ্ৰমিত, চিন্তাযুক্ত তথা দুৰ্বল বনাই দিয়ে। যোগাত্মক উৰ্জাৰে ভৰপুৰ মনুষ্যৰ জীৱনৰ পুৰা আনন্দ লয়, য'তনেকি ঋণাত্মক উৰ্জাৰে গ্ৰস্ত মনুষ্য আজীৱন দুঃখ পাই থাকে। যদিও আজিকালী বহুত কম ব্যক্তি এনেকুৱা আছে যি যোগাত্মক তথাৰ ঋণাত্মক উৰ্জাৰে ভৰপুৰ থাকে, গতিকে আমি কোনো এনেকুৱা ব্যক্তিক নাপাওঁ যি সদায় প্ৰসন্ন অথবা উদাস থাকে কাৰণ মনুষ্যই ভাল তথা বেয়া দুই প্ৰকাৰৰ কৰ্মত লাগি থাকে। তেওঁলোকৰ যোগাত্মক আৰু ঋণাত্মক দুই প্ৰকাৰৰ উৰ্জা থাকে। প্ৰত্যেক ব্যক্তিত তেওঁৰ কৰ্মৰ আধাৰত ইয়াৰ মাত্ৰা কম হোৱা অথবা অধিকতা থাকিব পাৰে। এইটোৱে কাৰণ হয় যে আজি মনুষ্যও প্ৰসন্নও থাকে তথা অপ্ৰসন্নও, কাৰণ তেওঁ নিজৰ জীৱনত সফলো হৈছো অসফলো।

যদি আপুনি আপোনাৰ চাৰিওফালে দেখা পাব তেতিয়া এটাও এনেকুৱা ব্যক্তি নাপাব যি ধন তথা যশ প্ৰাপ্তিৰ স্বত্তেও সন্তুষ্ট তথা প্ৰসন্ন থাকে।

আপুনিও এইটো নিশ্চয় ভাৱে বোধহয় যে নৱজাত শিশুৰো বিভিন্ন উৰ্জাৰ স্তৰ কিয় থাকে য'তনেকি বাস্তৱত তেওঁৰ কৰ্ম কৰা আৰম্ভও হোৱা নাই। কিছুমান শিশুৱে হাত ভৰি হিলাই তেতিয়া কিছুমানে এনেয়ে ভঁৰি হিলাই থাকে। ইয়াৰ অৰ্থ এইটো বিভিন্ন উৰ্জাৰ স্তৰ শিশুত স্বাভাৱিক ৰূপেৰে থাকে। আপুনি এনেদৰে ভাৱিব পাৰে যে কোনো শিশুক স্বাস্থ্য তথা যি কোনোকে দুৰ্বল বনাই প্ৰভুৱে পক্ষপাত কৰে, কিন্তু আপুনি স্মৰণ কৰিব লাগিব যে জীৱন তথা মৃত্যুৰ পিছত আপুনি বেলেগ হ'ব। আপোনাৰ শৰীৰৰ আকৃতি একেবাৰে ভিন্ন হ'ব। যদিও অহা জনমত আপোনাৰ শাৰীৰিক আকৃতি একেবাৰে ভিন্ন হ'ব। যদিও অহা জনমত আপোনাৰ মানসিক তথা ভৌতিক ইচ্ছা তেতিয়ালৈকে

তেনেকুৱা থাকে, যেতিয়ালৈকে আপুনি সেইটো ত্যাগ নকৰে অথবা পুৰা নাকৰে। মনুষ্যৰ অতীতত কৰা কৰ্মৰ আধাৰৰ ওপৰত উৰ্জাৰ সত্তৰত ভিন্নতা পোৱা যায়। আমাৰ উৰ্জাৰ স্তৰ বিগত জীৱনৰ কৰ্মৰ অনুপাতিক আধাৰত হয়। ইয়াৰ অৰ্থ এইটো নহয় যে কৰ্ম উৰ্জাৰ স্তৰৰ মনুষ্য আগলৈ গৈ অন্য মনুষ্যতকৈ আগলৈ গুচি যাব নোৱাৰে।

তেওঁ নিজৰ উচিত পুণ্য কৰ্মৰ আধাৰৰ ওপৰত অধিক উৰ্জাৰ স্তৰ প্ৰাপ্ত ব্যক্তিকো পিছ পেলাই দিব পাৰে। যি পাৰ হ'ল হ', আধ্যাত্মিক আৰু ভৌতিক সফলতা, আমাৰ বৰ্তমান জীৱন হয় কাৰণ ঈশ্বৰে আমাক স্বাধীন ইচ্ছা দিছে আৰু তেওঁ আমাৰ কৰ্মত হস্তক্ষেপ নকৰে।

উদাহৰণৰ বাবে, এবাৰ দুজন ব্যক্তিয়ে গায়ন আৰু বাদ্য যন্ত্ৰ বনোৱাৰ উৎকণ্ঠ ইচ্ছা লৈ জন্ম হয়। প্ৰথম ব্যক্তিৰ ওচৰত নিজৰ যোগ্যতাক দেখুওৱা আৰু উচ্চতাৰ শিখৰলৈ লৈ যোৱাৰ পৰ্যাপ্ত সাধনা আছিল।

দ্বিতীয় ব্যক্তিৰ ওচৰত যোগ্যতাক দেখুৱাব পৰা পৰ্যাপ্ত সাধনাৰ অভাৱ আছিল কিন্তু তেওঁ কঠোৰ পৰিশ্ৰমেৰে নিজৰ প্ৰতিভাক এটা উচিত স্হানত ঠিয় কৰোৱাই। তাকে আকৌ অন্যফালে ধনী আৰু সম্পন্ন পৰিয়ালত জন্ম লোৱা যুৱক আলচি গৈ যায়। তেওঁ নিজৰ প্ৰতিভা আৰু সংসাধনৰ সন্মান নকৰে, তেওঁৰ বিকাশ ৰখি যায় আৰু তেওঁ বিচাৰিলেও ঈশ্বৰক প্ৰদত্ত প্ৰতিভাৰ সদুপযোগ কৰিব নোৱাৰে, তেওঁ উচ্চ পৰ্যায়লৈকে গৈ পাব নোৱাৰে।

চতুৰ্থ অধ্যায়ৰ নিম্নলিখিত শ্লোকত প্ৰভুৱে কৈছে -

"কৰ্মৰ স্বৰূপো জানিব লাগে তথা অকৰ্মৰ স্বৰূপকো জানিব লাগে আৰু নকৰাৰ যোগ্য কৰ্মৰ স্বৰূপো জানিব লাগে কাৰণ কৰ্মৰ গতি গহন হয়।" (17)

"যি পুৰুষে কৰ্মত অকৰ্ম তথা অকৰ্মত কৰ্ম দেখা পাই, সেইটো মনুষ্যত বুদ্ধিমান তথা সেইটোৱেই যোগী সম্পূৰ্ণ কৰ্মক কৰা হয়।"

যদি আপুনি আপোনাৰ কৰ্মৰ পৰিণামৰ প্ৰতি আকৃষ্ট হৈছে তেতিয়াহ'লে আপোনাৰ কৰ্ম ব্যৰ্থ মানা যাব। আজিকালী প্ৰত্যেক ব্যক্তিয়ে বেয় কৰ্মত লিপ্ত থাকে কাৰণ নিজৰ কৰ্মৰ ইচ্ছিত পৰিণাম বিচাৰে। নিজৰ স্বাৰ্থৰ পূৰ্তিৰ বাবে কৰা কৰ্ম, পাপৰ শ্ৰেণীত আহে।

কৰ্ম সেইটো হয়, যি নিজৰ বাবে নহয় বৰং আনৰ বাবে নিষ্পাদিত কৰে। উদাহৰণস্বৰূপে, আমাৰ বাবে স্বাধীনতা সংগ্ৰামৰ সেনানী, যাক আমি আজিও সাদৰ স্মৰণ কৰো। মাদাৰ টেৰেচা, যি নিৰ্ধন বৰ্গৰ বাবে নিজৰ জীৱন অৰ্পিত কৰে। এই মহান ব্যক্তিয়ে ধন তথা যশৰ লালসত কোনো কাম কৰা নাই। মাদাৰ টেৰেচাই পুৰস্কাৰ অথবা দামী গাড়ীত

ফুৰাৰ লোভেৰে নিজৰ কাৰ্য আৰম্ভ কৰা নাছিল, কিন্তু নিজৰ কৰ্মৰ পৰা প্ৰাপ্ত সন্মানৰ কাৰণে তেওঁ সেই সকলো প্ৰাপ্ত কৰে।

যদিও নিস্পক্ষতাৰ নিয়মৰ পালন সহজ নহয়, এজন ব্যক্তি যি জানে যে কেৱল কৰ্মহি তাৰ বশত আছে, তেওঁ নিঃস্বাৰ্থ ভাৱেৰে আগবাঢ়িব পাৰে। কৰ্মত অকৰ্মৰ তাৎপৰ্য এইটো হয় যে আমি ভাৱো আৰু গভীৰতাৰে অনুভৱ কৰো যে আমি সকলো কৰি আছো কিন্তু সম্ভাৱনা এইটো হয় যে আমি একো কৰা নাই। এনেকুৱা সেইকাৰণে কাৰণ, প্ৰকৃতি, আৰু ইয়াৰ সাধনৰ দৰে- আকাশ, পৃথিৱী, জল, বায়ু আৰু অগ্নি, প্ৰকৃতিৰ তিনি ৰূপ-সত্তিক, ৰাজসী আৰু তামসিকৰ বিনা, কোনো ব্যক্তি এটা ক্ষণৰ বাবেও কাৰ্য কৰাৰ বিষয়ত ভাৱিব নোৱাৰে। বাস্তৱত 'ক্ষণ' কো প্ৰকৃতিয়ে আমাৰ খেলৰ বাবে ৰচিছে। এইটোৱে আমাক কয় যে আমি প্ৰকৃতিৰ আগত তুচ্ছ হয়, আমাৰ বাবে কৰ্ম কৰাটো বহুত মহত্তপূৰ্ণ হয়, তেতিয়া প্ৰকৃতি মাও নিজৰ কৰ্তব্য কৰিব অতঃ ব্যক্তিক সদায় বিনম্ৰ বনি থাকিব লাগে তথা কাৰ্যৰ স্বামিত্ত লব নালাগে। কাৰণ সত্য স্বামিনী প্ৰকৃতিৰ মা হয়।

অন্য শব্দত কবলৈ গ'লে, কৰ্মত অকৰ্মৰ তাৎপৰ্য হ'ল এজন ব্যক্তিয়ে নিৰন্তৰে কাৰ্য কৰে আৰু নিজৰ কৰ্তব্য এৰি দিয়ে, কিন্তু ইয়ৰ লগতে তেওঁ নিজৰ কৰ্মক প্ৰভুৰ আগত সমৰ্পিত কৰি দিয়ে আৰু কয় যে তেওঁ একো কৰা নাই আৰু তেওঁৰ কৰ্মফলৰো চিন্তা নাই। গতিকে তেওঁ নিজৰ কৰ্মৰ বা পৰিণামত বান্ধ খাই নাথাকে।

অকৰ্মত কৰ্মৰ তাৎপৰ্য তেতিয়া হয় যেতিয়া কোনো ব্যক্তিয়ে কোনো প্ৰাসংগিক কৰি নাথাকে, এই তথ্যৰ স্বত্তেও সেই ব্যক্তিৰ প্ৰকৃতিৰ তিনি ৰূপ সত্ত, ৰজস আৰু তমসৰ প্ৰয়োগ কৰি থাকে। গতিকে অকৰ্মত কৰ্মৰ সময়ত, ব্যক্তিয়ে অকৰ্মৰ সময়টো নিৰন্তৰে শ্বাস লয় আৰু ইয়াৰ বাবে পৃথিৱী, বায়ু, জল আৰু অগ্নি আদি প্ৰাকৃতিক তত্তৰ প্ৰয়োগ কৰে।

এনেকুৱা ব্যক্তিয়ে প্ৰাকৃতিক নিয়মৰ বিষয়ে ভালদৰে জানে তথা তেওঁক বুদ্ধিমান বুলি মানা যায়। উদাহৰণস্বৰূপে, যদি কোনো ব্যক্তিয়ে ঘৰত মেচ চাবৰ বাবে অফিচত বাহান মাৰে তেতিয়া তেওঁ কব পাৰে যে তেওঁ একো কৰা নাই। গতিকে এইটো নিজে এটা কৰ্মৰ ৰূপ লয়। ইয়াত তেওঁ ক্ৰিকেট মেচৰ মোহত আছে। গতিকে এইটো এটা কৰ্ম হয়।

সামান্যতঃ ব্যক্তিয়ে কাৰ্য কৰা সময়ত অতিৰিক্ত কাৰ্য ভাৰৰ কথাৰ ওপৰত কান্দে, কিন্তু যেতিয়া কোনো কাম নহয় তেতিয়া তেওঁ খালি হোৱাৰ ওপৰত কান্দে। এনেকুৱা ব্যক্তিৰ কৰ্ম একো নকৰাৰ দৰে বুলি কোৱা হয় তথা তেওঁক অসন্তুষ্টি, চিন্তা তথা অপ্ৰসন্নতাই ঘেৰি ধৰে।

চতুৰ্থ অধ্যায়ৰ শ্লোক সংখ্যা 22 ত প্ৰভুৱে কৈছে -

"নিজে নিজে যি প্ৰাপ্ত কৰে, তাতেই সন্তুষ্ট থকা, হৰ্ষ শোকাদি দ্বনদ্বৰে অতীত হোৱা তথা মৎসৰতা অৰ্থাৎ ঈৰ্ষাৰে ৰহিত, সিদ্ধি আৰু অসিদ্ধিত সমত্ত্ব ভাৱৰ পুৰুষে কৰ্মক কৰিও বান্ধ খাই নাথাকে।"

এতিয়া আপুনি জানিলে যে উচিত কৰ্ম তাতে আছে য'ত কৰ্তাহি সফলতাৰ কামনাত পৰি থাকে তথা নিজৰ কৰ্মৰ প্ৰতি নিস্পক্ষ হৈ থাকে। যদিও ইয়াৰ পালন কৰাটো কঠিন হয় কিন্তু আপুনি কমেও চেষ্টা কৰিব পাৰে আৰু নিজকে সদায় মনত পেলাই থাকক যে কৰ্মৰ ফল আপোনাৰ হাতত নাই আৰু যেতিয়া পৰিণাম অনিশ্চিত হয় তেতিয়া কোনো চিন্তা বা হেচাৰ ওপৰত ভৱিষ্যতবাণী কৰিব নোৱাৰে।

উৰ্জাৰ বিভিন্ন শ্ৰোতক চিনি পোৱা

ব্যক্তিৰ ভৌতিক, মানসিক কথা, তেওঁৰ ৰুচিৰ ওপৰত নিৰ্ভৰ কৰে। প্ৰায়ঃ খেলুৱৈইৰ ভৌতিক উৰ্জা পোৱা যায় কাৰণ তেওঁ সদায় শাৰীৰিক অৱস্থা আৰু নিৰ্মাণৰ ফালে ধ্যান দিব লগা হয়। তেওঁ নিজৰ বৌদ্ধিক বা ভাৱনাত্মক উৰ্জাৰ তুলনাত শাৰীৰিক উৰ্জাৰ পৰা সফলতা পোৱা যায়। এই দুটাৰো ভূমিকা মহত্ত্বপূৰ্ণ হয়, এজন খেলুৱৈয়ে সফলতা পাবৰ বাবে মানসিক অথবা ভাৱনাত্মক ৰূপেৰেও শক্তিশালী হ'ব পাৰে।

যদি এজন খেলুৱৈ মানসিক ৰূপেৰে ঠিক হয় কিন্তু শাৰীৰিক ক্ষমতাত দুৰ্বল হয় তেতিয়াহ'লে তেওঁ কেতিয়াও ভাল প্ৰদৰ্শন কৰিব নোৱাৰে। ক্ৰিকেট সম্ৰাট কপিলদেৱে বিদায় লোৱা সময়ত কৈছিল যে তেওঁ মানসিক ৰূপেৰে ঠিকেই, কিন্তু এই বিন্দুৰ ওপৰত তেওঁৰ মানসিক উৰ্জা শাৰীৰিক ক্ষমতাৰ সহায়ক নহয়।

এইদৰে বৈজ্ঞানিক তথা বুদ্ধিজীৱী বৰ্গক নিজৰ কাৰ্যৰ বাবে শাৰীৰিক অথবা ভাৱানাত্মক কাৰ্যৰ অপেক্ষা মানসিক চিন্তনৰ অধিক আৱশ্যাক হয়। কোম্পানীৰ সৰ্বক্ষণ তথা বিকাশ কাৰ্যৰ লগত জড়িত ব্যক্তিকো মানসিক উৰ্জাৰ আৱশ্যকতা হয় যাতে তেওঁ উৎপাদৰ গুণ বনাই ৰাখিবৰ বাবে তাত উন্নতি কৰিব পাৰে। তেওঁক কেৱল ইমান শাৰীৰিক উৰ্জা লাগে যে মনত যি হয়, তাৰ ওপৰত প্ৰয়োগ কৰিব পাৰে, ইয়াৰ পিছত তেওঁ সেই তথ্যক উৎপাদন বিভাগক পঠিয়াই দিয়ে, য'ত উৎপাদৰ নিৰ্মাণ হ'ব আৰু যাৰ বাবে শাৰীৰিক উৰ্জাৰ আৱশ্যকতা হ'ব।

কলাকাৰ আৰু ফিল্মৰ কলাকাৰ আদিত ভাৱনাত্মক উৰ্জা প্ৰচুৰ মাত্ৰাত থাকে। কোনো প্ৰদৰ্শনৰ বাবে শাৰীৰিক উৰ্জাৰ আৱশ্যক হয় তথা দৰ্শকৰ প্ৰতিক্ৰিয়া কিয় হ'ব, এইটো জানিবৰ বাবে বৌদ্ধিক উৰ্জাৰ আৱশ্যক হয়। ভাৱনাত্মক উৰ্জা যদি পৰিপূৰ্ণ হ'ব তেতিয়া তেওঁ আনক ভাবুক কৰিব পাৰিব।

বায়োচিস্টেমৰ অনুসাৰে মনুষ্যৰ শাৰীৰিক চক্ৰ 23 দিন, ভাৱনাত্মক চক্ৰ 28 দিন, সেইটো বৌদ্ধিক চক্ৰ 33 দিনৰ হয়। আপুনি আপোনাৰ ব্যৱহাৰৰ নিৰীক্ষণ আৰম্ভ কৰি দিব লাগে আৰু জানিব লাগে যে আপুনি কোনটো চক্ৰত চলি আছে, এইটো কেতিয়া সমাপ্ত হ'ব আৰু ইয়াৰ পিছত কি হ'ব।

ইয়াৰ সহায়েৰে আপুনি শাৰীৰিক চক্ৰৰ সময়ত নিজৰ উৰ্জাৰ স্তৰ বৃদ্ধি কৰিব পাৰে, ভাৱনাত্মক চক্ৰৰ সময়ত ভাৱনাক নিয়ন্ত্ৰিত কৰিব পাৰে। ভাৱানা সেই বিন্দুলৈকে ভালে থাকে, যলৈকে সেইটো আপোনাৰ লগত থাকে, প্ৰেৰিত কৰে, যদি সেইটো আপোনাৰ কাৰ্যক দুৰ্বল বনাব ধৰে তেতিয়া সেইটোক আপোনাৰ ওপৰত প্ৰভাৱ পৰিব নিদিব।

ভাৱেই যি কোনো কৰ্মৰ চালক শক্তি হয়। সেইটো ভাল অথবা বেয়া হ'ব পাৰে। কিছুমান ভাৱ নিম্নলিখিত হয়-

যোগাত্মক ভাৱ	ঋণাত্মক ভাৱ
• যোগাত্মক ইচ্ছা	• ভয়
• বিশ্বাস	• ঈৰ্ষা
• প্ৰেম	• ঘৃণা
• উৎসুকতা	• প্ৰতিশোধ
• আশা	• লালস
• সন্তুষ্টি / নিস্পক্ষতা	• ক্ৰোধ

যোগাত্মক অথবা ঋণাত্মক ভাৱক বিষয়ত জনাৰ পিছত আপুনি যোগাত্মক ভাৱক পোৱাৰ অভ্যাস কৰিব পাৰে। গতিকে আমি আমাৰ জীৱনক সফল, স্বাস্থ্য তথা সমৃদ্ধ বনাবৰ বাবে যোগাত্মক উৰ্জা একত্ৰ কৰিব লাগিব। আমি অহা অধ্যায়ত দিয়া ভাৱৰ ওপৰত বিস্তাৰেৰে চৰ্চা কৰিম।

কৰ্মহি আমাৰ ভিতৰত যোগাত্মক অথবা ঋণাত্মক উৰ্জা প্ৰদান কৰে। ইয়াত সদায়ৰ মহানায়ক অমিতাভ বচ্চনৰ উদাহৰণ সঠিক হ'ব, তেওঁৰ কৰ্মৰ প্ৰতি পৰিশ্ৰম, প্ৰতবদ্ধতাৰ পৰিচয় পোৱা যায়। কলকাতাৰ আই.চি.আই.চি.আই. বেংকে তেওঁক অস্বীকৃত কৰে, তাৰ পিছত অল ইণ্ডিয়া বেংকে তেওঁক নাকচ কৰে। তেওঁ শ্ৰীমতী ইন্দিৰা গান্ধীৰ দ্বাৰা দিয়া পত্ৰ হাতত লয়, সকলো নিৰ্মাতাৰ ওচৰলৈ যায়। তেতিয়া কৰবাত গৈ তেওঁক প্ৰথম ব্ৰেক পাই। এইটো আমাৰ ওপৰত নিৰ্ভৰ কৰে যে আমি কিমান সুন্দৰকৈ আমাৰ পাচটা ইন্দ্ৰিয়ক প্ৰয়োগ কৰিব পাৰো, প্ৰকৃতিৰ লগতে তাৰ সন্তুলন পোৱা যায়। এইদৰে যদি আপোনাৰ কৰ্ম ভাল হয় তেতিয়া আপোনাৰ গণনাও সমাজৰ গণমান্য ব্যক্তিৰ মাজত হ'ব পাৰে। এজন সাধাৰণ ব্যক্তি আৰু গণমান্য ব্যক্তিৰ মাজত কোনো অন্তৰ নাথাকে। তেওঁলোকৰো আমাৰ দৰে পাচটা ইন্দ্ৰিয় তথা ভৌতিক বিশেষতা আছে, তেওঁলোকে আমাৰ দৰে তলৰ প্ৰকৃতিৰ স্বভাৱৰ পৰা দূৰত থাকে, কিন্তু এটা মুখ্য অন্তৰ এইটোৱেই হয় যে তেওঁলোকে প্ৰকৃতিৰ লগত পূৰ্ব তালমিল ৰাখি কৰ্মৰ নিস্পাদন কৰে। যদি আপুনি নিজকে সফল মানে তেতিয়া নিশ্চিত ৰূপেৰে আপুনি প্ৰকৃতিৰ বিৰুদ্ধে হ'ব।

কিছু সময় পূৰ্বে এজন মনোবিশ্লেষকে পতি-পত্নীৰ মাজত গোটেই সপ্তাহত হ'বলগীয়া বাৰ্তালাপৰ মাত্ৰাক জুখিবলৈ প্ৰয়োগ কৰে। এক সপ্তাহত 168 ঘণ্টা তথা 10,080 মিনিট থাকে। তেওঁ পাই যে পতি-পত্নীৰ মাজত দুই, তিনি অথবা চাৰি ঘণ্টা নহয় 17 মিনিটৰ বাৰ্তালাপ হৈছে। এই সময়ৰ পৰা আপুনি অনুমান লগাব পাৰিব যে এনেকুৱা দম্পতিৰ মাজত কেনেকৈ প্ৰণয় হ'ব, যি গোটেই সপ্তাহৰ সময়ত কেৱল 17 মিনিটলৈকে কথা বতৰা পাতে, সম্ভৱতঃ এইটো কাৰণে সম্বন্ধ বঢ়া চিন্তা, তেওঁলোকক বিবাহ বিচেছদৰ ফালে লৈ যায়। সম্বন্ধক চম্ভালিবৰ বাবে দুয়ো পক্ষৰ ফালৰ পৰা কোনো প্ৰয়াস নাথাকে। গতিকে জীৱনক ভালদৰে সফল বনাবৰ বাবে মনুষ্যক পৰিয়াল, ব্যৱসায়, সামাজিক জীৱন তথা যোগাত্মক কৰ্মৰ মাজত তালমিল ৰাখিব লাগিব।

চাৰি প্ৰাকৰৰ ব্যক্তিয়ে নিজৰ কৰ্মৰ লগতে উৰ্জাৰ তালমিল ৰাখিব পাৰে -

1. যোগাত্মক ৰূপেৰে সক্ৰিয়
2. ঋণাত্মক ৰূপেৰে সক্ৰিয়
3. নিস্ক্ৰিয় ব্যক্তি
4. অৰ্ধসক্ৰিয় ব্যক্তি

ঋণাত্মক ৰূপেৰে সক্রিয় ব্যক্তি

এনেকুৱা ব্যক্তিৰ উৰ্জাৰ স্তৰ বহুত ভাল হয়, তেওঁ সদায় কাৰ্যৰত হৈ থাকে কিন্তু তথাপিও সফল নহয়। কাৰণ এইটো হয় যে তেওঁৰ কৰ্মত খেলিমেলি আছে। গতিকে প্ৰকৃতিৰ নিয়মে তেওঁক সফল কৰি নিদিয়ে। তেওঁৰ বিগত কৰ্মৰ কাৰণে তেওঁ জীৱনত সফলতা পাই, কিন্তু বিগত কৰ্মৰ ক্ষয় হৈয়েই তেওঁ পুনঃ বৰ্তমান কৰ্মৰ ঋণাত্মক পৰিণামত বান্ধ খাই যায়। এইদৰে তেওঁ মহলৰ পৰা জুপুৰীলৈ গৈ পাবলৈ বেছি সময় নালাগে।

আপুনি এনেকুৱা অনেক উদ্যোগ দেখিছে বোধহয়, যি জীৱনৰ কোনোবা চৰণত কোৰ্টত অধিক সময় কটাব লগীয়া হয়। এই লোকসকলে অনুচিত মাধ্যমৰ বাবে নিজৰ উৰ্জা লগাই তথা অনুচিত সাধনাকো প্ৰয়োগ কৰে, প্ৰকৃতি আৰু তাৰ নিয়মৰ দ্বাৰা ইয়াৰ সহায়ত নকৰাতো স্বাভাৱিক হয়। গতিকে তেওঁ আজীৱন নিজৰ অপ্ৰকৃতিৰ খল ভুগিবলগীয়া হয়। যদি এনেকুৱা ব্যক্তিয়ে সময় থকোতে চম্ভালি নাযায় তেতিয়া শীঘ্ৰে তেওঁৰ সক্ৰিয়তা সমাপ্ত হৈ যায় আৰু নিৰাশে তেওঁক আগবাঢ়িবলৈ বাধা দিয়ে। এনে ব্যক্তিয়ে প্ৰায়- ভ্ৰমিত তথা আক্ৰামক হয়।

এনে ব্যক্তিৰ লক্ষণ নিম্নলিখিত হয় -

→ তেওঁলোকৰ ইচ্ছা ঋণাত্মক হয়।

→ তেওঁলোকে আনৰ মনত আঘাত দিয়ে।

→ তেওঁলোকে আনৰ অনুচিত লাভ উঠাই।

→ তেওঁলোকে চুৰ, দকাইত আদি কামত নিপুণ হয়।

→ তেওঁলোকে জুৱা খেলে তথা মদিৰাৰ সেৱন কৰে।

→ তেওঁলোকৰ বিচাৰ উত্তম নহয়।

→ তেওঁলোকৰ ব্যৱহাৰ অভদ্ৰ হয়।

→ তেওঁলোকে আনক ঘৃণা তথা সন্দেহৰ দৃষ্টিৰে চাই।

→ তেওঁলোক অনুচিত ৰূপেৰে অন্তৰ্মুখী হয়।

→ তেওঁলোকে নিৰাশাবাদী, ঈৰ্ষালু তথা হিংসাৰ স্বভাৱৰ হয়।

অসফলতাৰ লগতে তেওঁলোক এটা অদ্ভুত ভয়ৰ সন্মুখিনো কৰিব লগা হয় কাৰণ তেওঁ জানে যে তেওঁৰ গতিবিধি অনুচিত হয়। এই গতিবিধিত লিপ্ত থকাৰ কাৰণে তেওঁ সদায় খেলিমেলিত থাকে। তেওঁৰ জীৱনত প্ৰসন্নতাৰ কোনো স্থান নাথাকে। ইমান কষ্ট পোৱা

পিছত তেওঁ নিজৰ কাৰ্যক পৰিবৰ্তন নকৰে তথা ভাগ্যক দোষ দিয়ে। নিজৰ ঋণাত্মক কৰ্মৰ কাৰণে তেওঁ আজীৱন বেয়া সময়ত কটাব লগীয়া হয়। তেওঁ ঋণাত্মক উৰ্জাত পৰিবৰ্তন কৰা শিকিব লাগিব। এনেকুৱা তেতিয়াও সম্ভৱ হ'ব যেতিয়া তেওঁ পুণ্য কৰ্ম কৰাত তৎপৰ হ'ব।

নিস্ক্রিয় ব্যক্তি

এনেকুৱা ব্যক্তিৰ স্বভাৱ আলচি হয়। তেওঁ কোনো কাম কৰিবলৈ ভাল নাপায়। আলচি ব্যক্তিৰ জীৱনত সফলতা কেতিয়াও আহিব নোৱাৰে। বাস্তৱত নিস্ক্রিয় ব্যক্তিক কঠোৰ পৰিশ্ৰম কৰিব লগা হয় কাৰণ তেওঁৰ শাৰীৰিক তথা মানসিক অৱস্থা সন্তুষজনক নহয়। তেওঁ কৰ্মৰ মানৱীয় পৰিভাষাৰ অনুসাৰে কানো কাৰ্য নকৰে, এই পৰিভাষাৰ অনুসাৰে যেতিয়া কোনো জীৱকোপাৰ্জনৰ বাবে কোনো কাৰ্য কৰে তেতিয়া সেইটোক কৰ্ম কৰে অন্যথা তেওঁ কোনো কাৰ্য কৰা নাই।

এনেকুৱা ব্যক্তি য'তেই যায় নিৰাশজনক পৰিৱেশক সৃষ্টি কৰে। কোনেও তেওঁৰ লগ দিব নিবিচাৰে কাৰণ তেওঁ শীঘ্ৰে আনৰ যোগাত্মকতাক নষ্ট কৰি দিয়ে। তেওঁ নিজক টনাৰ লগতে আনকো টানি আনি পৰিৱেশক নষ্ট কৰি দিয়ে। তেওঁ আনৰ আলোচনা কৰে। তেওঁ নিৰাশাবাদী নথা অৱসাদগ্ৰস্ত হয়। তেওঁ আনৰ ভূল উলিওৱাত বিশেষ ৰূপেৰে আনন্দ লয়। তেওঁ সফল ব্যক্তিৰ পৰিৱৰ্তে এনেকুৱা লোকক বিচাৰে, যি সহজতে নিজৰ দোষক যি কোনোৰে মাথাত মাৰিব জানে।

তেওঁ প্ৰায়ঃ এনেকুৱা ব্যক্তিৰ লগ বিচাৰে যি নিজৰ দোষ সহজতে চৰকাৰ, প্ৰশাসন অথবা ভাগ্যৰ মাথাত মাৰি দিয়ে তথা এইটো কয়- "মই জীৱনত বহুত কৰিছিলো, কিন্তু অমুক ব্যক্তিৰ কাৰণে অসফল হৈ গ'লো, তেওঁ মোৰ লগত বেইমানি কৰিলে আৰু ব্যৱসায়ত লোকচান হ'ল।"

এজন প্ৰসিদ্ধ উদ্যোগপতিয়ে এবাৰ কৈছিল -

"তুমি মোক মোৰ প্ৰবন্ধন কৌশলৰ অতিৰিক্ত সকলো লৈ ললা, মই তোমাক পুনঃ উদ্যোগ স্থাপিত কৰি দেখুৱাব পাৰো।"

নিষ্ক্রিয় ব্যক্তিয়ে কোনো কাম নকৰে বা কোনো বস্তুৰ অধিকাৰী নহয় কিন্তু তথাপিও সুখ-সুবিধাৰ অপেক্ষা ৰাখে। তেওঁ আৰামেৰে বহি আনক আদেশ দি ভাল পাই। তেওঁৰ বাবে জীৱনৰ সকলো বৈভৱ, ভাল ভোজন, ক্লাবলৈ যোৱা, যাত্ৰা সুবিধা আদি গোটোৱা, যিবিলাক তেওঁ নিজে নকৰে।

সকলো বিচৰাৰ স্বত্তেও তেওঁ নিজৰ বাবে কাম কৰিব নিবিচাৰে। তেওঁক ব্যৰ্থৰ পৰামৰ্শ দিয়া তথা আনৰ দোষ উলিওৱাত বহুত ভাল পায়। তেওঁৰ পুৰা বিশ্বাস হয় যে তেওঁ যি কৈছে অথবা কৰি আছে, সেইটোৱেই সত্য হয়। যদিও যেতিয়া কোনো কাম হাতত দিয়া যায় তেতিয়া তেওঁ আনৰ ওপৰত দিব বিচাৰে।

তেওঁ যি কোনো কাৰ্য কৰিবৰ বাবে সাহস আৰু উৎসুকতাৰ অভাৱ হয়! তেওঁ অধিকৰ পৰা অধিক ধন উপাৰ্জন কৰিব বিচাৰে কিন্তু কোনো বিপদ উঠাব নিবিচাৰে। এইটোৱেই কাৰণ হয় তেওঁৰ ওচৰত সঠিক সময়ত নিৰ্ণয় নিৰ্ধাৰণৰ ক্ষমতা নাথাকে কাৰণ তেওঁ সদায় এইটোৰে ভয় থাকে যে যিটো তেওঁৰ ওচৰত আছে, সেইটোৰে যাতে নস্ট নহয়।

তেওঁৰ শৰীৰ কাম কৰাৰ অভ্যস্ত নহয়। গতিকে অলপ পৰিশ্ৰম কৰি শৰীৰক উত্তৰ দিব লাগে। আলচি তেওঁৰ শৰীৰক দুৰ্বল তথা শক্তিশালী বনাই দিয়ে। এনেকুৱা লোকৰ শাৰীৰিক শক্তি ক্ষীণ হয় তথা তেওঁ সদায় নিৰাশৰ সাগৰত উটি যায়।

নিস্ক্ৰিয় হোৱাৰ অপেক্ষা ঋণাত্মক ৰূপেৰে সক্ৰিয় হোৱাটো বেছি ভাল হয় কাৰণ ঋণাত্মক ৰূপেৰে সক্ৰিয় হ'লেও উক্ত ব্যক্তিয়ে উৰ্জাৰে ভৰপুৰ থাকে তথা বিচাৰিলেও উৰ্জাৰ সৃজনাত্মক উপযোগো কৰিব পাৰে কিন্তু নিষ্ক্ৰিয় ব্যক্তিত উৰ্জাৰ অভাৱ হয়। গতিকে কিবা কৰিব পৰা কোনো সম্ভাৱনা নাথাকে।

অৰ্ধসক্ৰিয় ব্যক্তি

এইটো সেই ব্যক্তিৰ বিষয় হয় যি ভাল, বিশ্বাসী, পৰিশ্ৰমী হোৱাৰ স্বত্তেও অসফল হয়। আপুনি এনেকুৱা শিশু তথা পত্নীকো প্ৰায়ঃ কোৱা শুনিছে বোধহয় যে তেওঁৰ পিতা অথবা পতি দিন-ৰাতি পৰিশ্ৰম কৰাৰ স্বত্তেও জীৱনত অসফল হৈছে। এনেকুৱা ব্যক্তিয়ে প্ৰায়ঃ নিজৰ পৰিশ্ৰম তথা বিশ্বাসক সফলতাৰ বাধা বুলি মানি লয়। তেওঁ বুজি পাব নোৱাৰে যে কোনো অন্য কাৰণ থাকিব পাৰে। আত্মপৰীক্ষণৰ পৰিৱৰ্তে ভাগ্যক দোষ দি থাকে। আপুনি ভাৱে বোধহয় যে তেওঁ সফল কিয় হোৱা নাই? যদিও তেওঁৰ সফল ব্যক্তিৰ অনেক গুণ থাকে কিন্তু তেওঁ পৰ্যাপ্ত উৰ্জা তথা কৰ্মৰ অভাৱত পিছ পৰি যায়। তেওঁৰ প্ৰয়াস দুৰ্বল হয়। তেওঁক নিৰাশাবাদী হয় তথা কাল্পনিক ভয়েৰে ঘেৰি ধৰে।

কাল্পনিক ভয় - এনেকুৱা ভাল ব্যক্তিত কাল্পনিক ভয়ৰ মাত্ৰা অধিক পোৱা যায় যি তেওঁৰ মনৰ কথা প্ৰকট কৰি নিদিয়ে। তেওঁক

এইটো ভয়ে অশান্তি কৰি থাকে। তেওঁৰ আনক প্ৰসন্নতাৰ ওপৰত নিজৰ জীৱন-মূল্যকো বলিদান দিয়াত তৎপৰ হৈ যায়। এইটোৱেই কাল্পনিক ভয় তেওঁৰ সফলতাৰ মাৰ্গৰ সকলোতকৈ ডাঙৰ বাধা হয়। কেতিয়াবা-কেতিয়াবা এই ভয়ৰশ তেওঁ নিজৰ সমৃদ্ধ গ্ৰাহকৰ লগত সম্পৰ্ক ৰাখিব নোৱাৰে, তেওঁ ভাৱে- "যদি মই তেওঁক ফোন কৰো, তেতিয়া হ'ব পাৰে যে তেওঁ মোৰ ওপৰত খং কৰিব, অথবা মোক অপশব্দ কৈ দিব, "তুমি মোক ইমান ৰাতিপুৱা কিয় ফোন কৰিলা ?"

হ'ব পাৰে অমুক ব্যক্তিয়ে কোনো মিটিংত অথবা লাঞ্চত আছে, তেতিয়ালৈকে অন্য প্ৰতিস্পৰ্ধা অৰ্ডাৰ লৈ বস্তুও প্ৰস্তুত কৰি লয়।

মোহ তথা প্ৰেম - এনেকুৱা ভাল ব্যক্তিক উৰ্জা এনেকুৱা ব্যৱসায়ত নস্ট হৈ যায়, যিটোক আমি ব্যৱসায়ৰ সংজ্ঞা দিব নোৱাৰে। এনেকুৱা ব্যক্তিয়ে নিজৰ মিত্ৰ, সহযোগী আৰু আত্মীয় বন্ধুক উৎপাদৰ মূল্যৰ ওপৰত বস্তু বেচি দিয়ে, তেওঁলোকৰ পৰা লাভ লোৱাটো তেওঁৰ বেয়া লাগে। আপুনিয়েই কওক এনেকুৱা ব্যক্তিয়ে জীৱনত কেনেদৰে সফলতা পাব ? কোনোও নিজৰ ব্যৱসায়ৰ লগত এনেকুৱা কাৰ্য কৰিব নালাগে। ইয়াত কোনো সন্দেহ নাই যে প্ৰভুৱে আমাক প্ৰেম কৰিবলৈ উপদেশ দিয়ে, কিন্তু লগতে এইটোও কয় যে প্ৰত্যেক ব্যক্তিক নিজৰ পৰিয়ালৰ প্ৰতি কৰ্তব্যক উপেক্ষিত কৰিব নোৱাৰে। যদি আপোনাৰ আজীৱিকা কম হয় তেতিয়া ইয়াৰ অৰ্থ হ'ব যে নিজৰ পাৰিবাৰিক কৰ্তব্যৰ পূৰ্তি কৰিব নোৱাৰে।

শান্তিৰ ইচ্ছা - এনেকুৱা ভাল ব্যক্তিয়ে তৰ্ক কৰি ভাল নাপাই। তেওঁৰ এনে লাগে যে ব্যৰ্থ তৰ্ক কৰিলে তেওঁৰ মনৰ শান্তি ভংগ হ'ব। গমিকে তেওঁ নিজৰ প্ৰতিস্পৰ্ধাৰ তুলনাত দামী বস্তু কিনি লয়। কাৰণ তেওঁ অধিক মূল্যৰ ওপৰত বস্তু কিনে, তেওঁৰ বিক্ৰী মূল্যও বাঢ়ি যায় আৰু যি কোনো বঢ়া দামৰ ওপৰত উৎপাদ লব নিবিচাৰে। উৎপাদ বিক্ৰী কমিলে হানি হয় আৰু কোনো উপলব্ধি নাপাই। এনেকুৱা শান্তিও যি কামৰ হয় যিটো আপোনাৰ জীৱনক ব্যৰ্থ কৰি দিয়ে।

অতিৰিক্ত যত্নৰ অভাৱ - অসফল ব্যক্তিয়ে সৰু কামটো অতিৰিক্ত প্ৰয়াস কৰিব নিবিচাৰে। তেওঁৰ অনুভৱ নহয় যে নতওঁৰ অলপ ভুলো গ্ৰাহকক কোনো অন্য দোকানত যাব পাৰে। এনেকুৱা ব্যক্তিক সঠিত সময়ত গৈ দোকান খুলাটোৱেই সকলোতকৈ ডাঙৰ সক্ৰিয় হয়। ইয়াতকৈ অধিক যি কোনা প্ৰয়াস নগণ্য পৰি যায়। এনেকুৱা ব্যক্তি যি কোনা অতিৰিক্ত প্ৰয়াসৰ অভাৱত দিন ৰাতি একে নিৰস দিনচৰ্যাত লাগি থাকে

তথা যি কোনো ৰচনাত্মক পদক্ষেপ নুঠোৱাকে ভাগ্যক নিজৰ অসফলতাৰ দোষী মানি লয়।

যোগাত্মক ৰূপেৰে সক্ৰিয় ব্যক্তি

আপুনি লক্ষ্য কৰিছে বোধহয় যে এনেকুৱা ব্যক্তিয়ে জীৱনত প্ৰায়ঃ সফল, সমৃদ্ধ তথা সন্তুষ্ট হয়।

যদিও দুৰ্ভাগ্যৱশত এনেকুৱা ব্যক্তিৰ সংখ্যা অধিক নহয়, তেওঁ যি কোনো নিৰস দিনক জীৱ-উৰ্জাৰে ভৰপুৰ কৰিব পাৰে। তেওঁ আনক অজ্ঞাত তথা অৱচেতন ৰূপেৰে প্ৰেৰিত কৰে। তেওঁৰ উপস্থিতি মাত্ৰই বাতাৱৰণক যোগাত্মক বনাই দিয়ে।

এনেকুৱা ব্যক্তিয়ে যি কোনো সমাৰোহৰ জীৱ হয়, যদিও ইয়াৰ সংখ্যা বহুত কম হয়। গতিকে এশৰ ভিতৰত আপুনি দুই বা তিনি জন ব্যক্তিয়ে এনেকুৱা পাব যি নিজৰ বিলক্ষণ ব্যক্তিত্বৰ কাৰণে প্ৰায়ঃ প্ৰত্যেকৰ দ্বাৰা প্ৰশংসা পাই। তেওঁ আনৰ পৰা অভিযোগো নাপাই। তেওঁ ক্ৰোধিত নহয় আৰু ভ্ৰমিতও নহয়, নিৰাশো নহয় আৰু মনত কোনো কুঠাও পালি নলয়। গতিকে আপোনালোকে তেওঁৰ জীৱনৰ এটা অংশ বনিব বিচাৰে।

শান্তি ভাৱ-যোগাত্মক ৰূপেৰে সক্ৰিয় ব্যক্তিৰ সকলোতকৈ দাঙৰ বিশেষতা তেওঁৰ শান্ত স্বভাৱ, তেওঁ শীঘ্ৰে উত্তেজিত নহয়। তেওঁৰ ওপৰত মুডে প্ৰভাৱ নহয়। তেওঁৰ নিজৰ ইন্দ্ৰিয়ৰ ওপৰত পূৰ্ণ নিয়ন্ত্ৰণ হয়। অভ্যাসৰ বলৰ ওপৰত তেওঁ এই শান্ত ভাৱক পাই। তেওঁ জীৱনত প্ৰত্যেক বস্তু তথা ব্যক্তিৰ বাবে প্ৰস্তুত থাকে। যোগ্যতাত তেওঁ কোনো লগৰী নাথাকে। তেওঁৰ নিৰ্ণয়-নিৰ্ধাৰণ ক্ষমতা সঠিক হয় কাৰণ তেওঁ শান্ত ভাৱেৰে সমস্যাক সমাধান কৰে। এই শান্তি ভাৱ তথা সন্তুলিত মস্তিস্কৰ বলত তেওঁ ডাঙৰতকৈ ডাঙৰ কঠিনক হাঁহি সহ্য কৰি যায়। এইটো তেওঁৰ বিলক্ষণ ব্যক্তিত্বৰ ৰাজ হয়। সমস্যাৰ সন্মুখিন সকলোৱে কৰে, কিন্তু মুখ্য কথা হ'ল যে তেওঁ কি ভাৱেৰে তাৰ সন্মুখিন কৰে- ক্ৰোধ, অধৈৰ্য অথবা শান্তি ভাৱেৰে।

সচেতন- এনেকুৱা ব্যক্তি সদায় সচেতন হৈ থাকে। তেওঁৰ শাৰীৰিক ভংগিমাৰে ইয়াৰ বিষয়ে গম পোৱা নাযায়, কিন্তু তেওঁ সদায় নিজৰ চাৰিওফালৰ প্ৰতি সচেতন থাকে। তেওঁক কোনেও মুৰ্খ বনাব নোৱাৰে। তেওঁ জানে যে কাক খুলি কথা কব লাগে অথবা কাক নিজৰ কথা কব লাগে। তেওঁ সকলোৰে বাবে একে নহয়। যদি কোনোবাই তেওঁৰ কথা

উলিয়াব বিচাৰে. তেতিয়া তেওঁ কথাটোক লুকাই ৰাখে আৰু কেতিয়াও প্ৰকট নকৰে। এইটোৱেই মনুষ্যৰ সজাগতাৰ ভূমিকা চাফ হয় যে তেওঁৰ শুদ্ধ-ভূল আৰু ভাল-বেয়াক চিনি লোৱা আৰু তাৰ অনুসাৰে কাৰ্য কৰাত বিবেক থাকিব লাগে। যদিও সত্য জনাৰ পিছটো সঠিক সময়ত সঠিক নিৰ্ণয় নলয় তেতিয়া মূৰ্খতা তথা যোগাত্মক ৰূপেৰে সক্ৰিয় ব্যক্তি মুৰ্খ নহয়।

ইয়াত আমাৰ তাৎপৰ্য মাংসপেশী বা শাৰীৰিক শক্তিৰে নহয়। ইয়াৰ অৰ্থ হ'ল যে তেওঁ যোগাত্মক উৰ্জাৰে ভৰপুৰ থাকে তথা সময়ক ব্যৰ্থ নকৰে, তেওঁ নিজৰ সকলো কাৰ্য সময়ত কৰে, লাগিলে তেওঁৰ কৰ্তব্য পাৰিবাৰিকেই হওক বা ব্যৱসায়। এজন শক্তিশালী ব্যক্তিক বিপদ উঠোৱাৰ সাহস থাকে, তেওঁ নিজৰ মনোবাঞ্চিত ইচছাৰ পূৰ্তিৰ বাবে, প্ৰতিদিনে নিজৰ যত্নৰ বলত উৰ্জাৰ বৃদ্ধি কৰে।

ধৈৰ্য- তেওঁ ধৈৰ্যৱান হয়, কিন্তু ইয়াৰ অৰ্থ এইটোও নহয় যে তেওঁ সদায়ৰ বাবে ধৈৰ্য ধাৰণ কৰি লয়। তেওঁ ঘটনাৰ অপেক্ষা নকৰে কিন্তু তেওঁ ঘটনাৰ ঘটিত হোৱাত শীঘ্ৰতাও নদৰ্শাই। তেওঁৰ ইমান ধৈৰ্য থাকে যে তেওঁ ঘটনাৰ সময়ত ঘটনাৰ অপেক্ষা কৰিব পাৰে কাৰণ তেওঁ গম পাই যায় যে শীঘ্ৰতা বিপদৰ কাৰণ বনিব পাৰে।

সংসাৰত কিছুমান এনেকুৱা ব্যক্তিও আছে যি আজীৱন সঠিক সুযোগ পোৱাৰ অপেক্ষা কৰি থাকে। ধৈৰ্যৱান ব্যক্তিয়ে নিজৰ বাবে সুযোগৰ নিৰ্মাণ কৰে। যি কোনো কাৰ্যক সময়ৰ পূৰ্বে অথবা পিছত কৰাটো ঘাতক হয়। তেওঁ এই ত্যথক ভালদৰে জানে।

অনুশাসন - আপুনি এই শব্দক স্কুল কলেজৰ দিনত এশ বাৰ শুনিছে বোধহয়, কিন্তু আজিও আপুনি অনুশাসিত জীৱন জীয়াই নাথাকে। আপুনি প্ৰথমে- এইটোক প্ৰয়োগ কৰাৰ প্ৰয়াস কৰিছে ছাগে আৰু ইয়াৰ আনন্দও উঠাইছে বোধহয়, কিন্তু কিছু সময়ম পিছত এইটোৱে আপোনাক নিৰস আৰু একৰস হৈছে আৰু আপুনি এইটোক এৰি দিছে ছাগে।

"অনুশাসনৰ অভাৱত সফলতাৰ কামনা কৰিব নোৱাৰে।"

যদি আপুনি সঠিক সময়ত সঠিক কাৰ্য কৰাৰ অভ্যাস কৰিব তেতিয়া আপোনাৰ সফলতাৰ আভাস হ'ব। আপুনি অলপ বলিদান দিব লগা হ'ব পাৰে, কিন্তু আপুনি ইমান অনুশাসিত নিশ্চয় হ'ব লাগিব যে জীৱনৰ মূল্যৰ প্ৰশ্ন আহে তেতিয়া কোনো চুক্তি নকৰিব। স্মৰণ হৈ থাকিব যে আপোনাৰ হাতত কেৱল কৰ্ম আছে, কৰ্মফল প্ৰভুৰ হাতত আছে।

সন্তুলিত মস্তিষ্ক - অস্থিৰ মস্তিস্কৰ ব্যক্তিৰ ওপৰত কোনেও দয়া কৰিব নোৱাৰে, এনে ব্যক্তিয়ে প্ৰায়ঃ অতিবাদী দৃষ্টিকোণ ৰাখে। যদি তেওঁ কামত থাকে তেতিয়া পাৰিবাৰিক কৰ্তব্যকো উপেক্ষা কৰি দিয়ে তথা দিন-ৰাতি পৰিশ্ৰম কৰে। যদি আনন্দ উপভোগ কৰিব আহে তেতিয়া মহত্তপূৰ্ণ কামকো অৱহেলনা কৰে। নিজৰ জীৱনক অসন্তুলিত ৰখা ব্যক্তিয়ে কেতিয়াও সফলতা প্ৰাপ্ত কৰিব নোৱাৰে। এনে ব্যক্তি যি জীৱনক নিয়ন্ত্ৰিত কৰিব নোৱাৰে, তেওঁ কেতিয়াওসফল হ'ব নোৱাৰে। সন্তান, পৰিয়াল তথা পত্নীৰ লগত সময় কটোৱা সময়ত তেওঁক কামত হোচ নাথাকে। যদি কামত ডুবি যায় তেতিয়া পৰিয়ালৰ মনত নপৰে।

তেওঁ কেৱল তাকেই কৰে, য'ত তেওঁ বিশেষ আনন্দ পাই। তেওঁ নিজৰ ইন্দ্ৰিয়ক পূৰ্ণ নিয়ন্ত্ৰণত ৰাখে। যোগাত্মক ৰূপেৰে সক্ৰিয় ব্যক্তিয়ে যি কোনো বস্তুৰ পিছত পাগলৰ দৰে পলাই থাকে, কাৰণ তেওঁ জানে যে কেৱল কৰ্ম তেওঁৰ লগত আছে তথা কৰ্ম কৰাৰ তাৎপৰ্য কাম কৰিলেই নহয়। তেওঁ নিজৰ কামৰ লগতে পৰিয়াল তথা মিত্ৰকো পুৰা সময় দিয়ে। তেওঁৰ নিজৰ জীৱনত সন্তুলন সাধনা আহে। সন্তুলন সাধনৰ অৰ্থ কৃপা কৰি এইটো নলগাব যে গোটেই দিনত কাম কৰাৰ পিছত আপুনি পত্নী তথা সন্তানক দামী উপহাৰ দি কব যে মই মোৰ জীৱনক একেবাৰে সন্তুলন কৰিছো। এইটোক সন্তুলন বুলি কোৱা নাযাব কাৰণ আপোনাৰ পৰিয়াল আপোনাৰ মৰমৰম ৰূপত উপহাৰ নহয়, আপোনাৰ লগ আৰু সময় বিচাৰে।

যোগাত্মক ৰূপেৰে সক্ৰিয় ব্যক্তিয়ে সদায় এইটো বিচাৰ কৰি কাম কৰে যে তেওঁ সমাজ তথা দেশৰ কল্যাণ কৰি আছে। তেতিয়া তেওঁ জীৱনত সফল, সমৃদ্ধ আৰু সন্তুস্ট হ'ব পাৰিব। এনেকুৱা আশাবাদী ব্যক্তিয়ে প্ৰকৃতিৰ দ্বাৰৰ বনোৱা নিয়মত পুৰা বিশ্বাস ৰাখে। আনে তেওঁৰ প্ৰশংসা কৰে আৰু তেওঁৰ দৰে বনিবও বিচাৰে।

উৰ্জা প্ৰৱাহত অহা বাধা

আলস্য - আলস্য উৰ্জাৰ প্ৰৱাহত বহুত বাধা আহে কাৰণ যদি আপুনি কোনো কাৰ্যৰ বাবে তৎপৰ নাথাকে তেতিয়া আপুনি অকাৰণতে কামত দেৰি কৰে। লাহে লাহে এইটো এটা অভ্যাস বনি যায়, যৰ পৰা উৰ্জা বৃদ্ধিৰ কোনো সুযোগ নাপায় আৰু লগতে বৰ্তমানৰ উৰ্জাও ক্ষয় হ'ব ধৰে। অধিকৰত ব্যক্তিয়ে আজিৰ কামক কালিলৈত স্হগিত কৰে কাৰণ তেওঁ আৰাত কৰিব বিচাৰে বা টি.ভি. আদি চাব বিচাৰে। এইটো

উচিত নহয়। সঠিক সময়ত কাম সমাপ্ত কৰাৰ চেষ্টা কৰক. আপোনাৰ বাবে এইটো উচিত হয়।

ঋণাত্মক চিন্তন - প্ৰায়ঃ ব্যক্তিয়ে ঋণাত্মক চিন্তনত লীন হৈ যায়। "যদি মই কাম কৰিব ধৰো তেতিয়া কি পাব ?" বা "মই প্ৰয়াস কৰি আছো। পৰিয়ালৰ অন্য সদস্যই নিজে নিজে মগ্ন হৈ থাকে" বা ইমান প্ৰসন্ন কৰাৰ পিছটো মই লোকচান উঠাব লগীয়া হৈছো। গতিকে কাম কৰিলে একো লাভ নহয়।" পৰিণামতঃ এনেকুৱা ব্যক্তিয়ে নিজৰ কৰ্তব্যৰ উপেক্ষা কৰিব ধৰে তথা নিৰাশত ঘেৰি যায় তথা ঋণাত্মক চিন্তনত তেওঁৰ উৰ্জা সমাপ্ত হৈ যায়।

হীন ভাৱনা - নিজৰ দুৰ্বলতাৰে গ্ৰস্ত লোক হীন ভাৱানাৰ চিকাৰ হৈ যায়। প্ৰকৃতি সমানতাত বিশ্বাস নকৰে। এইটোৱে প্ৰত্যেক মনুষ্যক এক অদ্‌ভুত বিশেষতাৰ লগত জড়িত কৰিছে। আমি সেই গুণক চিনি পাব লাগিব যাতে আনৰ মাজত নিজৰ পৰিচয় বনাব পাৰো। এইটোৱে আমাক আনতকৈ শ্ৰেষ্ঠ বনাই, গতিকে হীন ভাৱনাৰ কোনো প্ৰশ্ন নুঠে। যদি আপুনি আনতকৈ কোনো বেলেগ বিশেষতা ৰাখে তেতিয়া আপুনি কেনেকৈ হীন হৈছে ? ব্যক্তিয়ে কামৰ সমাধানৰ বাবে আগলৈ আহিব লাগে তথা পৰ্যাপ্ত কাৰ্যও কৰিব লাগে অন্যথা তেওঁৰ উৰ্জাৰ স্তৰ কমি যায়।

সংকল্পশক্তিৰ অভাৱ - যি কোনো ব্যক্তিক কাৰ্যৰ নিৰন্তৰতা বনাই ৰাখিব লাগে। কোনো ব্যক্তি এনেকুৱাও থাকে যি একেলেথাৰিয়ে কাম অথবা ব্যৱসায় পৰিৱৰ্তন কৰি থাকে, এইটো প্ৰণালী একেবাৰে ভূল হয়। এজন ব্যক্তিক কৰা কাৰ্য আৰু তাৰ নিৰন্তৰতাৰ প্ৰতি দৃঢ় হ'ব লাগে। বাৰে বাৰে কাৰ্যৰ প্ৰকৃতি পৰিৱৰ্তন কৰিলে উৰ্জাৰ স্তৰত উঠা-নমা কৰি থাকে তথা উৰ্জা ক্ষয় হয়।

কিছুমান লোকে অনুভৱ কৰে যে সংকল্প শক্তি এক ৰহস্যময়ী কাৰক হয়, যিটো নিৰ্বাচনত আমাক মাৰ্গদৰ্শন কৰাই। হ'ব পাৰে যে আপোনাৰ এই বিষয়ত কোনো ৰায় নাই, কিন্তু আপুনিও যেতিয়া কিবা ভূল নিৰ্বাচন কৰি লয়, তেতিয়া ইয়াৰ মাজত নিজকে সোমাই পৰে।

দিবা-স্বপ্ন - প্ৰায়ঃ ব্যক্তিয়ে আনৰ ব্যক্তিত্ত্ব তথা জীৱনশৈলীৰ প্ৰতি ঈৰ্ষা ভাৱ ৰাখে তথা তেওঁৰ দৰে জীৱনশৈলী জীয়াই থকাৰ কল্পনা কৰিব ধৰে। পৰিণামতঃ তেওঁ পৰিশ্ৰমেৰে কাম কৰাৰ পৰিৱৰ্তে গোটেই দিনত কল্পনাৰ জগতত সোমাই পৰে। এই ধৰণে ৰচনাত্মক কাৰ্যত উৰ্জাৰ উপযোগ কৰিব নোৱাৰে, যৰ পৰা উৰ্জাৰ স্তৰ কমি যায়।

ইন্দ্ৰিয়ৰ দাস - ইন্দ্ৰিয়ৰ দাস জীৱনত যি কোনো কাৰ্য কৰাৰ বাদে সকলো আনন্দ লুটি লব লাগে। পৰিণামত তেওঁ লোভী আৰু ইচছাৰ দাস হৈ যায় আৰু সফলতাৰ শৰ্টকাট পোৱাৰ অনুসন্ধানে, তেওঁক কেৱল সফলতাৰে দূৰ নকৰে বৰং বৰ্তমান উৰ্জাৰ স্তৰৰ দুৰুপয়োগ উৰ্জাৰেও দূৰলৈ লৈ যায়।

চিন্তা - চিন্তা এক এনেকুৱা ভাৱনা হয়, যিটো ঘটনা বিশেষৰ প্ৰতিক্ৰিয়া স্বাস্থ্য উৎপন্ন হয়। এই ধৰণে শৰীৰে নিজকে পুৰা সজাগতা, সামৰ্থ্য আৰু কেন্দ্ৰৰ লগত, সমস্যাৰ পৰিস্থিতিৰ চেলেঞ্জৰ সম্মুখিন হ'বৰ বাবে প্ৰস্তুত কৰে। আপুনি যেতিয়াই চিন্তাৰে ঘেৰে তেতিয়া মনত ৰাখিব যে আপুনি উৰ্জাক নষ্ট কৰি আছে। তেতিয়া আমি সমস্যাৰ সমাধান বিচৰাৰ পৰিৱৰ্তে, সমস্যাৰ ওচৰে পাজৰে ঘূৰি ফুৰে। চিন্তাৰ সময়ত আপোনাৰ শৰীৰ এটা হেচাৰে গ্ৰস্ত হৈ যায়। মানসিক তথা হৰমজনিত পৰিৱৰ্তনৰ কাৰণে হাওঁফাওঁত বৃদ্ধি হ'ব ধৰে। মাংসপেশী অশান্তি আহি যায়। হৰমন গ্ৰন্থি সক্ৰিয় হৈ যায়। এড্ৰিনেল তথা অন্য হৰমন বঢ়াৰ কাৰণে শৰীৰত অনেক পৰিৱৰ্তন আহে।

তেতিয়া মাংসপেশীয়ে সঠিক কাৰ্য কৰিবৰ বাবে গ্লুকজৰ আৱশ্যক হয়, যাৰ বাবে অতিৰিক্ত অক্সীজেন লাগে। হৃদয়ত তেজ তীব্ৰ গতিত চলিব ধৰে, যৰ পৰা ৰক্তচাপত বৃদ্ধি হৈ যায়। যদিও শৰীৰত ৰক্তৰ মাত্ৰা সীমিত হয়, গমিকে মাংসপেশী, হৃদয়, হাওঁফাওঁ আদি অংগক অতিৰিক্ত ৰক্ত গৈ পোৱাৰ প্ৰক্ৰিয়াত, শৰীৰৰ কম মহত্বপূৰ্ণ অংগত ৰক্তৰ মাত্ৰা কমি যায়। পৰিণামত পাচন তন্ত্ৰৰ গতি হ্ৰাস পাই যায়। কিডনী আৰু পেটৰ মাংসপেশী খামুচ মাৰি ধৰে তথা ইমিউন চিস্টেমো কমি যায়।

গতিকে অহা বাৰ যেতিয়া আপুনি চিন্তাগ্ৰস্ত হ'ব তেতিয়া শৰীৰত আহিব লগা এই পৰিৱৰ্তনক দৃষ্টি দিব। এনেকুৱা অৱস্থাত নিম্ন উপায় প্ৰয়োগ কৰক, ইয়াৰ পৰা আপোনাৰ উৰ্জাৰ স্তৰ বনি থাকিব।

- কমেও পাচ চেকেণ্ডৰ বাবে গভীৰ উশাহ লওক। তাৰ পিছত উশাহক কিছু সময়ৰ বাবে ৰখাওক আৰু লাহে লাহে এৰি দিয়ক। এইটোক পাচ ৰপৰা দশ বাৰ কৰক।
- নিজকে কওক- "মই শান্ত তথা উৰ্জাৰে ভৰপুৰ হওঁ, মই চিন্তাৰ দাস নহয়। মোৰ জীৱন এনেকুৱা সৰু সৰু কথাত ব্যৰ্থ কৰিবৰ বাবে বনাই নাই। মই যি কোনো সহ্য কৰিবলৈ প্ৰস্তুত আছো, কাৰণ মই জানো যে প্ৰভু মোৰ লগত আছে তথা মই ভৌতিক বস্তুৰ পক্ষত নাই।"
- তৎকাল আপোনাৰ সকলো ভাৱান তথা সমস্যাক এটা কাগজত লিখক। বিকল্পৰ সূচী বনোৱাৰ পিছত, সেই অসহজ ৰাস্তাক

প্ৰয়োগ কৰক, যিটো আপুনি চম্ভালিব পাৰে। এইদৰে আপোনাৰ আত্মবিশ্বাস বৃদ্ধি হ'ব।

- আপুনি আপোনাৰ ইচ্ছা বস্তুৰ ফালে ধ্যান নাইকিয়া কৰিবলৈ চেষ্টা কৰক।
- আপোনাৰ লগত যি ভাল হৈছে, সেইটোক স্মৰণ কৰক তথা নিজকে বিশ্বাস দিয়াওক যে এতিয়াও আপোনাৰ লগত ভালেই হ'ব।
- চকু বন্ধ কৰি নিজকে মূৰৰ পৰা ভৰিলৈকে অনুভৱ কৰক। যি মাংসপেশীত বিষৰ অনুভৱ হয়, সেইটোক আৰাম দিয়ক।
- আপোনাৰ ডিঙি, মুখ, কান্ধ তথা ভৰিক মালিচ কৰক। এইটোক কিন্তু অভ্যাস নবনাব।
- নিজকে কওকঃ মই মই আগতেও জন্ম লৈছো আৰু এই সকলো পৰিস্হিতি বা এনেকুৱা কওঁ যে ইয়াতকৈ বেয়া পৰিস্হিতিত পাৰ কৰিছো, যিটো মোৰ মনত পৰা নাই। গতিকে এদিনত এই চিন্তাক পাহৰি যাম আৰু যেতিয়া মই এদিন এইটোক পাহৰি যাম তেতিয়াহ'লে ইয়াৰ কথা কিয় ভাৱিম আৰু বিনা কাৰণে কিয় অশান্তিত থাকিম।

উৰ্জাৰ স্তৰত বৃদ্ধিৰ উপায়

উত্তেজিত নহ'ব - আপুনি এইটো কথাক অৱলোকন কৰিছেনে যে উত্তেজিত হোৱাত আপোনাৰ কিয় প্ৰতিক্ৰিয়া হয়? আপোনাৰ শৰীৰত এক তীব্ৰ ঢৌৰ দৰে হৈ যায়, সেইটো উৰ্জাই হয়। সাৱধান হৈ থাকক, যি কথাই আপোনাক ইমান উত্তেজিত কৰিছিল, যদি সেইটো আপোনাৰ পক্ষত নাথাকে, তেতিয়া সকলো উৰ্জা কমাত দেৰি নালাগে। আপুনি আপোনাৰ পক্ষত দলীল দিয়াৰ যোগ্যও নাথাকে।

ক্ৰোধিত নহ'ব - আপুনি ক্ৰোধিত হোৱা দেখুৱাব পাৰে কিন্তু বাস্তৱত কেতিয়াও ক্ৰোধ নকৰিব। এইটো আপোনাৰ উৰ্জাৰ স্তৰ ক্ষীণ কৰে, যৰ পৰা আপোনাৰ মস্তিস্কৰ সজাগতা তথা শান্তিৰ ওপৰত বেয়া প্ৰভাৱ পৰে।

ভয় আৰু চিন্তাৰ পৰা বাচক - অন্যাৱশ্যক ভয় তথা মোহৰ পৰা ভয় সৃষ্টি হয়। মনত ৰাখিব, ভয় এটা পাপ হয়, যদি আপুনি কোনো ভূল নকৰাকে ভয়ভীত হয়, তেতিয়া আপুনি পাপ কৰিছে। যেতিয়া আপুনি আপোনাৰ কৰ্মৰ পৰিণামৰ প্ৰতি চিন্তিত থাকে তেতিয়া ভৌতিক সুখ-সুবিধাৰ প্ৰতি আশক্তিয়েই আপোনাক চিন্তাযুক্ত তথা আক্ৰামক বনাই দিয়ে।

ব্যৰ্থৰ কথা বতৰা, আলোচনা তথা সময়ৰ নষ্ট কৰাৰ পৰা বাচক- বৰ্ষভৰত এক মিলিয়ন ডলাৰ কমোৱা **মিস্টাৰ চাৰ্লচ** য়ে কয়- "মই

কেতিয়াও কাকো আলোচনা কৰা নাই। মই ব্যক্তিক তেওঁৰ কামৰ পুৰা পাৰিশ্ৰমিক দিওঁ। মই প্ৰশংসা কৰিবৰ বাবে উৎসুক থাকো কিন্তু দোষৰ পৰা বিমুখ হৈ যাওঁ। যদি অলপ ভাল লাগে তেতিয়া হৃদয়ৰ পৰা তেওঁৰ প্ৰশংসা কৰো।"

ভোজন - উৰ্জাৰ স্তৰক বনাই ৰাখিবৰ বাবে ভোজনক কেতিয়াও উপেক্ষিত নকৰিব। প্ৰায়ঃ আপুনি অনুভৱ কৰে যে আপোনাৰ বাবে কোনটো ভোজন উত্তম হয়। যি ভোজন আপুনি ভাল নাপাই সেই ভোজনক সেৱন নকৰিব। আপুনি শুনিছে বোধহয় আমি সেইটো হয়, যিটো আমি খাওঁ। গতিকে যদি আপুনি একাগ্ৰ হ'ব বিচাৰে তেতিয়া আপুনি সেউজীয়া শাক-পাচলি লব লাগে, কাৰণ সেইটোৱে আপোনাৰ পেটক ভাল কৰি ৰাখে। জৰ্জ **অচাভা** ই এক সন্তুলিত আহাৰ পদ্ধতি বিকশিত কৰে, যৰ পৰা তেওঁ ভোজনৰ উপায়ক কয়। তেওঁৰ অনুসাৰে ভোজন যিমান প্ৰাকৃতিক হ'ব, সিমানেই আপুনি জীৱন্ত অনুভৱ কৰিব। গধুৰ ভোজনে ব্যক্তিক আলচি বনাই দিয়ে তথা একাগ্ৰ হ'ব নিদিয়ে। সোৱাদদায়ক হ'লেও জংক ফুড আমাৰ স্বাস্থ্যৰ বাবে ভাল নহয়। ইয়াৰ পৰা আমি ৰোগ হ'ব পাৰো তথা অধিক টোপনি আহে, অতি প্ৰতিক্ৰিয়া ব্যক্ত কৰা আদি সমস্যাও বাঢ়িব পাৰে।

স্মৰণ থাকক -

- সদায় সময়ত ভোজন সেৱন কৰক।
- ভোজন অধিক মাত্ৰাত নলব।
- শীঘ্ৰতাৰে ভোজন নকৰিব।
- পৰ্যাপ্ত মাত্ৰাত পানী লওক।
- পৰ্যাপ্ত মাত্ৰাত প্ৰটিন তথা ভিটামিন লওক।
- পুৰা পেট ভৰাৰ আগত ভোজন সমাপ্ত কৰক।

সন্তুষ্ট থাকক - আপুনি সন্তুষ্ট হৈ থাকিবলৈ শিকক। সকলো এই বিষয়ে জানে। কিন্তু তেওঁ ইয়াৰ অনুভৱ নকৰে। অন্তহীন ভৌতিক ইচ্ছাই সন্তুস্টিৰ মাৰ্গত বাধক দিয়ে। এইটো ইচ্ছাই মনুষ্যক ব্যাকুল বনাই দিয়ে। পৰিণামতঃ উৰ্জা কমিব ধৰে। অতঃ ইচ্ছাও কমে।

নিজকে কওক -

- মই এজন প্ৰসন্নচিত্ত ব্যক্তি হওঁ।
- মোৰ ওচৰত সকলো আছে।
- মোক সকলোৱে প্ৰেম কৰে, যি মোক ভাল নাপাই, তেওঁও মোক এদিন ভাল পাব।

- মই প্ৰেমৰ প্ৰতি সংবেদনশীল হওঁ তথা জীৱনৰ মূলক বুজি পাওঁ।
- মই সফল হয়।
  - আপোনাৰ বাহু বেকা কৰি নথব, ইয়াৰ পৰা উৰ্জাৰ প্ৰৱাহত বাধা আহে।
  - সদায় ওপৰলৈ চাই খোজ কাঢ়িব।
  - আপোনাৰ শৰীৰক ভালদৰে জানক আৰু ইয়াৰ প্ৰতিক্ৰিয়াক বুজি পাওক। ঈশ্বৰে আমাক যিমান উপহাৰ দিছে, তাৰ ভিতৰত মস্তিস্ক সকলোতকৈ মহত্তপূৰ্ণ হয়।
  - ঈশ্বৰক আপোনাৰ সমস্যাৰ বিষয়ে কওক। আপোনাৰ ইচ্ছাক পুৰা কৰিবলৈ নকব। প্ৰভুৰ পৰা সমস্যাৰ সমাধানৰ শক্তি বিচাৰক।
  - আপোনাৰ নেত্ৰ সঞ্চালন তথা শৰীৰৰ ভংগিমাৰ ওপৰত ধ্যান দিয়ক।
  - চিন্তিত নাথাকিব।
  - সমস্যাৰে ভয়ভীত হোৱাৰ পৰিৱৰ্তে তাৰ সম্মুখিন কৰক।
  - আনৰ ওপৰত বিশ্বাস ৰখা শিকক কাৰণ আপুনি প্ৰায়ঃ আনৰ দায়িত্বৰ প্ৰতি চিন্তিত থাকক, যৰ পৰা আপোনাৰ ওপৰত বেয়া প্ৰভাৱ পৰে।
- আনক প্ৰসন্ন কৰাৰ কল্পনা কৰক তথা তেওঁক ভাল খবৰ শুনাওক।

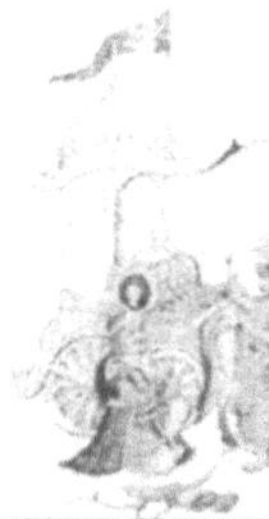

অধ্যায় - 4

মস্তিষ্ক

ঈশ্বৰে আমাক যিমান উপহাৰ দিছে, তাৰ ভিতৰত মস্তিস্ক সবাধিক মহত্ত্বপূৰ্ণ হয়।

ঈশ্বৰে প্ৰকৃতিৰ ৰচনা কৰে, যিটো তেওঁৰ সকলো ৰচনাৰ ভিতৰত সৰ্বোত্তম হয়, ব্ৰহ্মাণ্ডিয় ভব্যতাত সকলো তত্ত্বৰ সামজঞ্চপূৰ্ণ মিল আছে। এইটোক প্ৰশংসা কৰি আমি সম্পূৰ্ণ আনন্দৰে জীৱন জীয়াই থকাৰ যোগ্যতা পাব পাৰো। এই মহিমাময় সৃজনক বুজি পাবৰ বাবে, প্ৰভুৱে আমাক মস্তিস্ক দিছে। প্ৰকৃতিয়ে আমাৰ বাবে মস্তিস্কৰ সৃজন কৰিছে যাতে আমি কেৱল আপোনাৰ ওচৰে পাজৰে বিয়পি থকা প্ৰাকৃতিক বৈভৱৰ আনন্দ লব পাৰো আৰু ইয়াৰ লগতে নিজকে এই সৃজনৰ এটা মহত্ত্বপূৰ্ণ অংগৰ ৰূপত চিনি পাব পাৰে, ভাল-বেয়া, শুদ্ধ ভূল ত ভেদ কৰি আমি এনেকুৱা কৰিব পাৰো, এইটো যোগ্যতাই আমাক সকলো জীৱতকৈ শ্ৰেষ্ঠ বনাই, ভাল-বেয়া ত ভেদৰ যোগ্যতাই সফল তথা অসফল মনুয্যৰ ভেদ দৰ্শাহি। মস্তিস্কই যি কোনা ব্যক্তিক সাধু বা পাপী বনাই, ভগৱানৰ দূত বা ৰাক্ষস বনাই।

নিৰ্বাচন কৰাৰ এইটো ক্ষমতাই আমাক আমাৰ কাৰ্য প্ৰণালী দিয়ে। এইটো প্ৰণালীয়ে আমাক বৃদ্ধি কৰে তথা আমাৰ উৰ্জাৰ শ্ৰোত হয়। মন আমাৰ উৰ্জাৰ শ্ৰোত হয় তথা মানসিক দৰ্শাহি আমাক সেইটোকেই বনাই, যিটো আমি হয়। কিছুমান লোক জীৱনত নিজকে তিৰস্কৃত পাই, কিছুমানে সংঘৰ্ষ কৰে আৰু কিছুমানে আনন্দ লয়। অন্তৰ কেৱল মনৰ অৱস্হাৰ হয়। মনৰ মোক্ষ প্ৰাপ্তি বিশেষ ভূমিকা পালন কৰে। এইটোৱেই সেই সাধন অথবা মাধ্যম হয়, যিটো আমাক প্ৰভুলৈকে লৈ যায়। কৃষ্ণ ভগৱানে মস্তিস্কৰ বিশাল কাৰ্য ক্ষমতাৰ বৰ্ণন কৰিছে।

ষষ্ঠ অধ্যায়ৰ নিম্ন শ্লোকত প্ৰভুৱে কৈছে -

"মনুয্যক লাগে যে তেওঁ নিজে সংসাৰ ৰূপী সমুদ্ৰৰ পৰা নিজৰ উদ্ধাৰ কৰক তথা আত্মাক অধোগতিত অনা যায় কাৰণ জীৱাত্মাই নিজৰ মিত্ৰ তথা শত্ৰু হয়।" (5)

"যি জীৱাত্মাৰ দ্বাৰা মন আৰু ইন্দ্ৰিয় সহিত শৰীৰক জয় কৰে, সেই জীৱাত্মাৰ তেওঁ নিজে মিত্ৰ হয়। যাৰ দ্বাৰা মন তথা ইন্দ্ৰিয় সহিত শৰীৰক জয় কৰিব নোৱাৰে তেওঁ নিজকে শত্ৰুৰ সদৃশ্য ব্যৱহাৰ কৰিব পাৰে।"

ব্যক্তিয়ে 'মন' মস্তিস্ককেই মান্যতা দিয়ে। সকলো মানৱীয় মস্তিস্ক প্ৰায় একে আকাৰৰ হয়, গতিকে মনৰ অৱস্থা একে হ'ব লাগিব, কিন্তু এইটো এটালৈকে ঠিক হয়। কোনো ব্যক্তিয়ে এইটো ভাৱি আচৰিত হ'ব পাৰে যে যদি মগজুত ইমান শক্তিশালী হয় তেতিয়া আমি আমাৰ চৰণ লক্ষ্যলৈকে কিয় গৈ পাব নোৱাৰে? এনেকুৱা কি হয় যি কিছুমান লোকে কেৱল শত্ৰু বনে আৰু মিত্ৰ বনে? কিছুমান লোকে প্ৰসন্ন হয় আৰু কিছুমানে নহয়? কিছুমান লোকে কিয় ডাঙৰ ডাঙৰ কাম কৰে আৰু কিছুমানে বেয়া কৰে? এইটো মহত্তপূৰ্ণ প্ৰশ্ন হয়, যাৰ উত্তৰ বিস্তাৰেৰে বুজাব লাগে কাৰণ ইয়াতেই সকলোতকৈ ডাঙৰ অন্তৰ লুকাই আছে। যেনেদৰে আমি কৈছো যে কোনো ব্যক্তিৰ মস্তিস্কৰ গুণ তেওঁৰ পিছৰ জমৰ কৰ্মৰ ওপৰত আধাৰিত হয়। তেতিয়া আমি বিভিন্ন বুদ্ধি বিলাস আৰু ৰুচিৰ বালকক দেখো। হয়, এইটো ভেদো এটা স্তৰলৈকে ঠিকে থাকে। এইটো সত্য হয় যে পূৰ্ব জনমৰ কৰ্মৰ প্ৰভাৱ পৰে কিন্তু সেইটো নিৰ্ণয় কাৰ নহয়। এইটোও বহুত পৰ্যায়লৈকে গুৰুত্বপূৰ্ণ হয় যে ব্যক্তিক দিয়া মস্তিস্কৰ কিমান সৎপযোগ বা অসৎপযোগ কৰে। ভাল আৰু উচ্চ ক্ষমতাৰ ব্যক্তিয়ে সদায় আনতকৈ আগত থাকে, এইটো আৱশ্যক নহয় যে নিম্ন মানসিক ক্ষমতাৰ ব্যক্তিকো নিজৰ আত্মবিশ্বাস আৰু প্ৰদৰ্শনৰ বলত আগবাঢ়িব পাৰে।

অধ্যয়নৰ পৰা গম পোৱা যায় যে সফলতম ব্যক্তিয়ে নিজৰ মস্তিস্ক ৰ কেৱল 6 শতাংশ ভাগ প্ৰয়োগ কৰিছিল, য'তনেকি সাধাৰণ জীৱন জীয়াই থকা সাধাৰণ মনুষ্যই 3 শতাংশতকৈ অধিক মস্তিস্কৰ ব্যৱহাৰ নকৰে। ব্যৱহাৰ ৰ এইটো অন্তৰ এক সফল আৰু সাধাৰণ মনুষ্যৰ অন্তৰত স্পষ্ট কৰে। প্ৰকৃতিয়ে মনুষ্যক সম্পূৰ্ণ মস্তিস্ক দিছিল, কিন্তু মনুষ্যই ইয়াৰ পুৰা ক্ষমতাৰ উপযোগ নকৰি ইয়াক জৰ্জৰ বনাই দিয়ে। যেনেদৰে যি কোনো মেকনিকে আপোনাক কব যে যদি আপুনি 2-3 বছৰলৈকে আপোনাৰ বাহনৰ টেংকত ওপৰলৈকে পেট্ৰোল নভৰাব তেতিয়া খালি থকা ভাগ বেয়া হৈ যাব। যিটো ভাগ ব্যৱহাৰ হয়, সেইটো ভাল হৈ থাকিব, আমাৰ মস্তিস্কৰ বাবেও এইটো সত্য হয়। আমি আমাৰ অনুভৱৰ লোকক দেখা পাম যে নিৰস

জীৱৰ অভিযোগ সেই লোকে কৰে, যি নিজৰ মগজুক প্ৰয়োগ নকৰে, তেওঁ দৈনিকৰ অযথা কথাত সময় কটাই আৰু মগজুত জাবৰ-জোথৰ লাগি ধৰে। কেৱল প্ৰয়োগত অহা, কমেহে সক্ৰিয় হৈ থাকে, বাকী নিস্ক্ৰিয় হৈ যায়।

এইটো কথা নহয় যে কোনো কাম বেয়া হয় কিন্তু এজন কণ্ডাক্টৰে আজীৱন একো বিশেষ কৰিব নোৱাৰে। তেওঁ কেৱল টিকট দি পইচা গণনা কৰে। ৰিচেপচনত বহি আহিব লগা ব্যক্তিৰ অপেক্ষা কৰে তথা সম্বন্ধীত ব্যক্তিলৈকে গৈ পাব লাগে, এই কামত কোনো বিশেষ ৰচনাত্মকতা নাথাকে। এইদৰে কম্পিউটাৰত সংখ্যাক গুৰুত্ব দিবলৈও একে কাম কৰিব লগা হয় আৰু তেওঁৰ মস্তিস্কৰ বহুতো ভাগ ব্যৰ্থ পৰি যায়।

এনেকুৱা অধিকতৰ লোকে বহুত সমস্যা আৰু বিপদজনক জীৱন কটাই আছে, তেওঁলোকে সঠিক অৰ্থত নিজৰ মগজুৰ ভালদৰে ব্যৱহাৰ কৰিব পৰা নাই। তেওঁলোকে প্ৰতিদিনে নিৰস কামত লাগি থাকে আৰু মগজু চলিব নোৱাৰে। মস্তিস্ক আমাৰ বিশ্বাসী সেৱক হয়, এইটো আলাদীনৰ জিনৰ দৰে আমাৰ আদেশ মানে।

আমাৰ মস্তিস্কৰ লগত পৰস্পৰ সম্বন্ধ আছে। সকলো মস্তিস্ক সেই বিৰাট মস্তিস্কৰ অংগ হয় যিটো প্ৰত্যেকৰে লগত হাওভাও আৰু কথাক ইজনে সিজনৰ ওচৰলৈ পঠিয়াই দিয়ে। এইটো পঠোৱা মস্তিস্কৰ অৰ্ধসচেতন অৱস্হাতত থাকে। গতিকে আমি এই বিষয়ে জানিব নোৱাৰো। এইটো সংপ্ৰেষণ চেতন স্বৰটো থাকে। কিন্তু ইয়াৰ গতিৰ তীব্ৰতা বহুত কম হয়। আপোনাৰ টেলিপেথিৰ অনুভৱ হৈছে বোধহয় যেতিয়া দুজন ব্যক্তি এটা বিষয়ত সচেতন হৈ থাকে। যদি দুটা মস্তিস্কৰ মাজত কোনো সম্পৰ্ক সূত্ৰ নহয় তেতিয়া কেতিয়াও এনেকুৱা সম্ভৱ নাছিল। যদি আমি এই প্ৰক্ৰিয়াক বিকশিত কৰিব পাৰো তেতিয়া দ্ৰুত গতিৰে বিচাৰ তথা বাতৰিৰ আদান-প্ৰদান হ'ব তথা কোনো ভ্ৰমৰ কথা নাহিব। আপুনি মৌখিক ৰূপেৰে সংপ্ৰেষণৰ আৱশ্যকতা নহ'ব।

বিশেষওক ভাৰতত আপুনি এনেকুৱা সাধুক দেখিছে ছাগে যি আপোনাৰ বিচাৰক পঢ়িব পাৰে। এই কলাৰ দ্বাৰা আপুনি সহজতে আনৰ বিচাৰৰ জ্ঞান প্ৰাপ্ত কৰিাব পাৰিব। ইয়াত এটা বাস্তৱিক অনুভৱ দিয়া গৈছে, যিটো মোৰ আগতি পৰিচিত আছিল। তেওঁ এজন সাধুক লগ পাই আৰু বিনা কোনো প্ৰস্তাৱনাৰ তেওঁৰ জীৱনৰ কিছু পৰা হোৱা ঘটনা কৈ দিয়ে। তেতিয়া সাধুৱে তেওঁ কয় যে তেওঁ নিজৰ

জন্মতিথিত লিখক। সাধুৱে সোনকালে কৈ দিলে। এইদৰে তেওঁ মিত্ৰৰ দ্বাৰা তেওঁৰ প্ৰশ্নৰ উত্তৰ লিখিব দিয়ে তথা বিনা চাই উত্তৰ দি দিয়ে। তেতিয়া হঠাতে এক বিচিত্ৰ ঘটনা ঘটে। সাধুৱে মিত্ৰক কয় যে তেওঁ নিজৰ বিবাহৰ তাৰিখ লিখক। মিত্ৰই এইটো তাৰিখ লিখাৰ পৰিৱৰ্তে ভূলতে পত্নীৰ জন্মৰ তাৰিখ লিখি দিয়ে। এতিয়া সাধুৱে তাকেই কলে যিটো তেওঁ কাগজত লিখিছিল। ইয়াৰ পৰা গম পোৱা যায় যে সাধুৰ একো জ্ঞান নাছিল, তেওঁ মোৰ মিত্ৰৰ সজাগ মস্তিস্কৰে সংপ্ৰেষণ কৰি আছিল বা তেওঁক পঢ়ি আছিল। আমি মনৰ অৱস্থাৰে বিস্তাৰে চৰ্চা কৰিম কিন্তু প্ৰথমে স্বামী বিবেকানন্দৰ অনুভৱৰ মাধ্যমেৰে, সংপ্ৰেষণক গভীৰ ভাৱে জানি লওক।

স্বামীয়ে নিজৰ দুজন মিত্ৰৰ লগত কোনো সিদ্ধানৰ ওচৰলৈ যায়। বিদ্ধান ব্যক্তিয়ে কাগজৰ টুকুৰাত কিছু লিখে আৰু প্ৰত্যেক ব্যক্তিক কয় যে তেওঁ বিভিন্ন ভাষাত দীঘলীয়া বাক্য ভাৱক। স্বামীয়ে সংস্কৃতৰ শ্লোক ভাৱে, তেওঁৰ মিত্ৰই আৰবীত কুৰানৰ আয়ত ভাৱে আৰু তৃত্তীয় ব্যক্তিয়ে জামানী ভাষাত মেডিকেল বাক্য ভাৱে। তাৰ পিছত সকলোৱে দেখে যে সেই ব্যক্তিয়ে আগতেই কাগজৰ টুকৰাত সেইটো বাক্য লিখিছিল। তেওঁক কেৱল এইটোৱেই গম পোৱা নাছিল যে তেওঁলোকে ভৱিষ্যত কি ভাৱে, বৰং তেওঁ সেই ভাষাও পঢ়ি লৈছিল যিটো তেওঁ একেবাৰে জনা নাছিল। অবচেতনৰ পৰা সংপ্ৰেষণ সম্ভৱ হয় যিটো সংপ্ৰেষণৰ ফালে গভীৰ স্তৰলৈকে লৈ যায়, আমি বহ্মাণ্ডীয় তৰংগ আৰু আমাৰ সত্য স্বৰূপলৈকে যোৱাত সহায় কৰে।

কম্পিউটাৰ তথা উপগ্ৰহৰ এই নতুন যুগত মনুষ্যই অনেক কিৰণ আৰু উৰ্জাৰ অন্বেষণ কৰিছে, যিটোক বাতৰিৰ আদান-প্ৰদান বা সংপ্ৰেষণৰ প্ৰয়োগলৈ আনিব পৰা যায়। এইটো কিৰণ বা তৰংগ আগৰ পৰা অস্তিত্বত আছিল কিন্তু প্ৰায় এশ বছৰলৈকে মনুষ্যই ইয়াৰ অস্তিত্বৰে অনভিজ্ঞ আছিল।

এই কিৰণৰ অনুসন্ধান হোৱাৰ পিছত এইটোক মনুষ্যৰ কল্যাণ হেতু প্ৰয়োগত অনিব ধৰে। এইটো কোৱাৰ আৱশ্যকতা নাই যে এইটো কিৰণ অদৃশ্য হয়। সম্ভৱতঃ সেইকাৰণে এইটোক বিচাৰোতে সময় লাগে অথবা ঈশ্বৰে নিজৰ ইচ্ছানুসাৰে এইটো জনাৰ ক্ষমতা প্ৰদান কৰে। এনেকুৱাই কিৰণ মনুষ্যৰ মস্তিস্কৰ ওচৰে পাজৰেও আছে। মস্তিস্কৰ দৰে কিৰণৰ পৰা একাকাৰ হয়। মনুষ্যই তেনেকুৱাই জীৱন জীয়াই থাকিবলৈ বিৱশ হৈ যায়।

কিৰণ অথবা বল দুই প্ৰকাৰৰ হয় -

1 যোগাত্মক বল

2. ঋণাত্মক বল

যোগাত্মক বল

যোগাত্মক বল মনুষ্যৰ বাবে লাভদায়ক হয়। এনেকুৱা কিৰণ যি কোনো ব্যক্তিক জীৱনত সফল, সমৃদ্ধ তথা সন্তুস্ট বনাই। এই বলৰ ফলস্বৰূপে মনুষ্যই প্ৰসন্ন তথা সমৃদ্ধ জীৱন জীয়াই থাকে। মনুষ্যই নিজৰ ইচ্ছাৰ পূৰ্তিও কৰিব পাৰে, যদিও পৰিণাম তেওঁ হাতত নাথাকে। প্ৰাকৃতিক নিয়ম কেতিয়াও অনুচিত নহয়। এজন ব্যক্তিয়ে কৰ্মৰ আধাৰত ইচ্ছিত পৰিণাম পাই। প্ৰথম বিচাৰ উৎপন্ন হয় তাৰ পিছত কৰ্মৰ ৰূপ ধাৰণ কৰে। বিচাৰ আমাৰ মনৰ পৰা উৎপন্ন হয় আৰু যোগাত্মক মনৰ যোগাত্মক পৰিণাম সন্মুখলৈ আহে। মনুষ্যই কেৱল এই যোগাত্মক তৰংগ বা বলৰ মাধ্যমেৰে নিজৰ ভৌতিক ইচ্ছা আৰু আৱশ্যকতাক পুৰা কৰিব পৰাৰ লগতে আধ্যাত্মিক বৃদ্ধিৰ ক্ষেত্ৰটো সহায়ক হয়। আধ্যাত্মিক প্ৰকৃতিৰ যোগাত্মক বল মনুষ্যৰ মনত কেৱল যোগাত্মক প্ৰভাৱেই অনাই নহয় বৰং এই বলৰ অনুচিত প্ৰয়োগো কৰিব নালাগে। এইটো মনুষ্যৰ জীৱনত ওপৰলৈ উঠাত সহায়ক হয় কিন্তু অপব্যৱহাৰ কৰিলে ঘাতক হ'ব পাৰে। কোনোবাই জীৱনত সফলতা পাই তেতিয়া কেতিয়াবা কেতিয়াবা তেওঁ অহমেৰে পীড়িত হয়। তেওঁৰ সফলতাৰ নাশ হৈ যায়। তেতিয়া তেওঁ আনক বেয়া ব্যৱহাৰ কৰে, তেওঁ আনক বেয়া চকুৰে চাই আৰু আনৰ লগত অপব্যৱহাৰ কৰিব বিচাৰে। যোগাত্মক বল এনেকুৱা অবাঞ্চিত কৰ্মক সহ্য কৰিব নোৱাৰে আৰু আমাক দণ্ডিত কৰে। আনৰ প্ৰতি বেয়া তথা অবাঞ্চিত ব্যৱহাৰৰ বাবে ভাল তথা সফল লোকৰ জীৱনত সমস্যা উৎপন্ন হয়।

অবাঞ্চিত কৰ্ম তথা বিচাৰে এজন ব্যক্তিক ঋণাত্মক বনাই দিয়ে। যদি কোনোবাই কাৰোবাৰ লগত বেয়া ব্যৱহাৰ কৰে তেতিয়া সন্মুখৰ ব্যক্তিজনৰ ব্যৱহাৰত নিশ্চয় ঋণাত্মকতা দেখা পাইছে। তেতিয়া আমাৰ যোগাত্মক বলে আমাক দণ্ডিত কৰেই, লগতে তাৰ স্থানত ঋণাত্মক বলো লাগি ধৰে। লাহে লাহে যোগাত্মক বল ঘটিব ধৰে আৰু এক যোগাত্মক ব্যক্তিকো এনেকুৱা পতন হয় যে তেওঁ কেতিয়াও ভালদৰে চম্ভালিব নোৱাৰে।

মনুষ্যৰ ভৰাৰ উপায় আৰু মন অৱস্থাই তেওঁক বেয়া কৰে বা ভাল কৰে।

গতিকে প্ৰত্যেক ব্যক্তিৰ বাবে আৱশ্যক হয় যে তেওঁ যোগাত্মক চিন্তন কৰে, তেতিয়া সমস্যাৰ সমাধান নিজে প্ৰস্তুত হৈ যাব। সমাধান তথা পৰিণাম ঈশ্বৰ হাতত, ব্যক্তিয়ে কেৱল প্ৰয়াস কৰিব পাৰে।

আপোনাৰ পৰা প্ৰত্যেক এই সুন্দৰ যোগাত্মক বিচাৰেৰে ভৰপুৰ হ'ব, যিটো আধ্যাত্মিক প্ৰকৃতিৰ হয়, এইটো আপোনাক আত্মবিশ্বাসেৰে ভৰপুৰ আৰু নিঃস্বাৰ্থ বনাই দিব। এইটোৱে আপোনাক শান্তি ভাৱ বনাই ৰখাত সহায় কৰিব, আপুনি আপোনাৰ ওপৰত আৰু আনৰ ওপৰত অধিক ভৰষা ৰাখিব পাৰিব। আপুনি বস্তুৰ প্ৰতি সন্দেহ নাথাকে আৰু আনৰ ওপৰত অনাৱশ্যক সন্দেহ নকৰিব। আপুনি ক্ৰোধ, লালস আৰু লোভৰ পৰা মুক্ত হৈ যায় হয় তথা সমাজত আদৰ পায়।

মানুহে আপোনাৰ কথা শুনাই তথা তাৰ ওপৰত ভৰষা কৰে কাৰণ তেওঁৰ বিশ্বাস হৈ যায় যে আপুনিও কেতিয়াও ভূল নিৰ্ণয় হ'ব নিদিব।

ঋণাত্মক বল

আমি এইটোও জানিব লাগিব যে ঋণাত্মক বল আমাৰ জীৱনক কি ধৰণে প্ৰভাৱিত কৰে। এইটো বল আমাৰ জীৱনত একেবাৰে পৰিৱৰ্তন আনিব পাৰে। গতিকে প্ৰত্যেক ব্যক্তিক লাগে যে তেওঁ নিজৰ জীৱনৰ পৰা ঋণাত্মক বলক উলিয়াই দিয়ে। ঋণাত্মক বলে যি কোনো ব্যক্তিক সাধাৰণ তথা ব্যক্তিত্বহীন বনিব পাৰে। এইটো বলে মনুষ্যক অহংকাৰ, স্বাৰ্থী তথা স্বকেন্দ্ৰিত বনাই দিয়ে। এনেকুৱা ব্যক্তিয়ে আজীৱন সংঘৰ্ষৰত হৈ থাকে। তেওঁ আনৰ ওপৰত সন্দেহ কৰে। তেওঁ ঋণাত্মক বিশেষতা বিচাৰে তথা যোগাত্মক দৃষ্টি হেৰুৱাই দিয়ে।

এনেকুৱা ব্যক্তিয়ে কেৱল নিজৰ নহয় বৰং পৰিয়ালৰো জীৱন নষ্ট কৰি দিয়ে। এনেকুৱা ব্যক্তি নিৰসৰ বাতাৱৰণৰ সৃষ্টি কৰি দিয়ে, নিজৰ বিষয়ে তেওঁৰ ধাৰণা অনুচিত আৰু নিৰৰ্থক হয়। এনেকুৱা ব্যক্তিয়ে সমাজত ভাৰস্বৰূপ হয়। যদি তেওঁ ঈশ্বৰৰ ওপৰত বিশ্বাস ৰাখে, তেতিয়াও এইটো পথৰ ওপৰত চলিব নোৱাৰে। ঋণাত্মক বলে মনুষ্যক চুৰ তথা বেইমানৰ গহন অন্ধকাৰলৈ থেলি পঠিয়াই দিয়ে। অৱশ্যে এতিয়া সকলো শেষ হোৱা নাই, যদি এনেকুৱা লোকে বিচাৰে তেতিয়া নিজকে পৰিৱৰ্তন কৰিব পাৰে, তেওঁক যোগাত্মক বলে নিজৰ ফালে

আকৰ্ষিত কৰি ঋণাত্মক বলৰ পৰা মুক্তি পাব লাগিব।

ভগৱদ্‌গীতা ত কৃষ্ণ ভগৱানে মস্তিষ্ক নিয়ন্ত্ৰণৰ উপায় উলিয়াই। যোগাত্মক বলে যি কোনো মস্তিষ্কক শান্ত, চিন্তা তথা উদ্বেগ ৰহিত বনাই দিয়ে, য'তনেকি ঋণাত্মক বলে ব্যাকুলতা তথা সংঘৰ্ষৰ কাৰণ বনে।

দ্বিতীয় অধ্যায়ৰ শ্লোক সংখ্যা 56 ত প্ৰভুৱে কয় -

"এনেকুৱা মন যাৰ স্পৃহা সুখৰ প্ৰাপ্তিত দূৰ হৈ গৈছে তথা ৰাগ ভয় আৰু ক্ৰোধ আদি নষ্ট হৈ গৈছে, এনেকুৱা মুনি স্থিৰ বুদ্ধিৰ হয়।"

পঞ্চম অধ্যায়ৰ শ্লোক সংখ্যা 17 ত প্ৰভুৱে কৈছে -

"হে অৰ্জুন! যাৰ বুদ্ধি তথা মন একে হয় তথা সচ্চিদানন্দ পৰমাত্মাত স্থিত থাকে, এনেকুৱা তৎপৰায়ণ পুৰুষে জ্ঞানৰ দ্বাৰা পাৰহিত হৈ পৰমগতিক প্ৰাপ্ত কৰে।"

পঞ্চম অধ্যায়ৰ শ্লোক সংখ্যা 19 ত প্ৰভুৱে কৈছে -

"যাৰ মন একে ভাৱেৰে স্থিত থাকে, তেওঁ জীয়াই জীয়াই এই সংসাৰৰ পৰা মুক্ত হয় কাৰণ সচ্চিদানন্দ পৰমাত্মা নিৰ্দোষ তথা সম হয়, ইয়াৰ পৰা তেওঁ সচ্চিদানন্দ পৰমাত্মাত স্থিত থাকে।"

ষষ্ঠ অধ্যায়ৰ শ্লোক সংখ্যা 7 ত প্ৰভুৱে কৈছে -

"হে অৰ্জুন! ঠাণ্ডা, গৰম তথা সুখ-দুঃখ আদি ত তথা মান-অপমান ত যাৰ অন্তঃকণৰ বৃত্তি ভালদৰে শান্ত থাকে অৰ্থাৎ বকিাৰৰহিত হয়। এনেকুৱা স্বাধীন আত্মাৰ পুৰুষৰ জ্ঞানত সচ্চিদানন্দ পৰমাত্মা সম্যক প্ৰকাৰেৰে স্থিত থাকে অৰ্থাৎ তেওঁৰ জ্ঞানত পৰমাত্মাৰ বাদে একো নাথাকে।"

শান্ত মস্তিষ্কৰ কেৱল এটা বিচাৰ থাকে, সেইটো প্ৰকৃতিৰ নিয়মৰ অনুসাৰে চলে। এইটো মোহ তথা আশক্তিৰে ভৰি থাকে। ধৈৰ্যৱান মস্তিষ্কই মনুষ্যক সঠিক ৰাস্তা দেখুৱাই আৰু তেওঁক ভূল সিদ্ধান্ত লোৱাৰ বিৰুদ্ধে, সঠিক সিদ্ধান্ত লোৱাত সহায় কৰে। ধীৰ ব্যক্তিয়ে পক্ষপাতৰ ভাৱনাৰে ৰহিত থাকে তথা সকলোকে সমান ভাৱেৰে চাই। তেওঁ কেতিয়াও ভয়ভীত নহয় কাৰণ তেওঁ গম পাই যেৱ তেওঁ কেতিয়াও ভূল তথা অনুচিত কাৰ্য কৰিব নোৱানেৰ। তেওঁৰ নিৰ্ণয়ে আনৰ ৰুচিৰ আধাৰত থাকে। প্ৰেম তথা কৰুণাৰে পৰিপুৰিত এনেকুৱা ব্যক্তিত্বই প্ৰত্যেক ব্যক্তিৰ সহায়ক সিদ্ধ হয়।

অধীৰ মস্তিষ্ক

দ্বিতীয় অধ্যায়ৰ শ্লোক স।খ্যা 66 ত প্ৰভুৱে কৈছে -

"হে অৰ্জুন! সাধনৰহিত পুৰুষৰ অন্তঃকৰণত শ্ৰেষ্ঠ বুদ্ধি নথাকে তথা ভাল উপায়েৰে তেওঁৰ অন্তঃকৰণত ভাল ভাৱো নাথাকে। নাস্তিক পুৰুষক কেতিয়াও শান্তি নাপাই। যাৰ শান্তি নাই সেই ব্যক্তি কেতিয়াও প্ৰসন্ন হৈ থাকিব নোৱাৰে।"

তৃতীয় অধ্যায়ৰ শ্লোক সংখ্যাত 3 ত প্ৰভুৱে কৈছে -

"যি মূঢ়বুদ্ধি পুৰুষে কৰ্মেন্দ্ৰিয়ক ৰখাই, ইন্দ্ৰিয়ৰ ভোগেৰে মনৰ চিন্তা কৰে, তেওঁক দম্ভী অথবা মিথ্যাচাৰী বুলি কোৱা হয়।"

তৃতীয় অধ্যায়ৰ শ্লোক সংখ্যা 40 ত প্ৰভুৱে কৈছে -

"ইন্দ্ৰিয়, মন তথা বুদ্ধি, কমাৰ নিৱাস স্হান কলৈ যায়। এইটো কাম এইটোৰ মাধ্যমেৰে জ্ঞানক ঢাকি জীৱাত্মাক মোহিত কৰে।"

অধীৰ মস্তিষ্ক ভৌতিক সুখ-সুবিধাৰ দাস হৈ যায়। এইটো স্বাৰ্থপৰ তথা লোভীয়া হয়। এনেকুৱা বক্তিয়ে সদায়। এনেকুৱা ব্যক্তিয়ে সদায় নিজৰ কথাহে ভাৱে। তেওঁ সদায় এইটো গণনাত লাগি থাকে যে আনৰ পৰা অনুচিত লাভ কেনেকৈ উঠাব পৰা যায়। তেওঁ দাম্ভিক হয়। এনে ব্যক্তিয়ে জীৱনৰ প্ৰতি বিচিত্ৰ ব্যৱহাৰৰ কাৰণে বিভিন্ন মনঃস্হিতিত থাকে। ভাল-বেয়া সৰ্বত্ৰ হয় কিন্তু অধীৰ মস্তিস্কৰ ব্যক্তিয়ে প্ৰায়ঃ ভালৰ স্হানত বেয়াৰ বিশেষতাক প্ৰয়োগ কৰে। অধীৰ মমস্তিস্কৰ ব্যক্তিয়ে জীৱনত দুঃখ পাই আৰু উদাসীত নিজৰ সময় কটাই কাৰণ তেওঁ আত্মকেন্দ্ৰিক হয়।

মস্তিষ্কৰ কাৰ্য কৰা

তৃতীয় অধ্যায়ৰ শ্লোক 42 তন প্ৰভুৱে কৈছে -

"যদি তই এইটো ভাৱা যে ইন্দ্ৰিয়ক ৰখাই কামৰূপ বৈৰীক মৰাৰ মোৰ শক্তি নাই তেতিয়া এইটো ভূল হয় কাৰণ এই শৰীৰৰ ইন্দ্ৰিয়ত পৰা মন, মনৰ পৰা বুদ্ধি তথা বুদ্ধিৰ পৰাও অত্যন্ত থাকে আত্মা।"

আধুনিক বৈজ্ঞানিকে মস্তিস্কৰ সূক্ষ্মতাপূৰ্বক বিশ্লেষণ কৰিছে। তেওঁলোকৰ মতে মস্তিস্কই প্ৰতিদিনে চাৰিটা অব্যৱস্হাৰে পৰা হয়। প্ৰথম অৱস্হা 'বিটা' হয়। এই অৱস্হাত মনুষ্য বহুত সক্ৰিয় হৈ থাকে। এই অৱস্হাত আমি আমাৰ নিৰ্ণয় লব পাৰো। এই অৱস্হাত উৰ্জাৰ

প্ৰৱাহ 14 টা চক্ৰ প্ৰতি চেকেণ্ডত থাকে। যেতিয়া আমি সক্ৰিয়তাপূৰ্বক কাৰ্য কৰি থাকে তেতিয়া সেই সময়ত আমি বিটা অৱস্হাত থাকো।

ইয়াৰ পিছৰ অৱস্হাত হ'ল **'আলফা'**। ভাগৰ লগোৱা কামৰ পিছত আমাৰ মগজু আলফা অৱস্হালৈ আহি যায়। শুই, সংগীত শুনি অথবা টি.ভি. চাইও আৰাম কৰিব পৰা যায়। এই অৱস্হাত মনুষ্যই অধিক সক্ৰিয় নহয়। এই অৱস্হাত উৰ্জাৰ প্ৰৱাহ 7-14 চক্ৰ প্ৰতি চেকেণ্ড হয়।

যেতিয়া আমাৰ টোপনি আহে তেতিয়া সেই সময়ত **থীটা** অৱস্হাত থাকে তথা উৰ্জাৰ প্ৰৱাহ 4-7 চক্ৰ প্ৰতি চেকেণ্ড হয়। অন্তিম অৱস্হা 'ডেলটা' হয়। শুৱা সময়ত ব্যক্তি ডেলটা অৱস্হাত থাকে কিন্তু স্বপ্নাৱস্হাত সেইটো আলফা অথবা থীটা অৱস্হাত প্ৰৱেশ কৰে। যদি কোনো ব্যক্তি স্বপ্নাৱস্হাত থাকিব তেতিয়া তেওঁৰ বন্ধ নেত্ৰও গতিমান হ'ব পাৰে। এজন স্বাস্থ্যৱান ব্যক্তিক কমেও আঠ ঘন্টাৰ টোপনি লব লাগে কাৰণ টোপনিৰ ঘন্টা ছয় হয়, আৰু বাকী দুই ঘন্টা সপোনৰ নামত যায়।

বৈজ্ঞানিক ভাযাত কব গলে মস্তিস্কৰ তিনিটা ভাগত ভাগ কৰিব পৰা যায় -

1. চেতন মস্তিস্ক
2. অৰ্ধচেতন মস্তিস্ক
3. অৱচেতন মস্তিস্ক

চেতন মস্তিস্ক

চেতন মস্তিস্কত সেইটো বিচাৰ থাকে, যাৰ বিষয়ে আপুনি জানে। নিৰুদ্দেশ্য বিচাৰঃ আমি ওচৰে পাজৰৰ বস্তুৰ বিষয়ে কেনেকুৱা অনুভৱ কৰো, আমি সেইটো কেনেকৈ চাব পাৰো, ওচৰে পাজৰৰ লোকক পছন্দ কৰেনে নহয়, এইটো আমাৰ মনৰ লগতে নিৰন্তৰে গতিশীল তাৰতম্য বনাই ৰাখে। কিন্তু আপুনি চেতন মস্তিস্কৰ লগত জড়িত বিচাৰক নিয়ন্ত্ৰিত কৰিব নোৱাৰে কাৰণ সেইটো প্ৰক্ৰিয়াত থাকে। আপুনি লাগক বা নালাগক, সেইটো আপোনাৰ মস্তিস্কত থাকি যায়। মস্তিস্কৰ এইটো, যোগাত্মক অথবা ঋণাত্মক বিচাৰেই আপোনাৰ বাবে ভাল অথবা বেয়া পৰিস্হিতি সৃষ্টি কৰে। যেনেদৰে

আগতেও কোৱা গৈছে যে বিচাৰেই আপোনাৰ কৰ্মক প্ৰেৰিত কৰে তথা ঈশ্বৰ আৰু প্ৰকৃতিয়ে আপোনাৰ কৰ্মানুসাৰে দণ্ডিত অথবা পুৰস্কৃতি কৰে। সজাগ অথবা কোনো ৰূপত লয়। এইটো আপোনাৰ অন্তঃপ্ৰকৃতিৰ ওপৰত নিৰ্ভৰ কৰে।

ইয়াৰ পিছত আপোনাৰ বিচাৰ, ভাৱ অথবা ইচ্ছা বনি যায় তথা কৰ্মৰ বাবে প্ৰেৰিত কৰে।

চেতন মস্তিস্কত এজন ব্যক্তিয়ে ওচৰে পাজৰে হোৱা গতিবিধিৰ প্ৰতি সজাগ হৈ থাকে।

ব্যক্তিৰ মনত নিজৰ পৰিচিতৰ বাবে অলপ স্পস্ট ভাৱ থাকে, জীৱন আৰু ইয়াৰ কাৰ্যক্ৰমৰ বিষয়েও চাফ ৰায় থাকে, সেইটো ভুলো হ'ব পাৰে। প্ৰত্যেক বস্তুৰ বাবে তেওঁৰ মনত ছাপ থাকে, এইটো ছাপ বা প্ৰভাৱ ইমান গভীৰ হয় যে এইটোক আজীৱনে সলনি কৰিব পৰা নাযায়। যদি কোনো ব্যক্তিয়ে আজীৱন ঋণাত্মকতাৰে ঘেৰি থাকে পৰিণামত তেওঁ জীৱনৰ বিষয়ত মিছা প্ৰভাৱ বা দুবিধাৰ পৰা কেতিয়াও উলাই আহিব নোৱাৰে আৰু অন্ততঃ আনক নিজৰ অসফলতাৰ ওপৰত দোষ জাপি দিয়ে। সজাগ মনৰ ওপৰত আমাৰ নিয়ন্ত্ৰণ নাথাকে গতিকে আমি ইয়াৰ বিষয়ে বেছি একো কৰিব নোৱাৰো, আমি এইটো চৰ্চা কৰিম যে কোনটো কাৰকে সজাগ মস্তিস্কক নিয়ন্ত্ৰিত কৰে।

অৰ্ধচেতন মস্তিষ্ক - প্ৰত্যেক ব্যক্তিৰ ওচৰত মস্তিস্কৰ এই দুটা ভাগৰ নিয়ন্ত্ৰণ থাকে। কিন্তু এইটো তেওঁৰ ওপৰত নিৰ্ভৰ কৰে যে যে এই ভাগক উচিত বিচাৰৰ পোষণ দিয়েনে নাই। অৰ্ধচেতন মস্তিস্কই যোগাত্মক তথা ঋণাত্মকক বলত ভেদ কৰা নাজানে। এইটোৰ বিচাৰৰ ওপৰত কাৰ্যবাহী কৰি তেওঁক চেতন মস্তিস্কলৈকে পঠিয়াই দিয়াৰ কাৰ্য কৰে। চেতন মস্তিস্কৰ বিচাৰে আমাৰ কাৰ্যক্ষমতা তথা জীৱন দশাৰ নিৰ্ধাৰণ কৰে। আমি আমাৰ অৰ্ধচেতন মস্তিস্কক যোগাত্মক বিচাৰেৰে পোষিত কৰিব লাগিব যাতে আমি সফল তথা যোগাত্মক জীৱন জীয়াই থাকিব পাৰো। যদি আমি অৰ্ধচেতন মস্তিস্কৰ উপেক্ষা কৰিম, তেতিয়া ঋণাত্মক তথা বিধ্বংসাত্মক বিচাৰে আমাৰ মস্তিস্কৰ ওপৰত অধিকাৰ কৰি লব, যৰ পৰা ঘাতক পৰিণাম হ'ব পাৰে। আমাৰ হ'ব পাৰে, অসফলতা, সফল নোহোৱা আদিৰ দৰে শব্দক নিজৰ মস্তিস্কৰ পৰা দূৰত ৰাখিব লাগিব। সদায় চেস্টা কৰিব লাগিব যে বিচাৰ যোগাত্মক হওক আৰু এইটোও মনত ৰাখিব লাগে যে প্ৰকৃতিয়ে যোগাত্মক লোকক সহায় কৰে। মানুহৰ সকলোতকৈ ডাঙৰ

অন্তৰ তেওঁৰ ব্যৱহাৰ হয়ৃ গতিকে এটা যোগাত্মক ব্যৱহাৰে আমাৰো কামত আহিব, এইটোৱে কোটি কোটি লোকৰ বাবে কাম কৰে কিন্তু আমি ইয়াৰ ওপৰত নিৰন্তৰ, ধৈৰ্যপূৰ্বক আৰু আস্থাৰে কাম কৰিব লাগিব।

যোগাত্মক ছবি পাবৰ বাবে মানুহে নিজৰ কৰ্মক নিৰীক্ষণ কৰিব ধৰে। তেওঁলোকে আত্মবিশ্লেষণ তথা পৰীক্ষণ কৰে। যদি তেওঁৰ কৰ্ম যোগাত্মক নহয় তেতিয়া তেওঁ নিজে নিজে ভাল-বেয়াক উলিয়াব ধৰে। গ্লানিৰে ভৰি উঠে। কাৰণ আলোচনা এক ঋণাত্মক কৰ্ম হয়, মানহে যোগাত্মকতা পাবৰ বাবে, অবচেতন ৰূপেৰে, মনত প্ৰৱেশ কৰি থকা বিচাৰৰ ওপৰত ধ্যা দিব লাগে যদি এনেকুৱা লাগে যে মনত ঋণাত্মকতাৰ বিচাৰে প্ৰৱেশ কৰিছে তেতিয়াহ'লে সেইটোক অতি সোনকালে উলিয়াই দিব লাগে। সেইটোক কিঁছু ক্ষণৰ বাবেও মনত ৰাখিব নালাগে।

এটাও ঋণাত্মক বিচাৰ যদি শীঘ্ৰে তিৰোতি নহয় তেতিয়া কিছু ক্ষণত বিচাৰৰ শৃংখলা ইচ্ছা অথবা ভাৱানাৰে পৰিৱৰ্তিত হৈ অনুচিত কাৰ্যৰ প্ৰেৰক হ'ব। বিচাৰত বিস্তাৰা ক্ষমতা পোৱা যায়। যদি কোনো মিত্ৰৰ বিষয়ে, অলপ সময়ৰ বাবেও মনলৈ অহা ঋণাত্মক বিচাৰক ৰখোৱা নাযায়, তেতিয়া এই মিত্ৰৰ বিষয়ত আমাৰ বিচাৰক পৰিৱৰ্তন কৰি দিব, যিটো লাহে লাহে তেওঁৰ প্ৰতি বেয়া বিচাৰ আহিব ধৰিব।তেওঁৰ যোগাত্মক বিশেষতা কৰবাত বিলিন হৈ যাব আৰু আপোনাৰ দৃষ্টিত তেওঁৰ কোনো সন্মান নাথাকিব। এইদৰে 'বিচাৰ' আপোনাৰ সম্বন্ধৰ বাবে ঘাতক হ'ব পাৰে। ইয়াৰ বিপৰীতো সত্য হয়। যোগাত্মক বিচাৰ প্ৰয়োগ কৰিলে সন্মুখৰজনৰ গুণ সন্মুখলৈ আহিব, লাগিলে আমি তেওঁক যিমানেই বেয়া নাপাওঁ, এইদৰে লাহে লাহে তেওঁ আমাৰ প্ৰশংসাৰ পাত্ৰ বনি যাব।

মস্তিষ্কৰ বিচিত্ৰতাৰ বিষয়ত কি কওঁ। এইএটা বহুত সংবেদনশীল তথা কুট প্ৰকৃতিৰ হয়, ইয়াৰ বিচাৰ প্ৰক্ৰিয়া পাচটা ইন্দ্ৰিয়ৰ দ্বাৰা সম্পূৰ্ণ হৈ থাকে। যদি আপুনি যোগাত্মক বনিব বিচাৰে তেতিয়াহ'লে আপুনি এই পাচটা ইন্দ্ৰিয়ক নিয়ন্ত্ৰণ কৰিব লাগিব, ধ্যান দিব যে সেইটোৱে আপোনাৰ নিয়ন্ত্ৰণ নকৰে যেন। যেনেদৰে প্ৰভুৱে কৈছে যে ইন্দ্ৰিয়, মস্তিষ্ক তথা বুদ্ধিয়েই কামৰ বাসস্থান হয়। গতিকে আপুনি সফল বনিবৰ বাবে লোভ, কাম শত্ৰুতা তথা স্বাৰ্থক ত্যাগ কৰিব লাগিব। এনেকুৱা নকৰাকে আপুনি জীৱনত কেতিয়াও সফল হ'ব নোৱাৰে।

অবচেতন মস্তিষ্ক

অৱচেতন মস্তিস্ক সেইটো ভাগ হয় য'ত এনেকুৱা তথ্য লুকাই আছে যৰ পৰা সম্ভৱতঃ আপুনিও অপৰিচিত হয়। সমস্যা এইটো হয় যে মস্তিস্কৰ এই ভাগত সঞ্চিত তথ্য আমালৈকে পোৱাই দিয়ে। এনেকুৱা বহুবাৰ হয় যে কোনো স্হানত প্ৰথম বাৰ যোৱাৰ স্বত্তেও সেইটো আপোনাৰ চিনাকি যেন লাগে। আমি প্ৰথম বাৰ বিদেশ যাওঁ কিন্তু আমাৰ এনে লাগে যে আমি তাত প্ৰথম বাৰ আহিছো। এই সকলো আপোনাৰ অবচেতন মস্তিস্কৰ কাৰণে হয়। আপুনি জানেনে যে **থমাচ এডিচন** ৰ মস্তিস্কত **লেম্প তথা ৰাই বন্ধু** ৰ মস্তিস্কত উৰা মেছিন অথবা **মাৰ্কনিৰ** মস্তিস্কত ৱায়াৰলেচ বনোৱাৰ বিচাৰ কেনেকৈ আহে। এই সকলো মহানুভৱে এই বিষয়ে সপোন দেখে আৰু নিজৰ সপোনক মূৰ্ত ৰূপ দিয়াত সফল হয়। নিশ্চিত ৰূপেৰে এইটো স্বপ্ন তেওঁলোকৰ অৱচেতন মস্তিস্কৰ দ্বাৰা পঠোৱা গৈছিল। কেৱল কৰ্মহি তেওঁলোকৰ হাতত আছিল। গতিকে তেওঁলোকে নিজৰ বিচাৰৰ ওপৰত কঠোৰ পৰিশ্ৰম কৰে তথা বিস্তৃত দৃষ্টিকোণ প্ৰয়োগ কৰে। পৰিণাতমঃ তেওঁলোকৰ স্বপ্ন যথাৰ্থৰ ধৰাতলত আহি যায়।

ঠিক এই ধৰণে আমি সকলো সপোন দেখো কিন্তু সেইটোক গম্ভীৰতাপূৰ্বক ভাৱে নলওঁ, সেইটোক আমি অস্পস্ট তথা সন্দিৰ ভাৱে জানিব লগা হয়। কিন্তু সেই মহানুভৱ ধন্যবাদ দিব লাগিব, যি তেওঁলোকৰ সপোনক ব্যৰ্থ যাব দিয়া নাছিল নহ'লে আমি প্ৰকাশৰ বিনা জীয়াই থাকিলোহেঁতেন আৰু জেট যুগো অস্তিত্বলৈ নাহিলেহেঁতেন। দুৰ্ভাগ্যৱশত আমি মনুষ্যই নিজৰ সপোনৰ ওপৰত বিশ্বাস নাৰাখে। যেতিয়া আমি সপোনক উপেক্ষা কৰো, তেতিয়া সেইটোও আমাৰ উপেক্ষা কৰিব ধৰে। গতিকে এইটো ভাল হ'ব যে আপোনালোকে সপোনক গম্ভীৰতাপূৰ্বক লওক।

মিচৰৰ এষাৰ প্ৰাচীন কথাৰ অনুসাৰে, "ঈশ্বৰে স্বপ্ন সেইকাৰণে বনাইছে যাতে নিদ্ৰামগ্ন ব্যক্তিয়ে সঠিক ৰাস্তা দেখা পাব পাৰে।" স্বপ্নই আমাক আহিব লগা বিপদৰ প্ৰতি থেলি পঠিয়াই দিয়ে। ইয়াৰ মাধ্যমেৰে ঈশ্বৰে আমাক বাৰ্তালাপ কৰে।

স্বপ্ন এক প্ৰতিবিম্বৰ দৰে আমাৰ কামক প্ৰকট কৰে এইটোৱে আমাক কয় যে আমাৰ ব্যৱহাৰে মনুষ্যোচিত হয় অথবা নহয়। স্বপ্ন মনুষ্যক মৃত্যু অথবা লাভ-হানিৰ প্ৰতিও সচেতন কৰে। **আব্ৰাহিম** লিংকনে নিজৰ সপোনত থকা স্বত্তেও সৈনিকক কান্দি কথা দেখা পাই। যেতিয়া তেওঁ সুধপুছ কৰে তেতিয়া গম পাই যে ৰাস্ট্ৰপতিৰ হত্যা কৰা গৈছিল।

অনেক ব্যক্তিয়ে তৎকালিন ৰাষ্ট্ৰপতি কেনেডিৰ হত্যাৰ পূৰ্বে ঘোষণা কৰি দিছিল। তেওঁৰ হত্যাৰ এক দিন পূৰ্বে এজনী মহিলাই ৱাইট হাউচ ফোন কৰি সূচনা দিছিল যে তেওঁ সপোনত কেনেডিক্ হত্যা হোৱা দেখা পাই।

প্ৰচীন মিচৰ তথা য়ুনানীৰ দাৰ্শনিকৰ মতে নিদ্ৰাৰ সময়ত আত্মা শৰীৰৰ পৰা বেলেগ হৈ আধ্যাত্মিক পোষণ প্ৰাপ্ত কৰে। স্বপ্নাৱাস্হাত তেওঁ সৌন্দৰ্য তথা স্বাস্হ্যক সমৰ্পিত মন্দিৰৰ দৰ্শন কৰে। নিদ্ৰা তেওঁৰ বাবে ৰচনাত্মক তথা আধ্যাত্মিক বিকাশৰ সময় আছিল। ইসাৰ মাক-পিতাক জোচেফ তথা মেৰিৰ ধাৰণা আছিল যে নিদ্ৰাও সৰু মৃত্যুৰ সমান হয়। তেওঁ বিছনালৈ এইটো ভাৱি যায় যে তেওঁ পিছ দিনা ৰাতিপুৱা উঠিব নোৱাৰিব। গতিকে তেওঁ সমুদায় প্ৰত্যেক দিনৰ লগতে নতুন জীৱনৰ আৰম্ভ কৰিছিল। তেওঁ প্ৰতিদিনে সূৰ্যাস্তৰ পূৰ্বে কাজিয়া পেচাল ঠিক কৰি লৈছিল যে এইটো ঈশ্বৰীয়া চেতনাৰ এটা অংশ হয়।

আধুনিক যুগত আপুনি আপোনাৰ অন্তঃ শক্তিৰ ওপৰত বিশ্বাস ৰখাৰ পৰিৱৰ্তে কম্পিউটাৰ, টেলিফোন, টি.ভি. তথা ৰেডিঅ আদি উপকৰণৰ ওপৰত অধিক ভৰষা ৰাখে। এইটো ব্ৰহ্ম উপকৰণে আপোনাৰ ভিতৰত লুকাই থকা প্ৰতিভা আৰু যোগ্যতাৰ প্ৰতিবিম্ব মাত্ৰ হয়, আমাৰ ওচৰত আমাৰ আন্তৰিক যোগ্যতাক মান দিয়াৰ সময় নহয় আৰু আমি বাহিৰৰ সফলতা পোৱাৰ চেষ্টা কৰো, আমি অনুভৱ কৰিবই নোৱাৰো যে এইটো বাস্তৱত, আমাৰ ভিতৰত লুকাই আছে।

আদিম জনজাতিয়ে তেওঁলোকৰ সপোনত বৰ্তমান তথা ভৱিষ্যতৰ জাল প্ৰস্তুত কৰে আৰু ঈশ্বৰৰ লগত তেওঁলোকৰ সম্বন্ধী প্ৰকট কৰে।

এক মালেয়েছিয়া জাতিয়ে চিলোইয়াত, যেতিয়া সৰু শিশুৱে কথা কব ধৰে, তেতিয়া তেওঁক পৰিয়াল তথা আনৰ লগত নিজৰ সপোনক ভগাবৰ বাবে প্ৰোৎসাহিত কৰা যায়। যদি এইটো এলেকাৰ শিশুৱে সপোনত কাজিয়া কৰা দেখা পাই তেতিয়া বালকক পুনঃ সপোনত গৈ আক্ৰমণকাৰীৰ লগত যুজিবলৈ প্ৰেৰিত কৰা যায়। তেওঁলোকে মানে যে সপানত মৃত্যুৰ লগত যুজিলে যোগাত্মক উৰ্জা সৃষ্টি হয়। চিলোইয়াৰ বালকে যেনেদৰে সপোন দেখে তাৰ অনুসাৰে পোচাকৰ ৰং পিন্ধে, গান গাই তথা অন্য গতিবিধি কৰে।

আফ্ৰীকাৰ জনজাতিয়ে সপোনত ঘটা চটনাৰ ওপৰটো যথাৰ্থ প্ৰতিক্ৰিয়া ব্যক্ত কৰা যায়। যদি কোনো ব্যক্তিয়ে কোনো অন্য স্ত্ৰীৰ লগত সপোনটো ব্যভিচাৰ কৰে তেতিয়া তেওঁক বাস্তৱিক ৰূপত দণ্ডিত কৰা যায়।

চিনিয়াচ, জোহচা আদি ঠাইত সপোনৰ বহুত মহত্ত্বপূর্ণ ভূমিকা থাকে। তেওঁলোকে সপোনত দেখা ঘটনাৰ আধাৰত কাম কৰে। যুনানী পৌৰাণিক কথাৰ অনুসাৰে নিদ্ৰা দেৱ 'হাইপনো' তথা মৃত্যু দেৱ, 'থানাটো' জজা হয় তথা এটা মুদ্ৰাৰ দুটা পিঠি হয়। তাত সপোনাৰ বিশ্লেষণ এক লোকপ্ৰিয় বিধা আছিল। পাদৰী তথা যাদুগৰে সপোনাৰ ভাল অথবা বেয়া নিশ্চিত কৰিছিল। ভাল সপোনাৰ অনুসাৰে ব্যৱহাৰ কৰা গৈছিল তথা বেয়া সপোনাৰ দুস্প্ৰভাৱক দূৰ কৰিবৰ বাবে ধাৰ্মিক কৰ্মকাণ্ড কৰা গৈছিল। কেৱল প্ৰচীন মনুষ্যই সপোন তথা ঈশ্বৰত বিশ্বাস ৰখা নাছিল, মহান আধুনিক অবেষকো সপোনৰ পৰা ৰচনাত্মকতা পাই, যিটো অৱচেতন মস্তিস্কৰ এটা ভাগ হয়। আধুনিক সময়ত কোনো সফলতাক এই পাৰম্পৰিক ধৰণে পোৱাৰ প্ৰয়াস নকৰে। অৱশ্যে আমি এইটো জানিবলৈ প্ৰয়াস কৰিম যে সপোনৰ মাধ্যমেৰে নিজৰ প্ৰশ্নৰ উত্তৰ কেনেদৰে পাব পাৰি।

1. আপোনাৰ শুৱা ঠাইক এনেকুৱা বনাওক, যাতে আপুনি শান্ত তথা সহজ অনুভৱ কৰিব পাৰে। ভাগৰক দূৰ কৰিবৰ বাবে আপুনি গৰম পানীত জলাপাই, শুকান আদাৰ পাউদাৰ দিয়ক। অলপ সময় গৰম পানীত থাকক, তাৰ পিছত বিছনাত লেপ লৈ লওক। আদাক আপোনাৰ শৰীৰৰ মাংসপেশী আৰু পেটত আৰাম কৰাব। এনেদৰে প্ৰতিদিনে নকৰিব। যি দিনা আপুনি স্বপ্নত ইচিছত প্ৰশ্নৰ উত্তৰ পাব বিচাৰে, সেই দিনা সেইটো বিধি পালন কৰক।
2. কেৱল সম্ভাৱিত উত্তৰ পাবৰ বাবে আপুনি শুৱা সময়ত মুখ উত্তৰৰ ফালে ৰাখিব লাগিব অন্যথা স্মৰণ থাকক যে বাস্তুশাস্ত্ৰৰ অনুসাৰে গভীৰ টোপনিৰ বাবে আপোনাৰ মুখ দক্ষিণৰ অথবা পূবৰ ফালে থাকিব লাগে।
3. আপুনি বিছনাৰ ওচৰত কাৰ্গজ কলম ৰাখিবলৈ নাপাহৰিব, যাতে আপুনি টোপনিৰ পৰা জাগি সপোনক লিখিব পাৰে।
4. শুৱাৰ পূৰ্বে এটা কাগজত লিখক- মই স্বপ্নত মোৰ প্ৰশ্নৰ উত্তৰ পাব বিচাৰো তথা সেই উত্তৰক স্মৰণ কৰি ৰাখিব বিচাৰো। যি প্ৰশ্ন আপুনি সুধিব বিচাৰে সেইটোক এটা কাগজত লিখি গাৰুৰ তলত ৰাখক।

স্বপ্নক স্মৃতিত ৰখাৰ উপায়

1. ৰাতিপুৱা লাহে লাহে উঠিবলৈ প্ৰয়াস কৰক। আপোনাৰ মস্তিস্কত স্বপ্নৰ স্মৃতি থাকে তেতিয়া উত্তেজিত নহ'ব তথা সেইটো লিখাৰ পূৰ্বে মনত আকৌ পেলাই লওক।

2. যদি স্বপ্ন স্মৃতিৰ পৰা নাইকিয়া হৈ যায় তেতিয়া শান্তিপূৰ্বক গভীৰ উশাহ লওক আৰু সেইটোক স্মৰণ কৰিবলৈ প্ৰয়াস কৰক। এদিন পূৰ্বে কৰা কামক মনত পেলাওক অথবা স্বপ্নত দেখা কোনো ৰঙক মনত পেলাওক।

3. স্বপ্নত দেখা কোনো সংকতে তথা চিহ্নক নিশ্চয় লিখক। স্বপ্নৰ লগত জৰিত নিজৰ ভাৱকো লিখিব নাপাহৰিব।

4. যদি দিনতো পুনঃ তেনেকুৱাই স্বপ্ন দেখা দিয়ে তেতিয়া সেইটোক শান্ত তথা সহজ ভাৱেৰে লিখি দিয়ক।

5. যদি মাজৰ ৰাতি স্বপ্ন দেখা সময়ত আপোনাৰ চকু খুলি যায় তেতিয়া সেইটোক সেই সময়তে লিখিবলৈ চেস্টা কৰক।

মস্তিষ্কৰ ওপৰত নিয়ন্ত্ৰণ কেনেকৈ পাব ?

অধ্যায় বাত নিম্নলিখিত শ্লোকত প্ৰভুৱে কয় -

"মোকেই মন একাগ্ৰ কৰি নিৰন্তৰে মোৰ ভজন, ধ্যানত লাগি যি ভক্তজনে অতিশয় শ্ৰেষ্ঠ শ্ৰদ্ধাৰে যুক্ত মোক পগুণৰূপ পৰমেশ্বৰক ভজন কৰে। মই তেওঁক অতি শ্ৰেষ্ঠ বুলি মানো।" (2)

"যি পুৰুষে ইন্দ্ৰিয়ৰ সমুদায়ৰ ভালদৰে বশ কৰি মন, বুদ্ধিৰে সৰ্বব্যাপী, অকথনীয়স্বৰূপ তথা সদায় একেৰস থকা, নিত্য, অচল, নিৰাকাৰ, অবিনাশী, সচ্চিদানন্দ ব্ৰহ্মক নিৰন্তৰে একীভাৱেৰে ধ্যান কৰি উপাসনা কৰে। তেওঁ সম্পূৰ্ণ ভূতৰ হিতত ৰত থাকি তথা সকলোতে সকলো সমান ভাৱৰ যোগীও মোক প্ৰাপ্ত কৰে।" (3-4)

"হে অৰ্জুন! তই মোৰ মন তথা বুদ্ধিক লগা, ইয়াৰ উপৰান্ত তই মোৰ ইয়াতে নিৱাস কৰিবা তথা মোক পাবি, ইয়াত কোনো সংশয় নাই।" (8)

"এই ধৰণে শান্ত স্বভাৱৰ যি পুৰুষে, সকলো ভূতত দ্বেষভাৱেৰে ৰহিত আৰু স্বাৰ্থৰহিত সকলোৰে প্ৰেমী তথা বিনা উদ্দেশ্যৰ দয়ালু হয়, মমতা আৰু অহংকাৰেৰে ৰহিত, সুখ-দুঃখৰ প্ৰাপ্তিত সময় তথা ক্ষমাৱান, অপৰাধীৰ অভয় দিয়া, ধ্যানযোগত যুক্ত, নিৰন্তৰে লাভ-হানিত সন্তুস্ট তথা মন আৰু ইন্দ্ৰিয় সহিত শৰীৰক বশকৰা মোৰ মনত দৃঢ় নিশ্চয় থাকে, তেওঁ মোক অৰ্পণ কৰা মন তথা বুদ্ধিৰ ভক্ত মোৰ প্ৰিয় হয়।" (13-14)

"যৰ পৰা যি কোনো জীৱন উদ্বেগক প্ৰাপ্ত নহ'ব আৰু যি নিজে কোনো জীৱৰ পৰা উদ্বেগক প্ৰাপ্ত নহয় তথা যি হৰ্ষ, অমৰ্ষ (আনৰ উন্নতি দেখি সন্তাপ কৰা) ভয় আৰু উদ্বেগ ৰহিত হয়, সেই ভক্ত মোৰ

প্ৰিয়।" (15)

অধ্যায় ন ৰ শ্লোক সংখ্যা 34 ত প্ৰভুৱে কয় -

"হে অৰ্জুন! যি অৱস্হাত যোগৰ অভ্যাসৰ নিৰুদ্ধ হোৱা চিত্ত উপৰাম হৈ যায়। যি অৱস্হাত পৰমেশ্বৰৰ ধ্যানেৰে আৰম্ভ হোৱা সূক্ষ্ম বুদ্ধিৰ দ্বাৰা পৰমাত্মাক সাক্ষাত কৰি, ঈশ্বৰত সন্তুস্ট হয়। ইন্দ্ৰিয়ৰ পৰা অতীত কেৱল শুদ্ধ হয়। সূক্ষ্ম বুদ্ধিৰ দ্বাৰা গ্ৰহণ কৰা যোগ্য যি অনন্ত আনন্দ হয়, তাক যি অৱস্হাত অনুভৱ কৰে তথা যি অৱস্হাত যোগী ভগৱত ৰূপেৰে চলায়নমান হৈ নথাকে, পৰমাত্মা ৰূপী লাভ প্ৰাপ্তিকেই সকলোতকৈ দাঙৰ মানে তথা যি দুঃখ ৰূপী সংসাৰৰ সংযোগেৰে ৰহিত থাকে তথা যাৰ নাম যোগ হয়। তাকেই জানিব লাগে। সেইটো যোগ তৎপৰ চিত্তৰে নিতশ্চয়পূৰ্বক কৰাটোৱেই কৰ্তব্য হয়।"

কিছুমান ব্যক্তিৰ আনৰ তুলনাত মস্তিস্কত অধিক নিয়ন্ত্ৰণ থাকে। মহান অৰ্জুনকো নিজৰ ইন্দ্ৰিয়ৰ নিয়ন্ত্ৰণ কৰাত কঠিনতা অনুভৱ হৈছিল।

ষোঠৰতম অধ্যায়ৰ শ্লোক সংখ্যা 53 ত প্ৰভুৱে কয় -

"হে অৰ্জুন! বিশুদ্ধ বুদ্ধিৰে যুক্ত, একান্ত তথা শুদ্ধ দেশৰ সেৱৰ কৰা মিতাহাৰী, জীয়াই থকা মন বাণী তথা শৰীৰৰ আৰু দৃঢ় বৈৰাগী, নিৰন্তৰে ধ্যান পৰায়ণ কৰা, সাত্তিক, অন্তঃকৰণক বশত কৰা তথা শাব্দাদিক বিষয়ক ত্যাগ কৰা অহংকাৰ, বল, কাম, ক্ৰোধ, তথা সংগ্ৰহক ত্যাগ কৰি মেৰামতি কৰি, সচ্চিদানন্দ ব্ৰহ্মত একভাৱ হোৱাৰ যোগ্য হয়। এনে প্ৰসন্ন চিত্ত পুৰুষে কোনো বস্তুত ৰুচি নাথাকে আৰ, কোনো বস্তুৰ আকাংক্ষা নকৰি আৰু সকলো ভূতত সমভাৱ থাকে। মোৰ পৰাভক্তিক প্ৰাপ্ত হয়।

সপ্তম অধ্যায় শ্লোক সংখ্যা 35 ত প্ৰভুৱে কয় -

"হে মহাবাহু! নিঃসন্দেহে মন চঞ্চল তথা কঠিনতাৰে বশ হ'ব, কিন্তু হে কুন্তী পুত্ৰ অৰ্জুন! অভ্যাস অৰ্থাৎ স্হিতিৰ বাবে বাৰম্বাৰে যত্ন কৰিলে বৈৰাগ্য বশত থাকে। অতঃ এইটোকল নিশ্চয় বশ কৰিব লাগিব।"

গতিকে প্ৰভুৱে নিস্পক্ষতা আৰু অভ্যাসৰ ওপৰত বল দিয়ে কিন্তু আধুনিক যুগত ইয়াৰ কোনেও পালন নকৰে। তেওঁৰ মস্তিস্ক তথা ইন্দ্ৰিয় সদায় নতুন ৰসাস্বাদন কৰিব লাগে। এজন ব্যক্তি যাৰ মস্তিস্ক শুদ্ধ হয় তেওঁ জীৱনত প্ৰসন্ন তথা সন্তুষ্ট থাকে। ইয়াৰ অৰ্থ এইটো নহয় যে তেওঁ ইমান সন্তুস্ট থাকিও নিজৰ কৰ্তব্যকো উপেক্ষিত কৰি দিয়ে। সন্তুস্টি এক এনেকুৱা স্তৰ হয় য'ত মনুষ্যই নিজৰ কাৰ্য তথা কাৰ্য কৰাৰ

ধৰণেৰে প্ৰসন্ন হৈ থাকে তথা অধিক ভালদৰে কাৰ্য কৰিব লাগে। ইয়াৰ অৰ্থ এইটো নহয় যে তেওঁ নিজৰ বৰ্তমান পৰিস্থিতিৰ পৰা অসন্তুষ্ট হয়। তেওঁ ব্যৱসায়ৰ লগত জৰিত সকলো কথাৰ বিকাশৰ সকলো সম্ভৱ প্ৰয়াস কৰে। অন্তৰ কেৱল কাৰ্য ভাৰ নপৰে। যদি কাৰ্যৰ ভাৰ নাথাকে তেতিয়া সেইটোকো ভালদৰে নিষ্পাদন কৰিব পাৰে। তেওঁ কেতিয়াও কোনো অনুচিত কাৰ্য নকৰে। গতিকে ভয়ৰহিত হৈ থাকে। তেওঁ উচিত তথা অনুচিতৰ ভেদ কৰিব জানে। এইধৰণে তেওঁ অনুচিত নিৰ্ণয় লোৱাৰ পৰা বাচি যায়।

নিম্নলিখিতৰ ওপৰত ধ্যান দিয়কঃ-

কি নকৰিব

- ঈৰ্ষালু নবনিব
- শত্ৰুতা নাৰাখিব।
- নিজকে কোনো বস্তুৰ মালিক বুলি নাভাৱিব।
- মিছাৰ পৰা বাচক
- ভয়ভীত নহ'ব
- চিন্তাৰ পৰা বাচক।
- স্বাৰ্থৰ পৰা দূৰত থাকক।
- ইন্দ্ৰিয়ৰ দাস নবনিব।
- অহংকাৰ নকৰিব
- ঘৃণা নকৰিব
- অজ্ঞানী নবনিব
- ক্ৰোধ নকৰিব
- মোহৰ পৰা দূৰত থাকক

কি কৰিব

- ঈশ্বৰৰ ওপৰত বিশ্বাস ৰাখক
- সমান ভাৱ ৰাখক।
- ক্ষমাৰ গুণৰ পাহৰি নাযাব
- নিজৰ আত্মাৰ ওপৰত বিশ্বাস ৰাখক
- সহনশক্তি বনাই ৰাখক।

- সন্তুস্ট হৈ থাকক
- সদায় উচিত কাৰ্য কৰক।

মস্তিষ্ক নিয়ন্ত্ৰণৰ ওপৰত প্ৰতিৰোধ কিয় ?

1. **আমাৰ ওপৰত ইন্দ্ৰিয়ৰ নিয়ন্ত্ৰণ** - যি দিনৰ পৰা আপুনি ওচৰে পাজৰৰ পৰিৱেশৰ প্ৰতি সজাগ হয়, সেই দিনৰ পৰা ইন্দ্ৰিয় আপোনাৰ নিয়ন্ত্ৰণ কৰিব ধৰে। সেইটোৱে আপোনাক সদায় এইটো অনুভৱক কৰোৱাই যে ভৌতিক সুখ-সুবিধা পোৱাই জীৱনৰ উদ্দেশ্য হয় তথা সেইটো পাবৰ বাবে মনুষ্যই যি কোনো সীমালৈকে তলত যাব পাৰে।

2. **প্ৰতিস্পৰ্ধা তথা তিৰস্কাৰ, জীৱনশৈলীৰ এটা অংগ** - আমি আজিকালী এটা উদ্দেশ্যৰ লগতে জীয়াই আছো। আমি আনক তলত দেখুৱাই সকলোতকৈ ওপৰলৈ যাব বিচাৰো যাতে সকলোকে তিৰস্কাৰৰ ভাৱনাৰে দেখিব পাৰো। ইয়াৰ পৰা আমি অস্হায়ি সন্তুষ্টি প্ৰাপ্ত কৰিব পাৰো তথা এই অৱস্হালৈকে গৈ পাবৰ বাবে আমি পাৰিবাৰিক কৰ্তব্যকো তিলঞ্জলি দিবলৈ প্ৰস্তুত হৈ যাওঁ।

3. **সত্যৰ পৰা পলাই যোৱা** - আমি জীৱনৰ বাস্তৱিকতাক নাজানো বা তাৰ পৰা আতৰিব বিচাৰো। আমি চিৰিৰ সেইটো ঠাইত ঠিয় হ'ব বিচাৰো, য'ত আমি আগটো আছিলো। আমি আমাৰ মস্তিস্কৰ সঠিক ব্যৱহাৰ কৰিব নিবিচাৰো। আমি মানো যে মস্তিস্কক নিয়ন্ত্ৰণ কৰিলে একো লাভ নহ'ব কাৰণ সফল হোৱা আমাৰ ভাগ্যত লিখা আছে। অসফলতাৰ কাৰণ আমি জনাৰ পৰিৱৰ্তে আমি আমাক দোষী বুলি কওঁ আৰু আমি দুবিধাত জীয়াই থাকো, আমি বা আমাৰ ইন্দ্ৰিয় মিছা সন্তুষ্টিৰ পিছে পিছে পাই যাওঁ, আমি অনুভৱো নকৰো যে আমি বাস্তৱত তাৰ আনন্দ লব পৰা নাই।

4. **অন্তৰংগ** - বৰ্যত আমি ওচৰে পাজৰৰ ভৌতিকবাদী বস্তুৰ লগত ইমান অন্তৰংগ হৈ গৈছো যে আমি আমাৰ মগজুত পছন্দ-নাপছন্দৰ বিশেষ ধাৰণা বনাই লৈছো, আমি সঠিক পথত যাব নিবিচাৰো আৰু আমি আমাৰ ভূল হ'লে সেইটোক শুধৰাব নিবিচাৰো।

5. **বিবাদ** - আমি ইমান বিবাদপ্ৰিয় হৈ গৈছো যে কোনো মনে নিবিচৰা ঘটনাৰ দৰ্শক, শ্ৰোতা অথবা অংশ নবনাকে, আমি প্ৰসন্নতা হৈ নাথাকো। সম্ভৱতঃ সেইকাৰণে বাতৰিপত্ৰ, বিবাদিত তথা ঋণাত্মক বাতৰি প্ৰস্তুত কৰাত আগত থাকো কাৰণ পাঠকে এনেকুৱা বাতৰি

পঢ়িব বিচাৰে।

6. **মহত্তকাংক্ষী** - মহত্তকাংক্ষী ব্যক্তিয়ে যি কোনো মূল্যতে নিজৰ মিছা, অহমৰ সন্তুষ্টি বিচাৰে।

7. **অপৰাধবোধ** - আমি আমাৰ আগৰ ঋণাত্মক বিচাৰক প্ৰয়োগ কৰাৰ পৰিৱৰ্তে অতীতত খেলিমেলি হৈ থাকো। এইটো প্ৰক্ৰিয়াই আমাৰ বৰ্তমান তথা ভৱিষ্যত দুয়োকে নষ্ট কৰি দিয়ে। আমি নিজকে ক্ষমা কৰাত কঠিনতা অনুভৱ কৰো, অৱশ্যে নিজকে ক্ষমা কৰাৰ অৰ্থ এইটো নহয় যে আমি ভূল কাৰ্য কৰিও নিজকে ক্ষমা কৰো।

8. **আত্মনিন্দা** - ইয়াৰ পৰা কিছুমান লোক তস্কৰী আদি অসন্মানজনক ব্যৱসায়ত লিপ্ত হৈ থাকে। অসফল হোৱাত আমি নিজকে নিন্দা কৰো যে আমি তস্কৰীক ভালদৰে নিৰ্বাচন কৰিব বিচাৰিছিলো। আমি নিজকে বহুত কথা দিওঁ যে অহাবাৰ এনেকুৱা নহ'ব। গতিকে ঋণাত্মক গতিবিধিত লাগি থকা লোকৰ বহুত যোগাত্মকতা পোৱা যায়। আমাৰ পৰা কিছুমান লোকে এইটোও নাজানে যে কাৰ্যত অসফলতাৰ সকলোতকৈ দাঙৰ কাৰণ এইটো হয় যে আমি ঈশ্বৰ আৰু প্ৰকৃতিৰ নিয়মৰ বিৰুদ্ধে কাৰ্য কৰি আছো।

9. **আত্মদয়া** - আমি ভূল কাম কৰো তথা নিজৰ বাবে সহানুভূতি প্ৰকট কৰো। নিজৰ ভূলৰ পৰা শিক্ষা লোৱাৰ পৰিৱৰ্তে আমি নিজকে কওঁ।

"মই বহুত পৰিশ্ৰম কৰিছিলো হাতলৈ একো নাহিল, এইটো মোৰ ভাগ্যৰ দোষ আছিল। মই আশা কৰো যে এনেকুৱা পুনগ নহয়" আমাৰ একেবাৰে বিশ্বাস থাকে ৰে আমি যি কৰিছো, একেবাৰে ঠিক হয়, কেৱল আমাৰ ভাগ্যত দোষ থাকে।

মস্তিষ্কৰ অযোগ্যতাৰ কিছুমান অন্য কাৰণ

- উপাৰ্জিত বস্তু
- বাহানা বনোৱা
- পছন্দ অথা নাপছন্দ
- অসন্তুলিত জীৱনশৈলী
- অহংকাৰ
- প্ৰতিশোধৰ. ভাৱনা

মস্তিষ্কৰ নিয়ন্ত্ৰণ হেতু

1. **সদায় ঈশ্বৰত ধ্যান দিয়ক** - আমি এইটো কোৱা নাই যে ঈশ্বৰক ধ্যান দিবৰ বাবে আপুনি একো কাম নকৰে। গোটেই দিন প্ৰাৰ্থনা কৰাৰ পৰামৰ্শও নিদিওঁ। আমি আমাৰ কৰ্ম প্ৰভুক সমৰ্পিত কৰি দিব বিচাৰো আৰু তাৰ পিছত নিঃস্বাৰ্থ ভাৱেৰে কৰ্তব্য পালন কৰিব বিচাৰো। আমি আমাৰ ইন্দ্ৰিয়ক নিয়ন্ত্ৰণ কৰি ধ্যান ৰাখিব বিচাৰো যে তেওঁ আমাৰ পৰা ভৌতিক সুখ-সুবিধাক নিবিচাৰে। এই ভৌতিক সুখ-সুবিধাৰ ওপৰত আমাৰ বশ নাথাকে, এইবিলাক পোৱাৰ কামনা কৰাৰ পৰিৱৰ্তে নিজৰ অন্তিম লক্ষ্যৰ প্ৰতি কাৰ্য কৰিব বিচাৰো। যি কোনো কাম কৰাৰ পূৰ্বে আমি নিজকে সুধিব লাগে, "ইয়াৰ পৰা ঈশ্বৰক কেনেকুৱা লাগিব ?" যদি উত্তৰ আহে যে তেওঁ প্ৰসন্ন হ'ব তেতিয়া এনেকুৱা কেতিয়াও নকৰিব।

2. **অভ্যাস** - যেনেদৰে প্ৰভুৱে কয় "মস্তিষ্ক নিয়ন্ত্ৰণ হেতু অভ্যাস মহত্ত্বপূৰ্ণ হয়।" প্ৰত্যেক ব্যক্তিক এইটো অভ্যাস কৰিব লাগে যে তেওঁৰ অৰ্ধচেতন মস্তিষ্কত সাত্তিক বিচাৰৰ বাস হওক। ঋণাত্মক বিচাৰৰ নিৰন্তৰ উপেক্ষাৰ দ্বাৰা সেইটোক অৰ্ধচেতন মস্তিষ্কৰ পৰা বাহিৰলৈ উলিয়াবলৈ অভ্যাস কৰিব লাগে। প্ৰথমে আপুনি মনলৈ অহা বিচাৰৰ ওপৰত ধ্যান দিব পাৰে, কিন্তু যদি এবাৰ এইটো প্ৰয়াস সফল হৈ যায় তেতিয়া আপুনি পাব যে যোগাত্মক বিচাৰ বিনা কোনো প্ৰয়াসেৰে আপোনাৰ ওচৰলৈ গৈ পাব। মস্তিষ্কক নিয়ন্ত্ৰিত কৰাত শীঘ্ৰতা নকৰিব কাৰণ খেলিমেলিও অনিয়ন্ত্ৰিতন মস্তিষ্কৰ এটা লক্ষণ হয়। যদি আপোনাৰ মস্তিষ্ক ইন্দ্ৰিয়ৰ ফালে গুচি যায় তেতিয়া যোগাত্মক বিচাৰৰ দ্বাৰা শান্ত কৰাত প্ৰয়াস কৰক।

3. **অনুকূল পৰিস্হিতি** - মস্তিষ্ক নিয়ন্ত্ৰণ হেতু আপোনাৰ জীৱনৰ মুখ্য অভিজ্ঞতাক স্বীকাৰ কৰি অনুকূল পৰিস্হিতি বনাব লাগিব। আপুনি আপোনাৰ মস্তিষ্কৰ অবাঞ্চনীয় সমস্যাৰ ভাৰৰ পৰা মুক্ত কৰি ৰাখিব লাগিব। আপুনি বৃদ্ধৱস্হাত, ৰোগ, মৃত্যু, বিয়োগ তথা পাপৰ ওপৰত চিন্তন কৰিব লাগিব। ইয়াত আপুনি যুৱাৱস্হা, স্বাস্থ্য, জীৱন অধিকাৰী আৰু বেয়াৰ অহংকাৰৰ পৰা মুক্ত হ'ব পাৰিব। আপোনাৰ মস্তিষ্কক সৰু সুৰা চিন্তাৰ পৰা দূৰত ৰাখক যাতে আপুনি সফলতা পূৰ্বক ডাঙৰ সমস্যাক সমাধান কৰিব পাৰে। আপোনাৰ কাৰ্যক্ষমতাত বৃদ্ধিৰ বাবে যত্ন কৰক। বৰ্তমানত আমাৰ

তৎকাল ভৌতিক স্থানক ঘৰ বা কাৰ্যক্ষেত্ৰক সুবিধাজনক বুলি মানা যায়। যেতিয়ালৈকে কোনোবাই এই অঘোষিত গোপনীয়তাত প্ৰৱেশ নকৰে, আমি নিজকে সহজ পাওঁ। এই ধৰণে আজিকালী লোকত কৃত্ৰিমতাৰ ভাৱনাও বাঢ়ি যায়। সেই লোকেসকলে কয়- "আমি আপুনি আহিলে প্ৰসন্নতা হ'ব কিন্তু কৃপা কৰি সূচিত কৰি আহক" এনেকুৱা সেইকাৰণে হয় যাতে তেওঁলোকে অতিথিৰ স্বাগতমৰ মনঃস্থিতিত আহি যাব পাৰে। আপোনাৰ মস্তিস্ক ইমান নিয়ন্ত্ৰিত থাকিব লাগে যে দিনচৰ্যাত অহা যি কোনো বাধাক স্বীকাৰ কৰি পাৰে।

4. **ভোজন** - শৰীৰৰ সন্তুস্টি তথা পোষণ দিয়া ভোজন মস্তিস্ককো শুদ্ধ কৰে। এইটো এক ব্যক্তিক স্বাস্থ্যৱান তথা প্ৰসন্নচিত্ত ৰাখে। শুদ্ধ মস্তিস্কক নিয়ন্ত্ৰণ ৰখাটো সৰল হয়। তিতা ভোজন, দুঃখ, পীড়া তথা ৰোগৰ বাহক হয়। অশুদ্ধ ভোজনেই ঘৃণা, ক্ৰোধ, লালস, ঈৰ্ষা আদিৰ কাৰণ বনি যায়। যদি এই বিলাক জানিও আপুনি আপোনাৰ ভোজনক শুধৰাই নলয় তেতিয়া এইটো দোষ প্ৰভুৰ নহয় আপোনাৰ হ'ব।

   ভগৱদ্গীতাৰ অনুসাৰে সোতৰতম অধ্যায়ত প্ৰভুৱে কয় -

   "আয়ু, বুদ্ধি বল, আৰোগ্য, সুখ প্ৰীতিক বঢ়োৱা, ৰসযুক্ত, সাৰযুক্ত আহাৰ সাত্তিক পুৰুষক প্ৰিয় হয়।" (8)

   "তিতা, টেঙা, লৱণযুক্ত, অতিগৰ্ম তথা নীক্ষঘ, শুকান আৰু দাহকাৰক, দুঃখ তথা চিন্তাক উৎপন্ন কৰা আহাৰ ৰাজসী পুৰুষক প্ৰিয় হয়।" (9)

   "অধপকা, ৰসহিত, দূৰ্গন্ধযুক্ত, লেতেৰা তথা অপবিত্ৰ ভোজন তামসিক পুৰুষক প্ৰিয় হয়।"

5. **ব্যক্তি** - আপোনাৰ ওচৰে পাজৰে থকা ব্যক্তিৰ আধাৰতো আপোনাৰ মানসিক অৱস্থা নিৰ্ভৰ কৰে। জীৱনৰ প্ৰতি শান্ত তথা যোগাত্মক ব্যৱহাৰ ৰখা লোকৰ প্ৰতি অধিকাৰ পৰা অধিক সময় কটাওক কাৰণ এনেকুৱা বক্তিৰ মস্তিস্ক বহুত নিয়ন্ত্ৰণ হৈ থাকে। ভাল ব্যক্তিৰ ভাৱ নহয় বৰং আপোনাৰ মস্তিস্কত পৰিৱৰ্তন হয়। ঋণাত্মক ব্যক্তিৰ পৰা বাচক কাৰণ তেওঁলোকে আগৰ পৰা জীৱনৰ নিম্নতম স্তৰত জীয়াই থাকে। জীৱনতে এজন গুৰুৰ মাৰ্গদৰ্শন নিশ্চয় লওক, যাক আপুনি আপোনাৰ সমস্যাক নিঃসকোচে কব

পাৰে, কিন্তু গুৰু জ্ঞানী হয় তথা আপুনি ব্যক্তিগত ৰূপেৰে সময় দিব পাৰে। আধুনিক গুৰুৰ লাখ অনুযায়ী আছে, তেওঁলোকে তেওঁলোকৰ বাবে ব্যক্তিগত ৰূপেৰে সময় নুলিয়াই। আমি ইয়াত গুৰুৰ মহিমা খণ্ডিত কৰিব বিচৰা নাই, কিন্তু আমি এনেকুৱা গুৰুৰ ওচৰলৈ যাব লাগে, যাৰ ওচৰত আমাৰ বাবে সময় আছে। আমি দাঙৰ গুৰুৰ সৎসংগ আৰু দৰ্শনৰ লাভ পাব পাৰে কিন্তু আমাৰ ওচৰত এজন এনেকুৱা গুৰু থাকিব লাগে যি জীৱনৰ সত্য ৰাস্তাক দেখুৱাব পাৰে।

6. **অনুশাসন** - মস্তিস্কক নিয়ন্ত্ৰিত কৰিবৰা বাবে আপুনি নিজকে অনুশাসিত কৰিব লাগিব। আপুনি মস্তিস্ক নিয়ন্ত্ৰণৰ উপয়াৰ ওপৰত দৃঢ়তা প্ৰয়োগ কৰিব লাগিব। যদি আপুনি দুই মাহলৈকে অনুশাসনৰ পালন কৰে আৰু তাৰ পিছত সেইটোক নিৰস তথা ব্যৰ্থ বুলি মানি ত্যাগ কৰে তেতিয়া সেইটো আপোনাৰ একো কামৰ নহ'ব। যদি এনেকুৱা হয় তেতিয়া আপুনি আগতকৈ অধিক কুণ্ঠিত, ব্যাকুল, ভ্ৰমিত তথা নিৰাশ হৈ যাব। আপোনাৰ অনুশাসিত জীৱনশৈলীক কেতিয়াও ত্যাগ নকৰিব কাৰণ মস্তিস্কৰ নিয়ন্ত্ৰণ হেতু নিৰন্তৰতা আৱশ্যক হয়।

7. **অন্তৰ জানক** - আপুনি জীৱনৰ প্ৰতি বিস্তৃত দৃষ্টিকোণ প্ৰয়োগ কৰি পক্ষপাতৰ ভাৱনাৰে মুক্ত হ'ব লাগে। যদি আপুনি পক্ষপাতী হয় তেতিয়া ইয়াৰ অৰ্থ এইটো হয় যে আপুনি স্বাৰ্থী তথা ইন্দ্ৰিয়ৰ দাস হয়। গতিকে আপোনাৰ বিভিন্ন পৰিস্থিতিত ভাল বেয়াৰ ভেদক জানিব লাগিব তথা ভালৰ পক্ষ লব লাগিব, লাগিলে আপোনাৰ হানিয়েই হওক। ইয়াৰ পৰা আপোনাৰ চৰিত্ৰৰ পৰিচয়ো পাব। যদি আপোনাৰ আত্মা কোনো কাৰ্যৰ সাক্ষী নহয় তেতিয়া সেইটোক কেতিয়াও নকৰিব।

8. **অধিকাৰ ভাৱনা** - মস্তিস্ক সদায় স্বাস্থ্যৱান তথা সৃজনীশীল ব্যৱসায়ত লাগি থাকিব লাগে। এটা পুৰনা কথাৰ অনুসাৰে 'খালি মগজ চৈতানৰ ঘৰ হয়।' এইষাৰ কথা এনেয়ে বনা নাই, ইয়াৰ লগত গভীৰ অৰ্থ লুকাই আছে। মস্তিস্কক স্থিৰ বনোৱাৰ সকলোতকৈ সম্ভাৱিত উপায় এইটো হয় যে ব্যক্তি সৰ্বোচ্চ ভাৱক জীৱনৰ লক্ষ্য মানে, ইয়াৰ পৰা সজাগতাও উৎপন্ন হয়। ৰচনাত্মক বিচাৰ সদায় যোগাত্মক হয়। আপোনাৰ বিৰুদ্ধে যোৱা কথাৰ বিষয়ে ঋণাত্মক বিচাৰ প্ৰয়োগ কৰাৰ পৰিৱৰ্তে এইটো ভাৱক যে আপোনাৰ বিৰুদ্ধে

কিয় গ'ল আৰু সেইটোক শুধৰাবৰ বাবে কি কৰা যায়। প্ৰায় ব্যক্তি খালি বহিয়েই ব্যৰ্থ তথা নিৰুদ্দেশ্য চিন্তনত লীন হৈ যায়। এইটো সম্ভাৱিত কল্পনা তথা ভয় নিৰাধাৰ হয়। ঋণাত্মক কল্পনা শক্তিৰ দ্বাৰা আপুনি অবাস্তৱিকতাক বাস্তৱিকতাত পৰিৱৰ্তন কৰি দিয়ে। আপুনি সন্দেহৰ ঘেৰি ধৰে। এনেকুৱা পৰিস্থিতিত মস্তিস্কৰ ওপৰত নিয়ন্ত্ৰণ পোৱাটো কঠিন হৈ যায়।

9. **কামনাক ত্যাগ কৰক** - আপুনি জীৱনত কৃত্ৰিম আনন্দক ত্যাগ কৰিব লাগিব। ইয়াৰ অৰ্থ এইটো নহয় যে আপুনি আনন্দ নলব। আপুনি ইন্দ্ৰিয়ৰ পৰা প্ৰাপ্ত সুখক ত্যাগ কৰিব লাগিব যিটো বাস্তৱিক আনন্দ প্ৰাপ্তিৰ বাধা হয়। আনন্দ এনেকুৱা হ'ব লাগে যিটো আপোনাৰ শাৰীৰিক তথা মানসিক স্বাস্থ্যৰ ওপৰত বেয়া প্ৰভাৱ নেপেলাই। লাহে লাহে প্ৰভাৱ পেলোৱ বিষৰ দৰে আনন্দৰ পৰা দূৰত থাকক। যেতিয়ালৈকে আমি আনন্দৰ উদ্দেশ্যৰ পৰা ওপৰলৈ নুঠো, আমি যিয়েই নকৰক, মস্তিস্কৰ ওপৰত সম্পূৰ্ণ নিয়ন্ত্ৰণ পাব নোৱাৰো। দুই ধৰণৰ ব্যক্তিৰ জীৱনত আন্তৰিক সংঘৰ্ষ নাথাকে। প্ৰথম তেওঁ যি আনন্দ তথা বিষয়-যোগৰ দাস হয়। তেওঁ সেইটোক পাবৰ বাবে যি কোনো পৰ্যায়লৈকে যাব পাৰে, যি কোনো অনুচিত কাৰ্য কৰিব পাৰে। দ্বিতীয় তেওঁ যি মস্তিস্কক একেবাৰে সাধি লয়। তেওঁ শান্ত, সহজ আৰু সন্তুস্ট থাকে। এই দুটা শ্ৰেণীলৈ নহা ব্যক্তিক আন্তৰিক সংঘৰ্ষ, অসন্তুস্টি আৰু ভ্ৰমৰ সমুখিন কৰিব লাগে। তেওঁ নাজানে যে তেওঁ কি পথত যাব লাগে, ভালনে বেয়া ? এইদৰে ভাল বস্তু পোৱাৰ ইচ্ছাত লোভ আৰু ঈৰ্ষা আদি ঋণাত্মক ভাৱ উৎপন্ন হয়, যিটো মনৰ শত্ৰু হয়।

10. **আত্ম পৰামৰ্শ** - যেনেদৰে নামৰ পৰা স্পস্ট হয়, আমি নিজকে সেই যোগাত্মক বিচাৰ তথা পৰিৱৰ্তনৰ পৰামৰ্শ দিওঁ, যিটো আমি আমাৰ জীৱনত আনিব বিচাৰো। আমি আমাৰ মনক পৰামৰ্শ দিব লাগিব আৰু আমাৰ সেইটো আধৰুৱা ইচ্ছা বাস্তৱত পুৰা হৈ গৈছে। আমি আমাৰ মনক যোগাত্মক বিচাৰ প্ৰয়োগ কৰিবলৈ পৰামৰ্শ দিব লাগিক যেনেদৰে মই সফল হৈছো, 'মই ধনী হয়', 'মই স্বাস্থ্যৱান হয়', 'মোৰ মনত শান্তি আছে', 'মোৰ বচ মোৰ পৰা প্ৰসন্ন হয়' আদি। আমি আমাৰ ব্যক্তিত্বক সেই কাৰ্যৰ বিষয়ত আত্মপৰামৰ্শ দিব লাগিব, যৰ পৰা আমি শুধৰিণ লব বিচাৰো যেনে- "মই বিশ্বাসেৰে ভৰা হয়"; "মোৰ সংপ্ৰেষণ ক্ষমতা বহুত ভাল হয়",

"মই যি হয় তাৰ বাবে মানুহে মোক বিচাৰে...."

আত্মপৰামৰ্শ কৰা সময়ত আপুনি এনেকুৱা অনুভৱ কৰক যে সেই আধৰুৱা ইচ্ছা পুৰা হওক (যোগাত্মক চিন্তন), এনেকুৱা নাভাৱিব যে পুৰা হ'ব (আশা)। আমি আমাৰ মনক কব লাগে যে আমি 'আগৰ পৰা' সফলতা, ধন, আৰু অন্য ইচ্ছাৰ পূৰ্তিৰ অনুভৱ কৰি আছো। এনেকুৱা কৰা সময়ত আপোনাৰ মনত এই শক্তিশালী টেকনিকৰ বিষয়ে কোনো সন্দেহ থাকিব নালাগে। এইটোও ধ্যান দিয়ক, এইটোক দিনৰ কোনটো সময়ত কৰিলে অধিকতম লাভ হ'ব পাৰে। ৰাতিপুৱা শুই উঠি কৰিলে বেছি ভাল হ'ব কাৰণ সেই সময়ত মন সজাগ নাথাকে আৰু মস্তিস্কও আলফা অৱস্থাত থাকে। ৰাতি শুৱাৰ আগতো এইটোক কৰক। দিনত দুই বাৰ পুৰা বিশ্বাসেৰে কৰক, আপোনাৰ জীৱন পৰিৱৰ্তন হৈ যাব। আমি জীৱনত পৰিৱৰ্তন আনিব বিচাৰো কিন্তু আধৰুৱা ইচ্ছাক পুৰা কৰা প্ৰক্ৰিয়াক নাজানো। সকলোতকৈ প্ৰথমে আমি ইচ্ছাক ত্যাগ কৰিব লাগিব। ইচ্ছা সৃষ্টি হ'লে, লালস উৎপন্ন হয়। আমি নিজৰ আৰু অনৰ উপেক্ষা ৰাখিব ধৰো।

যেতিয়া আপুনি ৰাতি আত্মপৰামৰ্শৰ পিছত শুবলৈ যায় তেতিয়া সেই সময়ত হিপ্পোকেম্প্চ (য'ত মস্তিস্কত স্মৃতি সুৰিক্ষত থাকে) বহুত সক্ৰিয় হৈ যায়, এইটোৱে সেই জানকাৰীক অল্পকালীনৰ পৰা দীৰ্ঘকালীন স্মৃতিত পৰিৱৰ্তন কৰি দিয়ে। যেতিয়া আপুনি আত্মপৰামৰ্শৰ পিছত শুই যায় তেতিয়া মস্তিস্কই স্নায়ুৰ এক নিশ্চিত ক্ৰমত চলি থাকে, টোপনীৰ সময়ত কোনো দৃশ্য উত্তেজকৰ পৰা বাধাও নহয় আৰু আপোনাৰ বিচাৰ তেনেদৰে ক্ৰিয়া প্ৰতিক্ৰিয়াত জৰিত হৈ থাকে গতিকে আত্মপৰামৰ্শ আৰু মানসিক চিত্ৰণ মনৰ নিয়ন্ত্ৰণ আৰু উৎপাদকতা বৃদ্ধিত সহায় কৰে।

11. **মানসিক চিত্ৰণ** - ভৰি বেকা কৰক, চকু বন্ধ কৰক আৰু আৰামত বহক। আপুনি চকীটো বহিব পাৰে, কেৱল ৰাজহাড় চিধা কৰি ৰাখক। সেই সময়ত যাতে আনে আপোনাৰ ধ্যান ভংগ কৰিব নোৱাৰে গতিকে মোবাই বন্ধ কৰক, কোঠা বন্ধ কৰক আৰু দোৱাৰত বোৰ্ড লগাই দিয়ক যে কোনোৱে যাতে আপোনাক অশান্তি নকৰে।

আপুনি সেই আদৰ্শ স্হিতিক মানসিক চিত্ৰণ কৰক, য'ত আপুনি আহিব বিচাৰে। যদি আপুনি কাৰ বিষয়ে মানসিক চিত্ৰণ কৰি

আছে তেতিয়াহ'লে কল্পনা কৰক যে আপুনি কি পিন্ধি আছে। কল্পনা কৰক যে আপুনি চেহেৰাত হাঁহি লৈ যাত্ৰা কৰি থকা দেখিছে যে আপুনি অফিচত গৈ পাই আপোনাৰ কাৰ্ড পাঞ্চ কৰিছে আৰু চিটলৈকে গৈ পাইছে। আৰপুনি ফোনত সেই গ্ৰহকৰ লগত কথা পাতিছে যি আপোনাৰ সেৱাত নথে আনন্দিত হৈছে। ঠিক সেইদৰে নিজকে বচৰ লগত কথা পতা দেখা পাইছে। কল্পনাৰ কৰক যে বচ আপোনাৰ প্ৰদশৰ্নৰ পৰা আনন্দিত হৈছে আৰু প্ৰবন্ধনৰ বাবে আপোনাৰ প্ৰয়াসক প্ৰশংসা কৰিছে। মানসিক চিত্ৰণ কৰক যে আপোনাৰ পদোন্নতি হৈ আছে।

মানসিক চিত্ৰণ এক এনেকুৱা সাধন হয়, যিটো সকলো ক্ষেত্ৰতে সহায়ক হয়, সেইটো লাগিলে ব্যৱসায়িকেই হওক বা গৃহিণীয়েই হওক। আপুনি যি কোনো ক্ষেত্ৰত এই সাধনাক প্ৰয়োগ কৰিব পাৰে। কৃপা কৰি প্ৰথম সফলতা পায়েই মানসিক চিত্ৰণ কৰা বন্ধ নকৰিব, কাৰণ আপুনি এই অভ্যাসক যিমান কৰিব, সিমানেই লাভ হ'ব। এইটোক পুৰা বিশ্বাসেৰে কৰক তথা মানসিক চিত্ৰণ কৰা সময়ত গোটেই প্ৰক্ৰিয়াৰ এইদৰে অনুভৱ কৰক ধৰক সেইটো বাস্তৱিকৰ পৰা কমি গৈছে।

ব্যক্তিয়ে মানসিক চিত্ৰণ কৰা সময়ত পিন্ধা কাপোৰ, জুতা আৰু শাৰীৰিক ভাষা আদিৰো ধ্যান ৰাখিব লাগে। লাহে লাহে আপুনি আপোনাৰ মগজুত নতুন বিচাৰেৰে অতৌপ্ৰোত পাব, এইটোৱে আপোনাক সমস্যাৰ সমাধানৰ ৰচনাত্মক উপায় দিব, যাৰ বিষয়ে আপুনি কেতিয়াও ভৱাই নাই বোধহয়। ব্যক্তিয়ে প্ৰতিদিনে 15-20 মিনিটলৈকে মানসিক চিত্ৰণৰ অভ্যাস কৰিব লাগে। এইটোক প্ৰতিদিনে নকৰিলে একো লাভ নাই। হ'ব পাৰে প্ৰথম দুই তিনি দিনৰ অভ্যাসত একো দেখা নিদিব বা আনন্দ নাহিব কিন্তু লাহে লাহে আপুনি ইয়াৰ এটা এটা ক্ষণৰ আনন্দ লব ধৰিব।

দিনত দুইবাৰ নিম্নলিখিত বাক্যক কৰক -

- মই সেই জনেই হয়, যেনেদৰে মই মোৰ বিষয়ে ভাৱো।
- মই মোৰ বিচাৰৰ বলত বৰ্তমান অৱস্থালৈকে গৈ পাইছো।
- মই প্ৰভুৰ বিনা অস্তিত্বহীন হয়।
- মোৰ হাতত কেৱল কৰ্ম আছে।

- কমৰ ফল কেৱল প্ৰভুৰ হাতত আছে।
- ভাগ্য অথবা নিয়তি, একো নহয়।
- প্ৰভুৰ পক্ষপাতী নহয়। যদি মই তেওঁৰ লগত আছো তেতিয়াহ'লে তেওঁও মোৰ লগত থাকিব।
- মই মোৰ সকলো কৰ্ম প্ৰভুক সমৰ্পিত কৰিছো।
- লাগিলে কোনোবাই মোক প্ৰেম কৰক বা নকৰক, মই সকলোৰে লগত প্ৰেম ভাৱ ৰাখো।
- মই নিজৰ তথা আনৰ প্ৰতি ভাল ভাৱে ৰাখিব বিচাৰো।
- মোৰ পৰিস্থিতিয়ে মোক নবনাই, সেইটো মোক উদ্‌ঘাটিত কৰে।
- মই প্ৰত্যেক বাধাক সুযোগৰ সমানে জানো।
- মই অকামিলা কাৰ্যৰ পৰা দূৰত থাকো।
- মই ঋণাত্মক বিচাৰৰ উপেক্ষা কৰে।
- মই নিয়মিত ৰূপেৰে আত্মবিশ্লেষণ কৰো।

□□□

অধ্যায় - 5

বিশ্বাস

বিশ্বাস নিজৰ স্বভাৱৰ পৰা হয়, অজ্ঞাত সত্তাত আৰম্ভ হয় তথা তাতে তাৰ অন্ত হৈ যায়। এইটো মনৰ এক এনেকুৱা অৱস্থা হয়, যিটোক নিৰন্তৰে অৱচেতন মনক পোষিত কৰি, প্ৰত্যেক ব্যক্তিৰ ভিতৰত উৎপন্ন কৰিব, পৰা যায়। এইটো সেই বস্তুৰ বিষয়ত থাকে, যিটোক আমি অনুভৱেৰে জানিব নোৱাৰো। এইটো এটা ধাৰণা হয়, যৰ পৰা সাক্ষৰ সমৰ্থন প্ৰাপ্ত হয়। বিশ্বাসৰ মাধ্যমেৰে আমি ঈশ্বৰ স্বৰ্গ আদি অদৃশ্য বস্তুক স্বীকাৰ কৰো।

ইয়াৰ অৰ্থ হ'ল যে বিশ্বাস বেলেগ বেলেগ হয়। উত্তৰ হ'ল, 'নহয়', এইটো অলপ এনেকুৱা হয়, ধৰক কোনোবাই এইটো মানিব পাৰে কিন্তু জুখিব নোৱাৰে। ঈশ্বৰৰ ৰাসায়নিক সংৰচনাৰ দৃষ্টিৰে মানিব নোৱাৰি কিন্তু ঈশ্বৰৰ অস্তিত্বক প্ৰমাণিত কৰাৰ অন্য সাক্ষ্য আছে। বিশ্বাসেই ঈশ্বৰ তথা জীৱনৰ প্ৰতি মনুষ্যৰ ব্যৱহাৰক বনাই। এই বিশ্বাসৰ বলত আপুনি নিজৰ ওপৰত বিশ্বাস কৰি পাৰে কিন্তু বিৰোধাভাস এইটো হয় যে এইটো আপোনাৰ ভিতৰত আত্মবিশ্বাসো জগাই তুলে। গতিকে এইটো ব্যক্তিৰ ওপতৰ নিৰ্ভৰ কৰে যে তেওঁ যোগাত্মক বিশ্বাসক চিনি লওক তথা তাৰ ওপৰত কাৰ্য কৰক। যোগাত্মক বিশ্বাসে মানসিক অৱস্থাক শুদ্ধ কৰি দিয়ে। এইটো এক ৰাক্ষসক মনুষ্য, মনুষ্যক দেৱতালৈ পৰিৱতৰ্ন কৰি দিব পাৰে। জীৱনৰ হীন তথা শ্ৰেষ্ঠ ভাৱ, এই বিশ্বাসৰ দেন হয়। ইয়ালৈকে যে আপোনাৰ ভয়ো বিশ্বাসৰ লগত জৰিত আছে। গতিকে যি কোনো বিষয়ৰ প্ৰচুৰতাৰ বাবে মনুষ্যক নিজৰ ভিতৰত সংযোগ কৰিব লাগিব।

যদি আপুনি আৰু এটা প্ৰভুৰ পৰা পৰীক্ষতা ভাল নম্বৰ তথা ব্যৱসায়ত সফলতাৰ কামনা কৰে তথা অন্য ফালে মনে মনে অসফলতাৰে ভয়ভীত হৈ থাকে, দিন-ৰাতি কৰা প্ৰাৰ্থনা ফলদায়ক নহয়, কাৰণ ভিতৰৰ বিশ্বাস আপোনাৰ নিৰন্তৰে নিৰুৎসাহিত কৰি থাকিব তথা অসফলতাৰ ভয় দেখুৱাই থাকিব। এনেকুৱা সেইকাৰণে হ'ব কাৰণ আপুনিও ভিতৰৰ পৰা জানে যে আপোনাৰ প্ৰয়াসত অভাৱ আছিল।

আপোনাৰ প্ৰাৰ্থনা পুৰা নহ'ব কাৰণ প্ৰভুৱে আপোনাৰ অন্তৰ্মনক শুনে, যি নিৰাশাৰে ভয়ভীত হয়। ঈশ্বৰৰ অনুসাৰে, অবিশ্বাসৰ কাৰণে ব্যক্তিৰ আন্তৰিক ইচছা আছিল যে তেওঁ অসফল হ'ব। এইটো সত্য হয় যে এইটো জানিবুজি কৰা নাই আৰু কোনোৱে জানি অসফল হ'ব নিবিচাৰে কিন্তু চেতন আৰু অৱচেতন মন দুয়ো মিলাই ঈশ্বৰক অসফলতাৰ বাতৰিয়ে প্ৰেষিত কৰি আছিল। ইযাৰ কথাও আছে যে ঈশ্বৰে তেওঁৰ সহায় কৰে, যি নিজে নিজৰ সহায় কৰে। নিজৰ ভিতৰত বিশ্বাস জগাই তুলে তথা যোগাত্মক ৰূপেৰে কাৰ্যৰত হয়, ঈশ্বৰে কেতিয়াও আপোনাক নিৰাশ নকৰিব। প্ৰভুৰ প্ৰতি আস্থা সত্য হয় তেতিয়া দাঙৰ দাঙৰ সংকট দূৰ হৈ যায়। ঈশ্বৰৰ প্ৰতি বিশ্বাস ৰখাৰ অৰ্থ কেৱল সত্যত বিশ্বাস ৰখাই নহয় বৰং এইটো ব্যক্তিৰ জীৱনত সত্যৰ বিশেষতাটো প্ৰকট হয়। ৰাষ্ট্ৰপিতা মহাত্মা গান্ধীৰ ওচৰত একো নাছিল। তেওঁৰ ওচৰত তেওঁৰ উদ্দেশ্যৰ পূৰ্তিৰ বাবে ধনো নাছিল আৰু চিপাহীও নাছিল, কিন্তু তথাপিও দেশৰ পৰা ইংৰাজক ভগোৱাত সফল হয়। এনেকুৱা সেইকাৰণে সম্ভৱ হ'ল কাৰণ তেওঁ আহিংসা তথা নিজৰ ওপৰত পূৰ্ণ বিশ্বাস ৰাখিছিল। তেওঁ তেওঁৰ মাৰ্গৰ ওপৰত বিশ্বাস আছিল। এইটো বিশ্বাসৰ বলত লাখ লাখ অনুযায়ী তেওঁৰ লগ দিয়ে তথা গোটেই দেশত তেওঁৰ সমৰ্থনৰ অভাৱ হোৱা নাছিল।

ভগৱদ্গীতাৰ অধ্যায় তিনিৰ শ্লোক 17 ত প্ৰভুৱে কৈছে যে

"প্ৰকৃতিৰ তিনিটা ৰূপৰ ভিতৰত এটা পথ নিৰ্বাচন কৰিব লগা হয়। ব্যক্তিয়ে যি নিৰ্বাচন কৰে তেওঁৰ বিশ্বাসো তেনেকুৱা হৈ যায়।"

সৰ্বপ্ৰথমে মনুষ্যক ঈশ্বৰৰ প্ৰতি বিশ্বাস ৰাখিব লাগে। এইটো বিশ্বাস নিষ্পক্ষ তথা বিনা চুক্তিৰ হ'ব লাগে। যেতিয়া ঈশ্বৰক বিশ্বাস ৰাখিব তেতিয়া তেওঁৰ কোৱা মাৰ্গত চলিব তেতিয়া আত্মবিশ্বাস আৰু প্ৰখৰ হ'ব। মোৰ বিশ্বা হৈছে যে আপুনি এতিয়ালৈকে ঈশ্বৰ আৰু প্ৰকৃতিৰ বিষয়ে জানিলে। জীৱনত আগবাঢ়িবৰ বাবে আপুনি প্ৰাকৃতিক নিয়মক স্বীকাৰ কৰিব লাগিব।

চতুৰ্থ অধ্যায়ৰ শ্লোক সংখ্যা 40 ত প্ৰভুৱে কয় -

"ভগৱত-বিষয়ক জনা তথা শ্ৰদ্ধাৰহিত আৰু সংশয়যুক্ত পুৰুষে পৰমাৰ্থৰ পৰা ভ্ৰষ্ট হৈ যায়। তাতো সংশয়যুক্ত পুৰুষৰ বাবে এইটো লোকো নহয় পৰালোকো নহয়।

প্ৰভুৱে স্পষ্ট ৰূপেৰে কয় যে যদি আপুনি সংশয়ত থাকে তেতিয়া কেতিয়াও প্ৰসন্নতাৰ অনুভৱ কৰিব নোৱাৰে। এই সংসাৰত প্ৰত্যেক

ব্যক্তিয়ে প্ৰসন্নতাৰ বাবে প্ৰয়াসৰত। প্ৰত্যেক ব্যক্তিয়ে প্ৰসন্ন হৈ থাকিবলৈ চিন্তা আনি লয়। এনেকুৱা সেইকাৰণে হয় কাৰণ তেওঁ নিজৰ বাবে আনৰ ওপৰত বিশ্বাস নকৰে। তেওঁৰ এই মানসিকতাৰ কাৰণে তেওঁ প্ৰসন্নতাৰ বাবে তৎপৰ হৈ থাকে। এই সংসাৰত চাৰিওফালে ইমান ভ্ৰম আছে যে মনুষ্যই কাৰোৰে ওপৰত বিশ্বাস কৰিব নোৱাৰে। যদি কোনোবাই সহজ ভাৱেৰে আনক সহায় কৰিব বিচাৰে তেতিয়া তেওঁক সন্দেৰ চকুৰে চাই। বৰ্তমান সংসাৰৰ পৰা যোগাত্মক বিশ্বাস লুপ্ত হৈ গৈছে। মনুষ্যৰ দশা নিৰন্তৰে সুচনীয়া হৈ গৈ আছে।

নিম্নলিখিত অধ্যায় 16 ত শ্লোকৰ মাধ্যমেৰে প্ৰভুৱে স্পষ্ট কৰিছে যে তামসিক (অসুৰী) প্ৰবৃত্তিৰ লোকৰ ব্যৱহাৰ কেনেকুৱা হয়।

"অসুৰী স্বভাৱৰ মনুষ্যই কৰ্তব্য কাৰ্যত প্ৰবৃত্তি হোৱা তথা অকৰ্তব্যৰ পৰা নিবৃত্তি হোৱাও নাজানে। তেওঁৰ বাহিৰ-ভিতৰত কোনো শুদ্ধি নাই, কোনো শ্ৰেষ্ঠ আচৰণ নাই আৰু সত্যভাষণ নাই। তেওঁ কয় যে এইটো আশ্ৰয়ৰহিত তথা মিছা সংসাৰ ঈশ্বৰৰ বিনা স্ত্ৰী-পুৰুষৰ সংযোগেৰে উৎপন্ন হয়। গতিকে ভোগকে ভোগিব লাগে। (7-8)

"তেওঁ মৰণপৰ্যায় অন্তত চিন্তাৰ আশ্ৰম কৰে তথা বিষয়ভোগক ভোগাত আনন্দমগ্ন হৈ থাকে। গতিকে আশাৰূপী এশটা ফাচিৰে বন্ধা কাম-ক্ৰোধৰ পৰায়ণ তথা বিষয়-ভোগৰ পূৰ্তিৰ বাবে ধন আদি পদাৰ্থৰ সংগ্ৰহ কৰিবলৈ চেষ্টা কৰে।" (1-12)

"এই পুৰুষৰ বিচাৰ এই ধৰণে হয় যে আজি মই এইটোক পালো, এতিয়া এই মনোৰথক পাম। মোৰ ওচৰত ধন আছে যিটো ভৱিষ্যতে আৰু অধিক হ'ব।

সকলো শত্ৰু মোৰ দ্বাৰা মৰি গ'ল। মই ঈশ্বৰ তথা ঐশ্বৰ্যক ভোগ কৰিম তথা সকলো সিদ্ধিৰে যুক্ত বলৱান আৰু সুখী হয়।

মইবহুত ধানৱান তথা কুটুম্বৰ হয় তথা মোৰ সমান অন্য কোনো নাই। মই যজ্ঞ কৰিম, দান দি প্ৰসন্ন তথা হৰ্ষক প্ৰাপ্ত কৰিম, এই ধৰণৰ অজ্ঞানৰ পৰা মোহিত হয়।" (13-15)

"এনেকুৱা সেই দ্বেষ কৰা অত্যাচাৰী, ক্ৰূৰকৰ্মী তথা পাপিক মই সংসাৰত বাৰম্বাৰে অসুৰী যোনিত পেলাই দিওঁ অৰ্থাৎ শুকৰ, কুকৰ আদি নীচ যোনিত উৎপন্ন কৰো।" (19)

যেনেদৰে আপুনি উক্ত শ্লোকত দেখিলে, অসুৰী প্ৰবৃতিৰ লোকে জীৱনত সদায় নীচ কৰ্ম কৰে তথা ভৌতিক আৰু আধ্যাত্মিক ৰূপেৰে ৰসতালক প্ৰাপ্ত কৰে। ইয়ালৈকে যে তেওঁ অহা জনমতো দণ্ড পাই তথা হীন বিশেষতাৰে যুক্ত হয় কাৰণ তেওঁৰ পূৰ্বজমটো তেওঁৰ কৃত্য

ঈশ্বৰ তথা প্ৰাকৃতিক নিয়মৰ বিৰুদ্ধে আছিল। যেতিয়া এনেকুৱা ব্যক্তিয়ে ঈশ্বৰৰ অস্তিত্বত শংকা ৰাখে তেতিয়া তেওঁৰ পৰা প্ৰাকৃতিক নিয়মৰ পালনৰ উপেক্ষা কেনেকৈ কৰিব পৰা যাব? আজি তেওঁৰ ব্যক্তি সংঘৰ্ষৰত হয় কাৰণ তেওঁ অজ্ঞানৰ অন্ধকাৰত হেৰুৱাই থাকে। তেওঁ জ্ঞান পাব নোৱাৰে আৰু তেওঁৰ বাবে কোনো প্ৰয়াস কৰে। প্ৰভুৱে কয় -

"হে অৰ্জুন! দেৱ তথা অসুৰী সম্পদা প্ৰাপ্ত ব্যক্তিৰ লক্ষণ তোমাক কওঁ। দৈৱীয় সম্পদাৰে যুক্ত ব্যক্তিত ভয়ৰ অভাৱ, আন্তৰিক স্বচ্ছতা, তত্ত্ব জ্ঞানৰ বাবে নিৰন্তৰে ধ্যানযোগত দৃঢ় স্হিতি, সাত্ত্বিক দান, ইন্দ্ৰিয়ৰ দমন, ভগৱত পূজা, অগ্নিহোত্ৰী, বেদ-শাস্ত্ৰৰ পাঠ-পাঠন স্বধৰ্মপালনৰ বাবে কস্ট সহ্য কৰা তথা অন্তঃকৰণৰ সৰলতা, মন, বাণী তথা শৰীৰক কোনো কস্ট নিদিয়া, যথাৰ্থ আৰু প্ৰিয় ভাষণ, উপকাৰ কৰা ব্যক্তিয়ে কেতিয়াও ক্ৰোধিত নহয়, কৰ্মক কৰাত অভিমাণৰ ত্যাগ, নিন্দা অদি নকৰা, আশক্তি নহয় তথা আচৰণত লজ্জা তথা চেস্টাৰ অভাৱ অদি পোৱা যায়।

হে পাৰ্থ! পাখণ্ড, অহংকাৰ, অভিমান তথা ক্ৰোধ আৰু কঠোৰ বাণী আৰু অজ্ঞান অসুৰী সম্পদাক প্ৰাপ্ত পুৰুষৰ লক্ষণ হয়।

গতিকে জীৱনত ভালদৰে জীয়াই থাকিবৰ বাবে আপুনি (1-3) ঈশ্বৰ প্ৰদত্ত বিধানৰ পালন কৰিব লাগিব। য'ত কৰ্তব্য, বিশ্বাস, আত্মবিশ্বাস ভয়ৰ অভাৱ, দৃঢ়তা তথা একাগ্ৰতা আদি গুণ সন্মিলিত থাকে।

আত্মবিশ্বাস

বিশ্বাসেই আত্মবিশ্বাসৰ মূলভূত আধাৰ হয়। আমি বিশ্বাস তথা আত্মবিশ্বাস যেনেদৰে বিশেষতাৰ লগত জন্ম হওঁ, কিন্তু নিৰন্তৰে সামাজিক প্ৰভাৱৰ কাৰণে এই দুটা দবি যায়। আজিকালী প্ৰায়ঃ 'আত্মবিশ্বাস' শব্দৰ প্ৰয়োগ কৰা যায়। এইটো কোনো ব্যক্তিৰ ব্যক্তিত্বক চিনি পোৱাৰ বেৰোমিটাৰ মানা যায়। প্ৰত্যেক ব্যক্তিয়ে আত্মবিশ্বাসৰ স্তৰত বৃদ্ধি হ'ব বিচাৰে কিন্তু প্ৰশ্ন এইটো হয় যে এইটোক কেনেকৈ বঢ়োৱা যায়? যদি আপুনি মস্তিস্কক নিয়ন্ত্ৰিত কৰি যোগাত্মক চিন্তন কৰি লব তেতিয়া নিশ্চিয় আপোনাৰ বিশ্বাস দৃঢ় হ'ব তথা আত্মবিশ্বাসৰ স্তৰত বৃদ্ধি হ'ব। আৰু কিছুমান উপায়ো আছে, যাৰ পালনৰ পৰা আপোনাৰ লাভ হ'ব পাৰে।

বিক্ৰীৰ ক্ষেত্ৰত, যি কোনো উৎপাদ বিক্ৰেতাৰ নিজৰ উৎপাদত পুৰা ৰুচি তথা বিশ্বাস থকাটো আৱশ্যক হয়। এইদৰে আপুনি সংসাৰত

যি কৰিব বিচাৰে, তাৰ ওপৰত বিচাৰৰ প্ৰতি বিশ্বাস শক্তিশালী হয়। বিশ্বাসৰ অৰ্থআপুনি যি কাৰ্য কৰিব, সৰল হওক বা কঠিন, বিজয়শ্ৰী আপোনাৰ হ'ব। আপুনি এনেকুৱা একো নকৰিব যৰ পৰা আপোনাৰ বাব আনৰ লোকচান হয়। আপোনাৰ দ্বাৰা কৰা কাৰ্য ঈশ্বৰৰ দ্বাৰা প্ৰশংসা কৰা যাব।

এনে কব গ'লে গোটেই সংসাৰ বুদ্ধিমান হয় কিন্তু যেতিয়া কোনো উৎপাদ বিক্ৰেতা পুৰা আত্মবিশ্বাসেৰে নিজৰ বেয়া উৎপাদৰ প্ৰচাৰ কৰে তেতিয়া ধৰক সকলোৱে ক'লা হৈ যায়। যদি মিছা প্ৰচাৰ কৰা বিক্ৰেতা তথা কোম্পানীয়ে নিজৰ দোষৰ দন্ড পাই। কেতিয়াবা এনেকুৱা হয় যে এটা ভাল উৎপাদে ভাল প্ৰচাৰৰ অভাৱত বিক্ৰী হ'ব নোৱাৰে।

বিশ্বাসত বৃদ্ধি

আৰামত বহক, ৰাতিপুৱাৰ সময় ভাল হ'ব কাৰণ সেই সময়ত আপোনাৰ মস্তিস্কই আলফা অৱস্হাত থাকে। আপোনাৰ মুঠি বন্ধ হয়, চকু বন্ধ কৰি কল্পনা কৰক যে আপুনি আত্মবিশ্বাসেৰে আপোনাৰ জেষ্ঠৰ লগত কথা পাতিছে। আপুনি মুখৰ পৰা শব্দ তথাবাক্যৰ সহজ সংপ্ৰেষণ কৰিছে। আপোনাৰ শৰীৰ সহজ হয় তথা সংপ্ৰেষণটো পুৰা সহায় কৰিব। এতিয়া লাহে লাহে চকু খোলক আৰু পাচ চেকেন্ডলৈকে আপোনাৰ মুঠিক চাওক। এতিয়া আকৌ চকু বন্ধ কৰি কল্পনা কৰক যে আপুনি আত্মবিশ্বাসেৰে দমক হৈ আছে, দুই মিনিটলৈকে ইয়াৰ মানসিক চিত্ৰণ কৰক তাৰ পিছত চকু খুলক আৰু 10 চেকেন্ডলৈকে মুঠিক চাওক। এতিয়া আকৌ চকু বন্ধ কৰি মানসিক চিত্ৰণ কৰক যে আপুনি আত্মবিশ্বাসেৰে ভৰপুৰ হৈ আছে তথা প্ৰত্যেক প্ৰশ্নৰ সঠিক উত্তৰ দি আছে। এতিয়া 2 মিনিট পিছত আকৌ চকু খোলক আৰু আপোনাৰ মুঠিক 20 চেকেন্ডলৈকে চাই থাকক। এই অভ্যাসক 21 দিনলৈকে কৰক।

যেতিয়াই আত্মবিশ্বাসত অভাৱ আহে বা সমস্যাৰ সমাধানত সন্দেহ উৎপন্ন হয়, আপোনাৰ মুঠিৰ ফালে চাব তেতিয়া সেই সকলো যোগাত্মক মনোভাৱ মনলৈ আহি যাব, সেই সকলো আত্মবিশ্বাসেৰে ভৰপুৰ ক্ষণো সম্মুখলৈ আহিব, যিটো আপুনি চকু বন্ধ কৰি চাই আছিল। পৰিণামত আপুনি এবাৰ আকৌ আত্মবিশ্বাসেৰে ভৰপুৰ হৈ উঠিব।

নিজকে নিম্নলিখিত বাক্য নিশ্চয় কওক -

→ *মোক ঈশ্বৰ তথা তেওঁৰ দ্বাৰা বনোৱা নিয়মত পুৰা বিশ্বাস আছে গতিকে মই দৃঢ় সংকল্প আৰু আস্হাৰ লগত সেই নিয়মৰ পালন*

কৰিম তথা কঠিন পৰিস্থিতিটো তেওঁক ত্যাগ নকৰো। এই বিলাক কৰিবলৈ মোৰ ওচৰত ভৰপুৰ শক্তিৰ শ্ৰোত আছে।

→ *সফল বনিবৰ বাবে মই প্ৰত্যেক ব্যক্তিক সমান ভাৱেৰে চাওঁ, কাৰণ ঈশ্বৰে প্ৰত্যেক ব্যক্তিক বনাইছে। যদি মই তেওঁৰ অপমান কৰিম তেতিয়া তেওঁৰ লগত মোৰো নিৰাদৰ হ'ব। মই ধনী, নিৰ্ধন, মিত্ৰ, শত্ৰু, আত্মীয় তথা অচিনাকিৰ লগত একে ব্যৱহাৰ কৰিম তথা মোৰ ওচৰত এনেকুৱা কৰাৰ ভৰপুৰ শক্তি আছে।*

→ *মই প্ৰত্যেক মাহত পাচজন নতুন মিত্ৰ নিশ্চয় বনাম, মই জানো যে মোৰ এনেকুৱা কৰাৰ সামৰ্থ্য আছে।*

→ *মই মোৰ ভিতৰত মানৱতাৰ প্ৰতি প্ৰেম সৃষ্টি কৰিম। স্বাৰ্থ, ঈৰ্ষা, ঘৃণা তথা ক্ৰোধ আৰু ত্যাগ কৰিম। মই জানো যে মোৰ ভিতৰত ইমান শক্তি আছে।*

→ *মই প্ৰতিদিনে পোন্ধৰ মিনিটলৈকে প্ৰাৰ্থনা কৰিম। মই পূৰ্ণ একাগ্ৰতাৰে প্ৰাৰ্থনা কৰি ঈশ্বৰৰ মাৰ্গদৰ্শম লম, ভৱিষ্যতৰ পৰতি কল্পনা কৰিম তথা মোৰ বাধাৰ পৰা মুক্তি পাম। মই জানো যে মই এনেকুৱা কৰিব পাৰিম।*

→ *মাই জানো যে মোৰ অৱচেতন মস্তিস্কক যোগাত্মক বিচাৰৰ বাবে প্ৰোৎসাহিত কৰিব লাগিব। গতিকে মই মোৰ মস্তিস্কক যোগাত্মক বিচাৰেৰে ভৰাই দিম তথা অনুচিত নকৰিম, মই জানো যে মই এইটো সকলো কৰিব পাৰিম।*

দৃঢ়তা

যেতিয়া 'ডি ৱিট ৱালেচ' নামৰ ব্যক্তিয়ে নিজৰ পত্ৰিকা আৰম্ভ কৰে তেতিয়া তেওঁ কল্পনালৈ কৰা নছিল যে তেওঁ পত্ৰিকা 170 তকৈ দেশত গৈ পাব তথা এক মাহত ত্ৰিশ কোটিতকৈ অধিক প্ৰতি বিক্ৰী হ'ব তথা এইটো তেৰটাতকৈ অধিক ভাষাত ছপা হ'ব। যদি তেওঁ নিজৰ কাৰ্যৰ প্ৰতি দৃঢ় প্ৰতিজ্ঞা নোলাহেঁতেন এনেকুৱা কেতিয়াও নহলহেঁতেন। এই পত্ৰিকাৰ আৰম্ভ সেই দিনত হয় যেতিয়া শ্ৰী ৱালচ, 1918 ত এজন ফৌজী হস্পিতেলত সবাস্থ্য লাভ কৰি আছিল। তাত তেওঁ অনেক পত্ৰিকা পঢ়ে। তেওঁ পাই যে লিখনি আৱশ্যকতাতকৈ অধিক দাঙৰ আছিল। তেওঁ লিখনিক সংক্ষিপ্ত ৰূপ দিয়া আৰম্ভ কৰি দিয়ে। হস্পিতেলৰ পৰা ঘূৰি যোৱাৰ পিছত তেওঁ কিছুমান লিখনি প্ৰকাশৰ ওচৰলৈ নমুনাৰ ৰূপত পঠিয়াই দিয়ে। তেওঁ কয় যে তেওঁ গোটেই

কিতাপ সেই প্ৰকাশকক দিব যি তেওঁক ইয়াত সম্পাদকৰ ৰূপত নিৰ্বাচন কৰিব।কেৱল এটা প্ৰকাশকক সামগ্ৰী দিয়ে, কিন্তু তেওঁও এইটো কয় যে বিতৰণ ত্ৰিশ হাজাৰতকৈ অধিক হ'ব নোৱাৰে, গতিকে তেওঁৰ বাবে সৰু প্ৰজেক্ট আছিল।

ৱালচে এইটো শুনি নিৰুৎসাহিত হৈ উঠে কিন্তু নিজৰ বিচাৰৰ পৰা তেওঁ এটা খোজ হিলা নাছিল। তেতিয়া তেওঁ লীলা বেলক লগ পাই। তেওঁ বিভিন্ন প্ৰকাশকক নিজৰ প্ৰস্তাৱ পঠিয়াই দিয়ে। 1921 চনত তেওঁ লীলাৰ লগত বিবাহ কৰে তথা ফুৰিবলৈ গুচি যায়।

যেতিয়া তেওঁ ঘূৰি আহে তেতিয়া বহুত অধিক পত্ৰ তেওঁৰ অপেক্ষাত আছিল। তেওঁৰ ওপৰত আগতো বহুত ধাৰ আছিল কিন্তু তেওঁ আৰু ধাৰ লয় তথা প্ৰথম সংস্কৰণৰ পাচ হাজাৰ প্ৰতিৰ মাল প্ৰস্তুত কৰে 1922 ৰ ফেব্ৰুৱাৰীত প্ৰথম সংস্কৰণ প্ৰকাশিত হয় কিন্তু ইয়াৰ পিছৰ সংস্কৰণৰ বাবে পৰ্যাপ্ত ধন কত আছিল ? লীলাৰ বেতনৰ পৰা ঘৰৰ ভাড়াত গুচি যাব ধৰে। তেওঁ এটা কোঠা ভাড়াত দি দিয়ে তথা ভাড়াত থকা লোকৰ লগত পাকঘৰ আৰু স্নানঘৰ ভাগ কৰে কিন্তু তথাপিও তেওঁ সেই পত্ৰিকাৰ ধাৰ পৰিশোধ কৰিব পৰা নাছিল, যাৰ পৰা লিখনি লোৱা গৈছিল। ৱালচে এখন গ্ৰন্থালয়ত চাকৰি কৰিব ধৰে। তেওঁ কঠোৰ পৰিশ্ৰমেৰে লিখনিৰ কাৰ্যত লাগি যায়। তেওঁৰ শৰীৰৰ অংগ অংগ ভাগৰেৰে চুৰ-মাৰ হৈ যায়। কিছু দিনত পত্ৰিকাৰ প্ৰসাৰ তীব্ৰ গতিত বাঢ়িলে। 1926 চনত এইটো সংখ্যা 50,000 আছিল যিটো 1929 লৈকে 2,28,000 হৈ যায়। এই পত্ৰিকা ক নাম আছিল 'ৰিডাৰ্চ ডাইজেস্ট'।

অনেক সমস্যা, তথা ধাৰৰ স্বত্তেও দম্তিয়ে নিজৰ সপোনক পুৰা কৰি দিয়ে তথা প্ৰভুৰ পৰা সফলতা ৰূপী প্ৰসাদ পায়।

অধিকতৰ লোকেন জীৱনত সেইকাৰণে অসফল নহয় যে তেওঁৰ ওচৰত ভাল চাকৰি নাই বা আত্মবিশ্বাসৰ অভাৱ আছে বৰং তেওঁৰ ওচৰত ধৈৰ্যৰ অভাৱ আছে। তীব্ৰ গতিত চলি থকা সংসাৰৰ লোকে তীব্ৰ গতিৰে গতিশীল কৰিব বিচাৰে। চাৰিওফালে অস্বস্থ্য প্ৰতিস্পৰ্ধা আৰু অসন্তুষ্টি বিয়পি পৰিছে। মানুহৰ মনোবৃত্তি অলপ একেুৱাই হয় যে তেওঁলোকে সমাজৰ ভাল কৰিব নিবিচাৰে, কেৱল আনতকৈ ওপৰলৈ গৈ পাব বিচাৰে যাতে তেওঁক তলৰ চকুৰে চাব পাৰে। তেওঁ আকৰ্ষণৰ কেন্দ্ৰবিন্দু বনিব বিচাৰে যাতে আনে তেওঁ ঈৰ্ষা কৰিব পাৰে যেতিয়া মানুহে ইমান ঋণাত্মকতা মনোস্থিতি আৰু ব্যৱহাৰৰ লগত কাম কৰে তেতিয়া প্ৰকৃতিৰ নিয়মে তেওঁক সফলতাৰ বৰদান কেনেকৈ দিব পাৰে ? এইটো অসম্ভৱ হয় আৰু এনেকুৱা লোকে ধনী হ'বৰ বাবে

ৰাতিৰ ভিতৰ নিজৰ চাকৰি পৰিৱৰ্তন কৰি থাকে। তেওঁলোকে কোনো এটা ঠাইত ভালদৰে টিকি থাকি কাম কৰিব নোৱাৰে, পাৰিশ্ৰমিক বা বেতনত অলপো বৃদ্ধিৰ আভাস পাই, তেওঁলোকে অন্য ঠাইত কাম কৰিবলৈ দৌৰি যায়। ধৈৰ্যই সফলতাৰ পুঁজী হয়।

থমাচ এডিচনে বিজুলীৰে জলা বাল্বৰ আৱিস্কাৰ কৰাৰ পূৰ্বে দহ হাজাৰ বাৰ অসফল হয় কিন্তু বৰ্তমানত, আমি যি কোনো স্তৰত, ইয়ালৈকে এবাৰো আমাৰ অসফলতাক স্বীকাৰ কৰিবলৈ প্ৰস্তুত নহওঁ। প্ৰতিস্পৰ্ধাৰ অৰ্থ কোনো 'গতি' নহয়। বহুতৰ বাবে এইটো স্বাস্থ্য হয় আৰু তেওঁলোকে অনক প্ৰতিস্পৰ্ধাৰ স্বত্তেও সফল হয়। এইটো সেই লোক হয়, যি অসফলতাৰ পৰা হাৰ নামানে আৰু নিজৰ জীৱিকাৰ উন্নতিৰ বাবে বহুত সময় দিয়ে, তেওঁলোকে ৰাস্তালৈ অহা অসফলতাক বাহাদুৰেৰে আৰু প্ৰসন্নতাৰে সম্মুখিন কৰে।

নিজৰ কাম বন্ধ কৰাৰ পৰিৱৰ্তে পুৰা সাহসেৰে যুজক। তাতে আকৌ অন্য ফালে, আপুনি ধ্যান দিয়ক যে অসফল ব্যক্তিয়ে একেলেথাৰিয়ে নিজৰ ব্যৱসায়ক পৰিৱৰ্তন কৰি থাকে, এই সুবিধাবাদীৰ বাবে ধন উপাৰ্জন কৰাই জীৱনৰ সকলোতকৈ দাঙৰ উদ্দেশ্য হয়। তেওঁলোকৰ অনুভৱ নহয় যে আনক কোনো ব্যৱসায়ত ভালদৰে উপাৰ্জন কৰা দেখি লালস আৰু সেইটো কাম আৰম্ভ কৰাৰ অৰ্থ হ'ল সেইটো পৰ্যায়েৰে আৰম্ভ কৰিব লাগিব আৰু যি কোনো পিছৰ ক্ষেত্ৰৰ 25ঝ তকৈ অধিক অনুভৱ কামত নাহিব। যেতিয়ালৈকে এই ক্ষেত্ৰৰ সকলো তথ্য লব, তেতিয়ালৈকে আৰু অন্য নতুন উদ্যমিয়া আহি যোৱাত প্ৰতিযোগীতা কঠিন হৈ যাব। পৰিণামত, উৎপাদনত বৃদ্ধি আৰু বিচৰাত কম হোৱাত উৎপাদকৰ বিক্ৰী আৰু লাভ কমি যায়। অৱস্হা ইমান বেয়া হৈ যাব যে এই লোকসকলে আকৌ কোনো লাভৰ ধান্ধাক বিচৰাত দৌৰি থাকে। এইটোৱেই কাৰণ হয় যে তেওঁলোকে জীৱনত কেতিয়াও সফল তথা সন্তুষ্ট হ'ব নোৱাৰে আৰু লাহে লাহে দেৱলীয়া হৈ যায়।

তলত কিছুমান কাৰণ দিয়া গৈছে, এইটো কাৰণে তেওঁলোকে কোনো স্হানত টিকি থাকি কাৰ্য কৰিব নোৱাৰে।

নিৰ্ণয় স্হগিত কৰা - সাহসৰ অভাৱ তথা বিপদক সহ্য কৰাৰ ক্ষমতা নথকাৰ কাৰণে মানুহে নিজৰ নিৰ্ণয় স্হগিত কৰে। সঠিক আৰু উচিত নিৰ্ণয় লোৱাৰ ক্ষমতাৰ অভাৱত তেওঁলোকৰ হানি হয় তথা ব্যৱসায় বন্ধ কৰিবলৈ বাধ্যত পৰি যায়। তেতিয়াও তেওঁলোকে অনুভৱ নকৰে যে জীৱনত সেই নিৰ্ণয়ৰ কাৰণে উথল-পুথল আহে যিটো তেওঁলোকে ভালদৰে পিছোৱাই দিয়ে যাতে তেওঁলোকে কোনো নতুন

অনুভৱৰ কাৰণে প্ৰস্তুত নাথাকে আৰু অনুভৱৰ বিনা জীৱনত একো পাব নোৱাৰে।

চুক্তি - মানুহে প্ৰায় নিজৰ কাৰ্যক প্ৰাথমিকতা নিদিয়ে কাৰণ তেওঁ পাহৰি যায় যে "কৰ্মই পূজা হয়।" তেওঁ নিজৰ কামৰ লগত চুক্তি কৰি ব্যক্তিগত তথা সামাজিক জীৱনত ব্যস্ত হৈ গৈ থাকে, তাৰ পৰিণাম আৰু সুখৰ ওপৰত ভিতৰে ভিতৰে ধ্যান লগাই থাকে। লাহে লাহে তেওঁ সেই প্ৰক্ৰিয়াৰ ওপৰত কেন্দ্ৰিত হ'ব নোৱাৰে, যিটো তেওঁক এই পৰিণামলৈ লৈ গৈছিল। কিছু সময় পিছত সেইটো প্ৰক্ৰিয়া, এটা আৱশ্যকতা নহয়, বোজা যেন লাগি যায়।

ৰুচিৰ অভাৱ - কেতিয়াবা তেওঁ কাৰ্যত একেবাৰে ৰুচি লব নোৱাৰে। কাৰণ তেওঁ কেৱল ধনকেই নিজৰ লক্ষ্য বুলি মানে। গতিকে তেওঁ একাগ্ৰ কেনেকৈ হ'ব পাৰিব। গতিকে কিছু সময় পিছত তেওঁও পিছ হুহুকি যায়। নিজৰ বিচাৰৰ পৰা সংঘৰ্ষৰ কাৰণে ৰুচিৰ অভাৱ সৃষ্টি হয়। তেওঁ এবাৰতে কোনা কাম কৰিব বিচাৰে আৰু কতো গৈ পাব নোৱাৰে। তেওঁ সুযোগেৰে নিজৰ ৰুচিও পৰিৱৰ্তন কৰে, তেওঁ অনুভৱ নকৰে যে কোনো এনেকুৱা ব্যৱসায় নাই, যৰ পৰা ধন উৎপন্ন নহয়।

অপগ্ৰতিশীল - ব্যক্তিয়ে একো কাৰ্য নকৰাকে সকলো পাব বিচাৰে। এইটো এক সামান্য ব্যৱহাৰ বনি যায়। অপ্ৰগতিশীল ব্যক্তিয়ে কেৱল সপোনতে থাকে বা তেওঁ ভাৱে যে তেওঁ কাৰ্যৰ বাবে যোগ্য নহয় অথবা ভাৱে যে যদি ভাগ্যত সফলতা লিখা আছে তেতিয়া তেওঁ সেইটো নিজে পাই যাব। এইটো ব্যৱহাৰৰ বাবে তেওঁ বাহান বনাব লাগে, এইটোক তেওঁ নিজৰ প্ৰগতিৰ ৰাস্তাত সত্য বাধা বুলি ভাৱিব ধৰে আৰু পৰাজয় হৈ সকলো বস্তু এৰি দিয়ে।

এনেকুৱা ব্যক্তিও নিম্ন উপায় প্ৰয়োগ কৰি অটল প্ৰতিজ্ঞ বনিব পাৰে।

1. **পূৰ্ণ ৰুচিযুক্ত নিয়োজন** - তেওঁৰ ওচৰত এক উচিত যোজনা থাকিব লাগে তথা আপুনি আপোনাৰ কামত লাগি থাকিব লাগে। আপুনি আপোনাৰ কামত ৰুচি লগোৱাটো বেছি ভাল হ'ব। যদি কোনো ব্যক্তিয়ে ঘৰত ঘৰচীয়া জন্তু ৰাখিব লয় তেতিয়া সেই জন্তুৰ লগত প্ৰেম ভাৱ থাকে, এইদৰে কামো ব্যক্তিৰ আজীৱিকাৰ শ্ৰোত হয়, ব্যক্তিয়ে প্ৰতিদিনে তাৰ ওপৰত 8-10 ঘণ্টা কেন্দ্ৰিত কৰে, সপ্তাহত 5-6 দিন তাৰ লগত কটাই, গতিকে তাৰ প্ৰতিও ব্যক্তিৰ প্ৰেম ভাৱ থাকে। অপৱাদ কেৱল এইটো হয় যে ব্যক্তিয়ে তাৰ

বাবে একেবাৰে প্ৰতবদ্ধ হৈ নাথাকে বা জাবিুজি নিজকে তাৰ পৰা দৰত ৰাখে।

2. **ঋণাত্মক বিচাৰ তথা মানুহৰ পৰা সাৱাধানে থাকক** - আপুনিও অনুভৱ কৰিছে বোধহয় যে ঋণাত্মক বিচাৰক নিৰুৎসাহিত কৰাত কিমান যে মহত্তপূৰ্ণ হ'ব পাৰে, কাৰণ সেইটোৱে আপোনাৰ কামত বাধা দিয়ে। ঋণাত্মক বিচাৰে জীৱনত কিবা কৰিব বিচৰা লোকক ভয়ভীত কৰি দিয়ে। ঋণাত্মক মানসিকাতৰ লোকে লোকে নিজে পোৱা বিচাৰাকো নাকচ কৰি দিয়ে। গতিকে সদায় এনেকুৱা ব্যক্তিৰ পৰা পৰামৰ্শ লওক যি আপোনাক প্ৰেৰিত কৰিব পাৰে। তেওঁ আপোনাক ভৱিষ্যতত হ'বলগীয়া বিপদৰ পৰা সচেতন কৰিব তথা সমাধানো প্ৰস্তুত কৰিব।

3. **সাৱধানীৰ অতি** - সাৱাধান হৈ থকাটো ভাল কথা হয়, কিন্তু অলপ আৰু অধিক সাৱধান দুয়ো ঘাতক হ'ব পাৰে। কাৰ্যৰ প্ৰতি অধিক সজাগ নহ'ব। আনক গুৰুত্ব নিদিয়াকে বিনা গম্ভীৰতাপূৰ্বক কাৰ্য কৰক। বুদ্ধিমানীৰে নিৰ্ণয় লওক তথা নিজৰ ভিতৰত বিশ্বাস জগাই তুলক। অতি সজাগতাও আপোনাৰ নিৰ্ণয় ক্ষমতাক প্ৰভাৱিত কৰিব পাৰে, যৰ পৰা আপোনাৰ আত্মবিশ্বাস বাঢ়িব পাৰে।

ভয়

এইটোৱে ব্যক্তিৰ বিশ্বাসক একেবাৰ নষ্ট কৰি দিয়ে। এইটোৱে এজন ব্যক্তিক নিষ্ক্ৰিয় বনাব পাৰে। বহু বাৰ নিজৰ লোকক কোৱা শুনিছে বোধহয়- "মোৰ সেই সহানত ভয় লাগে, মই সেই স্হানত যাব নিবিচাৰো, মই কেতিয়াও ঘোঁড়াত নুঠো....আদি" কোনো ব্যক্তিয়ে বিবাহৰ পৰা ভয়ভীত হয় আৰু কোনো ব্যক্তিয়ে চাকিৰ হেৰুৱাৰ প্ৰতি চিন্তিত হৈ থাকে। চাৰিওফালে ইমান ভয় কিয় ? এইটো মনুষ্যক কেইবা প্ৰকাৰেৰে হানি কৰে। এইটোৱে মনুষ্যক অৱসাদ তথা নিৰাশাৰে ভৰাব পাৰে। মনুষ্যৰ ক্ষমতা কমি যায়। অনিদ্ৰা ৰোগে গ্ৰস্ত হ'ব ধৰে তথা প্ৰায় ভাল সুযোগক হেৰুৱাই দিয়ে। দুঃখ তথা অপ্ৰসন্নতা তেওঁলোকৰ লগত বনি থাকে। ভয়ে আপোনাক বিশ্বাস দিয়াই যে আপুনি সংসাৰত অকলে আছে তথা আপোনাৰ ৰক্ষক কোনো নাই। ভয়ৰ কাৰণে প্ৰভুত আস্হা বাঢ়ি যায় আৰু ব্যক্তিক চিন্তা তথা কষ্টযুক্ত জীৱন জীয়াবৰ বাবে বিৱশ হ'ব লগীয়া হয়। **মিল্টনৰ** অনুসাৰে -

"ভয় তথা আৱেগৰ মনঃস্হিতিৰ ওপৰত নিয়ন্ত্ৰণ পোৱাৰ সম্ৰাট হয়।"

ভয়ৰ প্ৰকাৰ ঃ মৃত্যু, বৃদ্ধ, নিৰ্ধনতা আলোচনা তথা ৰোগ

নিৰ্ধনতাৰ ভয় - নিৰ্ধনতাৰ ভয়েৰে পিড়িত ব্যক্তিয়ে সদায় সজাগ হৈ থাকে। তেওঁ সদায় নিজকে বচাবলৈ চেষ্টা কৰে। তেওঁ বিপদৰ সম্মুখিন হ'বলৈ ভয় কৰে তথা ভাৱনাৰে গ্ৰস্ত থাকে। তেওঁ সঠিক সময়ত কাৰ্য কৰিব নোৱাৰে কাৰণ তেওঁ কেৱল হানিৰ বিষয়ে ভাৱে। তেওঁ ভাৱে যে, তেওঁ পেট ভৰি ভোজন পোৱা নাই...। মই এটা চেনেলৰ ওপৰত প্ৰসিদ্ধ নেতা-নিৰ্দেশক শেখৰ কাপুৰৰ সাক্ষাতকাৰ শুনিছিলো। তেওঁ কৈছিল -

"ইয়াত কোনো সন্দেহ নাই যে মোৰ ওচৰত সকলো আছে কিন্তু তথাপিও মই কঠোৰ পৰিশ্ৰম কৰো কাৰণ মোৰ ভয় লাগে যে যদি মই কাম নকৰো তেতিয়া এদিন মই ভিক্ষাৰীৰ পংক্তিত পাই যাম।" যদি এজন সম্পন্ন ব্যক্তিয়ে নিৰ্ধনতাৰ ভয়েৰে পিড়িত হয় তেতিয়া সংসাৰৰ প্ৰত্যেক ব্যক্তিয়ে এনেয়ে ভয় কৰিব কিন্তু প্ৰশ্ন এইটো উঠে যে আপুনি ঈশ্বৰ তথা তেওঁৰ দ্বাৰা বনোৱা নিয়মত বিশ্বাস কিয় নকৰে? আপুনি নাভাৱেনে যে ঈশ্বৰ অপক্ষপাতী হয়? এনেকুৱা জনাসাধাৰণৰ বাবে চুক্তিয়েই সকলোতকৈ দাঙৰ বিশেষতা হয়। তেওঁ নাজানে যে এইটো সদায় কাৰগৰ নহয়। তেওঁ আনক তৰ্কৰ দ্বাৰা একো বুজাবলৈ চেষ্টা নকৰে। এনেকুৱা তেওঁৰ লগত ঘটিত হয়।

এনেকুৱা ব্যক্তি যি কোনো সিদ্ধান্ত লোৱা সময়ত এইটো মানি চলে যে তেওঁৰ সিদ্ধান্ত ভূল-হ'ব। তেওঁ প্ৰত্যেক কাৰ্যক সন্দেহৰ চকুৰে চাই তথা প্ৰত্যেক কৰ্মৰ বিষয়ে ভ্ৰমিত থাকে।

আলোচনাৰ ভয় - কিছুমান ব্যক্তিয়ে বহুত সময়লৈকে আত্ম-সজাগ হৈ থাকে। তেওঁ জীৱনৰ সৰু সৰু কথাৰ ওপৰত গভীৰ বিচাৰ কৰে। যদি তেওঁ আনক কিবা কব তেতিয়া তাৰ প্ৰতিক্ৰিয়া কি হ'ব।

"মই উক্ত ব্যক্তিক এনেকুৱা একো নকওঁ, যদি মই কওঁ তেতিয়া মই সম্ভৱতঃ তেওঁক হেৰুৱাই দিম।" তেওঁৰ কাৰ্যশীল মস্তিস্কই অনাৱশ্যক কথাৰ ওপৰত বিচাৰ কৰি থাকে। তেওঁ জানিবও নোৱাৰে যে এনেকুৱা ব্যৰ্থৰ কথা ভাৱিলে তেওঁৰ উৰ্জা কমি যাব কাৰণ তেওঁ সদায় আনৰ চকুত ভাল বনি থাকিব বিচাৰে।

এনেকুৱা ব্যক্তিত মহত্তকাংক্ষাৰ অভাৱ হয়। তেওঁ এইটো ভয়ে অশান্তি কৰে যে অন্য ব্যক্তিয়ে তেওঁক ভাল নাপায়। গতিকে এনেকুৱা ব্যক্তিৰ ব্যক্তিত্তও প্ৰভাৱিত নহয়। তেওঁ খীন-মিন, অন্তমুখী তথা ভাৱহীন জানিব পাৰে। এনেকুৱা ব্যক্তি নিজকে নষ্ট কৰিবলৈ বেছি সময় নালাগে।

তেওঁ সদায় সমজৰ শ্ৰেষ্ঠ ব্যক্তিৰ সম্পৰ্কত থাকিব বিচাৰে। ইয়াৰ পৰা তেওঁক আনন্দ পাই। এই আনন্দৰ প্ৰাপ্তিৰ বাবে তেওঁ মূৰ্খতাপূৰ্বক নিজৰ সময় তথা কাৰ্যৰ লগত চুক্তি কৰি থাকে। এনেকুৱা ব্যক্তি স্বাভিমানী নহয় কাৰণ তেওঁক লাগে যে তেওঁৰ স্বাভিমানত আঘাত পোৱা নাইতো। এইদৰে তেওঁৰ কল্পনাশক্তি আৰু মনুষ্যত্বও প্ৰায়ঃ নষ্ট হৈ যায়।

বেয়া স্বাস্থ্য তথা বুঢ় হোৱাৰ ভয় - কিছুমান ব্যক্তিয়ে সদায় এইটো মানি চলে যে তেওঁৰ স্বাসহ্য ঠিক নহয় তথা শৰীৰৰ আকৃতিও বিচিত্ৰ হয়। তেওঁ সদায় কাল্পনিক ৰোগেৰে গ্ৰস্ত হৈ থাকে তথা নিজৰ স্বাস্থ্যৰ বাবে চিন্তিত হৈ থাকে। যদি কোনো বেমাৰীৰৰ ওচৰত পাচটা-ছয়টা লক্ষণৰ ভিতৰত এটাও লক্ষণ তেওঁ নিজৰ ভিতৰত দেখা পাই, তেতিয়া তেওঁৰ পুৰা বিশ্বাস হয় যে তেওঁ সেই ৰোগেৰে গ্ৰস্ত থাকে আৰু তেওঁ সেই বিষয়ে ভাৱিব ধৰে। তেওঁ কেৱল চিকিৎসকৰ পৰামৰ্শৰ পৰাহে সান্তনা পাই। দুজন বা তিনিজন চিকিৎসকৰ পৰামৰ্শ নুলোৱাকেও তেওঁ শান্তি নাপাই। ব্যক্তিক 'সন্দেহ' নামৰ ৰোগত গ্ৰস্তৰ পৰা বাচিব লাগে। আপুনি জানে যে মনুষ্যৰ মস্তিস্কই যি ভাৱে, তাকেই পাই। ঠিক সেইদৰে যদি এজন ব্যক্তিয়ে যদি কোনো ৰোগ বিশেষৰ প্ৰতি সদায় চিন্তিত হৈ থাকে তেতিয়া এইটো বিচাৰধাৰ আগলৈ গৈ উক্ত ৰোগৰ কাৰণ বনিব পাৰে। সুনিশ্চিত কৰক যে আপুনি আপোনাৰ স্বাস্থ্যৰ বিষয়ে চিন্তা নকৰিব কাৰণ এনেকুৱা মানসিকতা আপোনাৰ কাৰ্যক্ষমতাকো বহুত বেয়াকে প্ৰভাৱিত কৰে।

বৃদ্ধাৱস্হাৰ আগমন হোৱাত মনুষ্যত হীনভাৱনা বিকশিত হ'ব ধৰে। পঞ্চাশ বৰ্ষৰ আয়ুসত তেওঁ এনে লাগে যে তেওঁৰ শৰীৰৰ ক্ষমতা, কোনো ক্ষেত্ৰৰ কাৰণে নহয় বৰং, আয়ুসৰ কাৰণে কমিছে। আমি সেই ডবা খেলুৱৈকসকলক দৃষ্টিপাত নকৰাকৈ থাকিব নালাগে, যি সত্তৰ বছৰ বয়সতো ব্যৱসায়িক ৰূপেৰে খেলে। বৃদ্ধাৱস্হা কেৱল আপোনাৰ মস্তিস্কত আছে। চুলি পকাৰ লগে লগে আপুনি নিজকে তথা আনকো প্ৰায় কয় যে আপুনি বুঢ়া হৈ গৈছে। অৱচেতন মস্তিস্কও নিৰন্তৰে এইটো বাক্য কৈ থাকে। পৰিণামতঃ মস্তিস্কই আপোনাক সেইটো বৃদ্ধাৱস্হা দি দিয়ে, যাৰ ভয়েৰে আপুনি পিড়িত হৈ আছিল। এইটো সেই ব্যক্তিৰ বাবে বাহানাও হয় যি জীৱনত একো বোজা লব নিবিচাৰে। তেওঁ তেওঁৰ উৰ্জান্বিত যুৱাৱস্হাত কয় যে যি কোনো বিশেষ কৰিবৰ বাবে তেওঁ অপৰিপক্ক তথা অনুভৱহীন হয়। প্ৰৌঢ়ৱস্হাত অনুভৱ হ'লেও তেওঁ উৰ্জাৰ অভাৱৰ কাৰণে যি কোনো দাঙৰ পৰিযোজনা হাতত নলয়। বৃদ্ধাৱস্হাত বাহানাৰ অভাৱ নাথাকে। এইদৰে তেওঁৰ

জীৱন নিৰৰ্থক হৈ যায়।

মৃত্যুৰ ভয় - সকলো আয়ু তথা লিংগৰ ব্যক্তি মৃত্যুৰ ভয়ত ভয়ভীত হৈ যায়। এনেকুৱা সেইকাৰণে হয় কাৰণ আমি সকলোৱে এই সংসাৰক এৰিব নিবিচাৰো, আমি নাজানো যে মৃত্যুৰ পিছত আমাৰ কি হ'ব? কিন্তু বাস্তৱিকতা এইটো হয় যে সৰু দাঙৰ অনেক ব্যক্তিও আজি আমাৰ মাজত নাই যিটো আজিৰ পৰা এশ বছৰ পূৰ্বে সংসাৰৰ ভাগ আছিল। এইটো বেয়া লোকৰ বাবে অভিশাপ তথা ভাল লোকৰ বাবে বৰদান হয় কাৰণ বেয়া লোকৰ বাবে আহ জনম বৰ্তমানতকৈ অধিক বেয়া হ'ব তথা ভাল লোক ভাল যোনিত জনম লব তথা ভাল জীৱন জীয়াই থাকিব পাৰিব।

অধ্যায় 6 ত শ্লোক সংখ্যা 41-42 ত প্ৰভুৱে কয় -

"নিৰাস পুৰুষ স্বৰ্গাদি উত্তম লোকক প্ৰাপ্ত কৰি, তাত বহুত বৰ্ষ লকে শুদ্ধ আচৰণৰ জ্ঞানী সৎপুৰুষৰ ঘৰত জন্ম লয় অথবা বৈৰাগ্যৱান পুৰুষে জ্ঞানৱান যোগীৰ কুলত জন্ম লয়।"

গতিকে স্পষ্ট হয় যে জীৱন এক সতত প্ৰক্ৰিয়া হয় তথা এইটো কোনো এজনৰ মৃত্যুত সমাপ্ত নহয়। আমি আমাৰ কৰ্মৰ আধাৰত তাৰ পৰা নতুন জীৱন আৰম্ভ কৰো, যৰ পৰা পুৰনা সমাপ্ত হৈছিল। এইটো সময়ৰ অন্তৰালত আমি নতুন শৰীৰ ধাৰণ কৰো। অজ্ঞানী জীৱনৰ চিন্তন কৰাৰ অপেক্ষা সদায় মৃত্যুৰ বিষয়ে ভাৱি থাকে, জীৱনত উদ্দেশ্যহীনতাই ইয়াৰ মুখ্য কাৰণ হয়।

একাগ্ৰতা

একাগ্ৰতাই আপোনাৰ বিশ্বাসক শক্তিশালী কৰে। একাগ্ৰতা আৰু বিশ্বাস পৰস্পৰে বৃদ্ধিত সহায় কৰে। মনুষ্যই নিজৰ ইচ্ছিত বস্তুৰ ওপৰত সহজতে একাগ্ৰ হ'ব পাৰে কিন্তু এইটো একাগ্ৰতা পৰ্যাপ্ত নহয় কাৰণ এই ইচ্ছিত মাৰ্গত যোৱাটোও সহজ নহয়।

মনে বিচৰা বস্তুৰ ওপৰত সম্পূৰ্ণ সংকল্পশক্তিৰে হোৱা বিচাৰৰ প্ৰৱাহেই একাগ্ৰতা হয়। ইয়াৰ পৰা আপোনাৰ সংকল্পশক্তি পূৰ্ণ হয়। যেতিয়া আপুনি ভৌতিক বস্তুৰ প্ৰাপ্তিৰ বাবে একাগ্ৰ হয় তেতিয়া ইন্দ্ৰিয় মস্তিস্কক নিয়ন্ত্ৰিত কৰে কিন্তু যেতিয়া আপুনি ইচ্ছা পুৰা কৰাৰ মাৰ্গত অগ্ৰসৰ হয় তেতিয়া আপোনাৰ মস্তিস্ক আৰু বুদ্ধিক নিয়ন্ত্ৰিত কৰিব লগীয়া হয়। ইয়াৰ অৰ্থ হ'ল আপুনি এবাৰ কঠোৰ পৰিশ্ৰম আৰু বিশ্বাসৰ লগত সঠিক পথৰ অনুসৰণ আৰম্ভ কৰি দিছে, তেতিয়া আপুনি সফল হ'ব। কেতিয়াবা কেতিয়াবা ইন্দ্ৰিয়ই পৰামৰ্শ

দিব ধৰে যে কামত আহিব লগা কালিলৈৰ ওপৰত এৰি, আৰাম কৰক। কাৰণ আপুনি কঠোৰ পৰিশ্ৰম কৰি আছে সেইকাৰণে আৰামৰ ইচছা থাকে। এইদৰে ইন্দ্ৰিয়ই আপোনাৰ একাগ্ৰতাক ভংগ কৰি কামৰ পৰা দূৰ লৈ যোৱাৰ লালস দিয়ে। যদি আপুনি তাৰ সন্মুখত সমৰ্পণ কৰি দিয়ে তেতিয়া ইচিছত সফলতা পোৱাৰ পৰা বিলম্ব হ'ব পাৰে বা আপুনি বাকী জীৱন এনেয়ে কটাব। অন্য ফালে যদি আপোনাৰ বুদ্ধিৰ লগ দিয়ে তেতিয়া আপুনি শীঘ্ৰে পূৰ্ণ একাগ্ৰতাৰে নিজৰ কামলৈ ঘূৰি যাব পাৰে।

আপোনাৰ একাগ্ৰতাক বঢ়াবৰ বাবে আপুনি আত্মনিয়ন্ত্ৰণৰ অভ্যাস কৰিব লাগে। ব্যৰ্থৰ কথা বতৰাৰে আপোনাৰ একাগ্ৰতা ভংগ হয় তথা মানসিক উৰ্জাৰ ক্ষয় হয়। উদ্দেশ্যহীন কাৰ্য, বিবাদ, মূৰ্খতাপূৰ্ণ কল্পনা, ৰুঢ়িবাদী ভয় তথা আনক দোষক উলিয়ালে আপোনাৰ হানি হয়। জীৱনত যি পাব বিচাৰে, নিয়ত সময় আৰু স্হানত তাৰ ওপৰত একাগ্ৰ হৈ থাকক। আপুনি ধ্যানৰ দ্বাৰা মানসিক একাগ্ৰতাক বৃদ্ধি কৰিব পাৰিব। একাগ্ৰ হোৱা সময়ত প্ৰত্যেক ব্যক্তিয়ে অধিক হেচা নিদিব তথা ধৈৰ্য ৰাখকক এই কাৰ্যৰ বাবে অধিক অভ্যাসৰ আৱশ্যক হ'ব। অনাশক্তি, ধ্যান তথা প্ৰভুৰ প্ৰতি প্ৰেমে আপোনাক একাগ্ৰতাৰ শক্তিক বঢ়াই। এইটো কাৰ্য সহজ নহয় কিন্তু অসম্ভৱো নহয়।

আপুনি ধ্যান দিছে ছাগে যে মনপছন্দ বিষয় অথবা কিতাপৰ ওপৰত আপোনাৰ ধ্যান শীঘ্ৰে একাগ্ৰ হৈ যায়। যদি বিষয় মনপছন্দ নহয় তেতিয়া একাগ্ৰতা শীঘ্ৰে ভংগ হৈ যায়। এইটো পোৱাৰ কোনো সহজ বিধি নাই কেৱল অভ্যাসৰ দ্বাৰা এইটোক প্ৰাপ্ত কৰিব পৰা যায়। যদি আৰম্ভণিত সফল নহয় তেতিয়াও হাৰ নামানিব, কাৰণ এইটো এনেকুৱা কাৰ্য হয় যিটোক আপুনি সজাগ অৱস্হাত প্ৰথম বাৰ আপুনি কৰিবলৈ গৈ আছে। মনত ৰাখিব যে আপোনাৰ কাৰ্যৰ পৰিৱেশ শান্ত তথা কোলাহলপূৰ্ণ নহয়। যদি আপুনি কোনো মিত্ৰক ফোন কৰিব বিচাৰে তেতিয়াহ'লে এইটো বিচাৰক মগজুত নাৰাখিব। তেওঁক ফোন কৰাৰ পিছত কাৰ্যক আৰম্ভ কৰক অন্যথা মিত্ৰক ফোন কৰাৰ বিচাৰে আপোনাৰ মস্তিস্কৰ একাগ্ৰতাক ভংগ কৰি থাকিব।

□□□

অধ্যায় - 6

মৃত্যুৰ পিছত জীৱন

জীৱিত মনুষ্যৰ ৰূপত, আমাৰ ওচৰত ইয়াতকৈ মহত্তপূৰ্ণ তথ্য একো নাই যে আমাৰ ওচৰত এনেকুৱা কিবা আছে, যৰ পৰা আমি 'আত্মা' ৰ ৰূপত বৰ্ণিত কৰিব পাৰে, যিটো আমাৰ শৰীৰৰ মৃত্যুৰ পিছটো সদায় বিদ্যমান হৈ থাকিব। ইয়াৰ বিনা আমাৰ অস্তিত্তৰ ব্যৰ্থ হয়, তাৰ পিছত এই কথাৰ পৰা একো অন্তৰ নপৰে যে আমি এক বছৰ জীয়াম অথবা কোটি বছৰ, বাস্তৱত ইয়াৰ নোহোৱাটোও অন্ততঃ ক্ৰূৰতা হয়।

প্ৰথমে যেতিয়া মই এই কিতাপখনক লিখিবলৈ আৰম্ভ কৰো তেতিয়া মই এই অধ্যায়ক অৰ্ন্তভুক্ত কৰিব বিচৰা নাছিলো। কিন্তু মই আকৌ ভাৱিলো যে এইটো অধ্যায় তেওঁৰ বাবে লাভদায়ক হ'ব পাৰে, যি প্ৰভুৰ বিশ্বাস নাৰাখে তথা এইটো মানে যে সকলো কৃত্ৰিম হয়, কোনো ব্যক্তিৰ মৃত্যুত তেওঁৰ অন্ত হৈ যায়। কিছুমান এনেকুৱা লোকো আছে যি এইটো মানে যে কোনো ব্যক্তি মৰাৰ পিছত প্ৰভুৰ লগত বিলিন হৈ যায় তথা নিজে ঈশ্বৰ হৈ যায়। তেওঁ পৃথিৱীত হোৱা প্ৰত্যেক ঘটনাৰ বিষয়ে জানে।

যদি আপুনি মৃত্যুৰ পিছত জীৱনৰ ওপৰত লিখা কিতাপৰ অধ্যয়ন কৰে তেতিয়া পৰলোকত হোৱা ঘটনাৰ বিস্তৃত বৰ্ণনা পাব। পৰলোকক অন্য জগতৰ নামেৰেও জনা যায়। এই কিতাপখনত দিয়া সকলো বিৱৰণ মনুষ্যৰ বাবে মৃত্যুৰ পিছটো লাভদায়ক সিদ্ধ হ'ব।

যেতিয়া মহাত্মা বুদ্ধই নিৰ্বাণ প্ৰাপ্ত কৰে তেতিয়া তেওঁ তেওঁৰ অনুভৱৰ আধাৰত কয়-

"মই মোৰ যোৱা জনেক জন্মৰ মনত আছে, মই অনেক কালত এক, দুই, তিনি, চাৰি, পাচ....এশ...হাজাৰ বাৰ জন্ম লৈছো। মই এই সকলো জন্মৰ বিষয়ে জানো। জন্ম কত হৈছো, কি পৰিয়ালত হৈছো, তেতিয়া মোৰ নাম কি আছিল তথা মই কি কৰো? মোৰ জীৱনত দুৰ্ভাগ্য তথ্যা সৌভাগ্য আহে তথা প্ৰত্যেক মৃত্যুৰ পিছত নতুন জন্ম হৈ

থাকে, এইদৰে অসংখ্য জন্মৰ বিৱৰণ, বিশেষতা তথা পৰিস্থিতি মোৰ স্মৃতিত আছে। এইটো জ্ঞান পই ৰাত্ৰিৰ প্ৰথম প্ৰহৰত পাওঁ।''

আমেৰিকাৰ মহান সমাজসেৱী তথা ব্যৱসায়ী শ্ৰী হেনৰী ফোৰ্ডে লিখিছে- ''মই 26 বছৰ বয়সত অৱতাৰবাদৰ সিদ্ধান্তক প্ৰয়োগ কৰো। ধৰ্ম তথা কৰ্মও মোৰ ওপৰত একেবাৰে সন্তুষ্ট নাছিল। যদি আমি অহা জনমত জীৱনৰ অনুভৱৰ প্ৰয়োগ কৰিব নোৱাৰো তেতিয়া কৰ্মও নিঃসাৰ হৈ যায়। যেতিয়া মই অৱতাৰৰ অনুসন্ধান কৰো তেতিয়া সময়ৰ কোনো সীমা নাথাকে। ঘড়ীৰ দাস নাথাকে....মই আনৰ লগত জীৱনৰ গভীৰতাক সহজতাৰে ভাগ কৰিব বিচাৰিছিলো।''

পদাৰ্থ তিনিটা অৱস্হা থাকে- গোটা, দ্ৰব্য তথা গেচ। আপুনি সকলো জানে যে এইটো তত্তৰে বনে। আপুনি এইটোও জানে যে শুদ্ধ বায়ুক গেচেৰে দ্ৰব্য তথা গোটা অৱস্হাত পৰিৱৰ্তন কৰিব পৰা যায়। গতিকে আমাৰ ওচৰত মিনি অৱস্হা আছে।- গোটা, দ্ৰব্য তথা গেচ। পদাৰ্থৰ চতুৰ্থ অৱস্হা 'আকাশ' হয়। ইয়াৰো চাৰিটা স্তৰ আছে। এইধৰণে পৃথিৱীত সাতটা স্তৰ আছে।

সপ্তম স্তৰ বহুত কম জটিল বিজাতীয় অণুৰে বনে। ষষ্ঠ সামান্য বিজাতীয় অণুৰে বনে। যাৰ সকলো সংযোগ পৰ্যায়ৰ ৰূপত কাৰ্য কৰে। পঞ্চমটো অলপ বিজাতীয় অণুৰে বনে। চতুৰ্থ অধিক জটিল বিজাতীয় অণুৰে বনে। তৃতয়ী আৰু অধিক জটিল হয় তথা গেচৰ ৰূপত আছে। দ্বিতীয় পৰ্ত, তৃতীয়তকৈ অধিক জটিল হয় তথা দ্ৰব্য বুলি কয়। প্ৰথম পৰ্ত সকলোতকৈ জটিল তথা গোটা বুলি কয়।

মনুষ্যৰ ভৌতিক শৰীৰৰ দুটা ভাগ আছে- এটা ভাগ সঘন শৰীৰ আছে, যিটো গোটা, দ্ৰব্য তথা গেচেৰে মিলি বনে তথা দ্বিতীয় ভাগ আকাশীয় তত্তৰে বনে। যাৰ চাৰিটা স্তৰ আছে। আপুনি বায়ুমণ্ডলৰ বিষয়ে নিশ্চয় শুনিছে। এইটো আকাশীয় তত্তৰ এটা ভাগ হয় তথা মনুষ্যৰে শৰীৰৰ ওচৰে পাজৰে প্ৰকাশৰ ৰূপত থাকে। মনুষ্যৰ স্বাস্থ্যত অভাৱ অথবা বৃদ্ধিৰ লগতে এই ৰঙৰ আভাও কম অথবা অধিক থাকে। কৰা সৎকৰ্মৰ ফলেই আমাৰ জীৱনক সুখৰ বনোৱাত সহায় কৰে। মনুষ্যৰ শৰীৰ যোৱা তথা বৰ্তমান জীৱনত কৰা কৰ্মৰ অনুসাৰে সুন্দৰতা পাই।

যদি যোৱা জন্মত ভাল কৰ্ম কৰিছে তেতিয়া তেওঁ জন্মৰ পৰা সুন্দৰ অন্যথা তেওঁৰ শৰীৰ সুন্দৰ নহ'ব। ঠিক এইদৰে যদি আপোনাৰ চেহেৰাত সুন্দৰতা আহিছে তেতিয়া ইয়াৰ অৰ্থ আপুনি ভাল কাম কৰি আছে। যদি জানি বুজি কৰিছে অথবা অজানিতে পাপ কৰিব তেতিয়া চেহেৰা নিজে নিজে বেয়া হৈ যাব।

মৃত্যুৰ সময়ত আত্মা আৰু আকশীয় তত্ত, সঘন শৰীৰৰ পৰা বেলেগ হৈ যায়, সম্ভৱতঃ সেইকাৰণে যেতিয়া কোনো ব্যক্তিৰ মৃত্যু হয় তেতিয়া কিছুমান লোকে এক বিশেষ ধৰণে কপে বা অহজতা অনুভৱ কৰে, কাৰণ সেই সময়ত আকাশীয় তত্ত্ব শৰীৰৰ পৰা বেলেগ হৈ থাকে। আত্মৰ লগতে মন আৰু ইন্দ্ৰিয় আদি সকলো শৰীৰক এৰি দিয়ে।

আকাশীয় তল

পাৰলোকতো এই লোকৰ দৰে সাতটা স্তৰ থাকে। অন্তৰ কেৱল ইমান হয় যে ইয়াত বস্তু অধিক দাঙৰ তথা পাৰদৰ্শী হয়। ইয়াক আকাশীয় জগতো বুলি কোৱা হয় কাৰণ এইটো অমূৰ্ত জীৱৰ নৈক্ষত্ৰীয়ৰ জগত হয়।

হাইপাৰপ্লেন এক জ্যামিতীয় অৱধাৰণা হয়। যৰ পৰা এটা ৰেখাৰ উচ্চতৰ ব্যাধিক চৰ্চা কৰা হয়।

ইচোটেৰিচিজিম (Esotericism) বা (ইচোটেৰিজিম (Esoterism)

শব্দৰ দুটা মূল অৰ্থ আছে। শব্দকোষৰ অনুসাৰে এই গোপনীয় মতৰ সূচক হয়, এইটোক গ্ৰীক ভাষাৰে লিখা যায়ঃ অন্য অৰ্থত এইটো ভিতৰৰ ফালে যোৱাৰ প্ৰবৃত্তি হয় "ৰহস্যময়ী...... এই লোকত জীৱন বহুত অধিক সক্ৰিয় হয়। ইয়াত পৃথিৱীৰ ওপৰত পোৱা প্ৰত্যেক বস্তুৰ প্ৰতিকৃতি (নমুনা) পোৱা যায়। এইটো সেই ব্যক্তিও থাকে, যি মৃত্যুৰ কাৰণে নিজৰ শৰীৰ হেৰুৱাইছে। আকাশীয় তলৰ জনসংখ্যাৰ ঘনত্ব অধিক থাকে য'ত অগ্নি, বায়ু, জল তথা পৃথিৱীও অন্তৰ্ভুক্ত আছে।"

পৰালৌকিক শৰীৰ, মনুষ্যৰ ভৌতিক শৰীৰতকৈ বহুত দাঙৰ হয়। এইটো প্ৰত্যেক ব্যক্তিৰ পৰিপক্কতাৰ আধাৰৰ ওপৰত সকলো দিশাত দশৰ পৰা বাৰ ইঞ্চিৰ গোলাকাৰত থাকে। মনুষ্যৰ আধ্যাত্মিক পৰিপক্কতাৰ অনুসাৰে তেওঁৰ পৰলৌকিক শৰীৰৰ আকাৰত অন্তৰ থাকে। পৃথিৱীৰ ওপৰত মনুষ্যৰ ব্যৱহাৰ-তেওঁৰ স্বাৰ্থ, ঘৃণা, নীচতা আদি পৰলৌকিক শৰীৰৰ নিৰ্মাণ কৰে। তেওঁৰ ভাল বেয়া কৰ্মও আধাৰ বনে।

আমি আমাৰ টোপনি সময়ত কত থাকে? আমি টোপনিৰ সময়ত যাত্ৰা কৰোনে? যদি হয়, তেতিয়াহ'লে কত? এইটো প্ৰশ্নই মাজে মাজে আপোনাক চিন্তিক কৰে বোধহয়। সকলো মনুষ্যই টোপনিৰ সময়ত নিজৰ পৰেলৌকিক শৰীৰত প্ৰৱেশ কৰে, কিন্তু তেওঁ এই বিষয়ে জানিব নোৱাৰে।

আংশিক ৰূপেৰে পৰিপক্ক ব্যক্তিৰ পৰলৌকিক শৰীৰে অলপ বিকশিত হোৱাৰ কাৰণে তেওঁৰ শৰীত ঘূৰি থাকে, কিন্তু তেওঁ পৃথিৱীত

তাৰ প্ৰতি সজাগ হৈ নাথাকে। এক পূৰ্ণ ৰূপী পৰিপক্ক ব্যক্তিৰ পৰলৌকিক শৰীৰত সাতটা স্তৰৰ সূক্ষ্ম অণুৰে বনি থাকে।

এজন পৰিপক্ক মনুষ্যৰ পৰেলৌকিক শৰীৰ তেওঁৰ নিয়ন্ত্ৰণত থাকে তথা তেওঁ বিচাৰৰ পৰা পূৰ্ণ সহমত থাকে। এনেকুৱা ব্যক্তিয়ে শান্ত তথা কোমল হয়।

'এইটো পৰলোক কত স্হিত আছে।' আপোনাক এইটো প্ৰশ্নই ব্যতীত কৰি আছে ছাগে। এইটো পৰলোক আপোনাৰ পিছত আছে। এইটো চাৰিওফালে আৰু সকলো ঠাইতে আছে। আমি আমাৰ ভৌতিক শৰীৰৰ সীমাৰ কাৰণে ইয়ালৈ গৈ পাব নোৱাৰো, এইটোক চাব আৰু অনুভৱ কৰিব নোৱাৰো।

যেনেদৰে মই আগতে কৈছো যে মানুহে মৃত্যুৰ পিছত পৰলোকলৈ যায়। তাত বিগত জীৱনৰ কৰ্মৰ আধাৰত তেওঁক কিছুমান পৰিৱৰ্তনেৰে পাৰ কৰিব লাগে। যাৰ এটা অংশক 'নৰক' ৰ নামেৰে জনা যায়। মৃত্যুৰ পৰা কোনো ব্যক্তিৰ চৰিত্ৰ, স্বভাৱ তথা জ্ঞান আদিত কোনো অন্তৰ নাথাকে। সেই দিব্য লোকতো সাতটা স্তৰ থাকে আৰু এটাৰ লগত ইটো স্তৰত বাৰ্তালাপ কৰিব নোৱাৰে। কিন্তু এটা স্তৰতে থকাসকলে ইজনে সিজনৰ লগত বাৰ্তালাপ কৰিব পাৰে। আত্মাই নিজৰ বিগত জীৱনৰ কৰ্মক নিজে দেখে। নিজৰ সফলতা, অসফলতা, নিৰাশ, কুঠা, প্ৰয়াস আৰু ভাৱান আদিক চাই তেওঁ জীৱনৰ সত্য উদ্দেশ্য তথা নিয়মক জানিব পাৰে।

পৰিপক্ক মনুষ্যই শীঘ্ৰে নৰকৰ পৰা মুক্তি পায়, এক অৰ্ধ-পৰিপক্ক ব্যক্তিও নৰকেদি যায় কিন্তু সময় লয়। যদিও তেওঁ এইটো সময়ক জানিব নোৱাৰে। স্বৰ্গত গৈ পাই তেওঁ নিজৰ অৱস্হাক গম পাই।

নৰকটো সতটা স্তৰ পোৱা যায়। সকলোতকৈ তলৰ স্তৰত সেই লোকসকল থাকে যি কামনাক ত্যাগ কৰিব নোৱাৰে। তাৰ পৰিৱেশ উদাসীন হয়। এইটো ক্ষেত্ৰ মানৱতাক হানি কৰা অপৰাধি, হত্যাৰি তথা মদাহিৰ শৰণস্হলি হয়। তেওঁলোকৰ পৰলৌকিক শৰীৰো সুচনীয় দশাত পোৱা যায়।

নৰকৰ দ্বিতীয় স্তৰত অসন্তুস্ট তথা ব্যাকুল লোক থাকে। তেওঁলোকে এতিয়াও পৃথিৱীবাসীৰ মোহত আছে। এই মোহক ত্যাগ নকৰাকে তেওঁলোকে উচ্চ তথা ভাল স্তৰলৈকে যাব নোৱাৰে। তেওঁলোকে পৃথিৱীত থকা সকলৰ লগত সম্পৰ্ক কৰিনিজৰ আধৰুৱা কাৰ্যক পুৰা কৰিবলৈ চেস্টা কৰে। নৰকৰ তৃতীয় স্তৰত এনেকুৱা ব্যক্তি থাকে যি পৃথিৱীৰ ওপৰত বুদ্ধিমান তথা বিচাৰক হোৱাৰ স্বত্তেও সাংসাৰিক কাৰ্যত লিপ্ত থাকে।

চতুৰ্থ স্তৰত তৃতীয়ৰ দৰে হয়, অন্তৰ কেৱল ইমানেই যে ইয়াত অধিক শুদ্ধ আত্মা পোৱা যায়।

পঞ্চম স্তৰত অধিক প্ৰকাশৱান তথাৰ আকৰ্ষক হয়। এই স্তৰত এনেকুৱা ধাৰ্মিক ব্যক্তি থাকে, যি পৃথিৱীত লোকক নিঃস্বাৰ্থ ভাৱেৰে মাগদৰ্শন কৰাৰ পৰিৱৰ্তে প্ৰসিদ্ধি পাব বিচাৰে।

ষষ্ঠ স্তৰত এনেকুৱা ব্যক্তি থাকে যি পৃথিৱীৰ ওপৰত আধ্যাত্মিক তথা ভৌতিক জ্ঞানৰ অনুসন্ধানত থাকে। তেওঁলোকে নৰকলৈ সেইকাৰণে আহে কাৰণ তেওঁলোকে ইন্দ্ৰিয় সুখৰ পূৰ্তিৰ বাবে কাৰ্য কৰে।

সপ্তম স্তৰত এনেকুৰ বুদ্ধিজীৱি থাকে যি ভৌতিক সুখ-সুবিধাৰ মোহত পৰি থাকে কিন্তু সেইটো পোৱাৰ পিছত ত্যাগ কৰিব নোৱাৰে।

স্বামী পৰমহংস যোগানন্দ (5 জানুৱাৰী, 1893-7 মাৰ্চ, 1952) ই বিদেশটো খ্যাতি অৰ্জন কৰিছে। তেওঁ 7 মাৰ্চ, 1952 ত মহাসমাধিত লীন হৈ যায়। লচ এঞ্জেলেচত শগৃহৰ নিৰ্দেশক শ্ৰী হেৰি টি. ৰাৱৰ মতে

"পৰমহংস যোগানন্দৰ মৃত্যু শৰীৰৰ ওপৰত কোনো লোকচানৰ কোনো দাগ নাছিল....মৃত্যুৰ বিশ দিন পিছটো শৰীৰ একে আছিল।

যেতিয়া এই সন্ত জীৱিত আছিল, তেতিয়া প্ৰায়ঃ এক ৰুচক প্ৰসংগ শুনিছিল। এদিন তেওঁ নিজৰ কোঠাত বহিছিল তেতিয়া তেওঁ তেওঁৰ স্বৰ্গীয় গুৰু শ্ৰী যুক্তেশ্বৰে সাক্ষাত দৰ্শন দিয়ে। তেওঁ কয় -

"মই অন্য জগতৰ সেই স্তৰৰ পৰা আহিছো য'ত কোনো জীৱিত প্ৰাণী প্ৰৱেশ কৰিব নোৱাৰে।" গুৰুৱে কয় যে তেওঁ সেই শ্ৰদ্ধালু পৰলোকবাসীৰ বাবে কাৰ্যৰত আছিল যে তেওঁৰ ইন্দ্ৰিয়ৰ বলত প্ৰথম বাৰ গতি কৰিছিল বা এবাৰ আকৌ উচ্চ লোকলৈ যাব বিচাৰিছিল।

সেই লোকটো মনুষ্যই নিজৰ গোটেই চেতনাৰ লগত কাম কৰে। ইয়াত অনেক লোক আছে, য'ত যাবৰ বাবে দিব্য বাহন অথবা প্ৰকাশৰ দূৰীৰ দ্বাৰা যাত্ৰা কৰা যায় যিটো বিজুলী অথবা ৰেডিয়োএক্টিভ উৰ্জাতকৈ তীব্ৰ হয়। ইয়াত পৃথিৱীতকৈ অধিক শক্তিশালী সৌৰমণ্ডল আছে। ইয়াত পৃথিৱীৰ অপেক্ষাত দিন-ৰাতি দীঘলীয়া হয়।বৰ্ষা অথবা বৰফৰ বাদে তাপমান সামান্য থাকে। পৃথিৱীত ৰাসায়নিক প্ৰতিক্ৰিয়াৰ দ্বাৰা গোটা বস্তুক পৰিৱৰ্তন কৰিব পৰা যায়। মানুহে নিজৰ ইচ্ছানুসাৰে নিজৰ ৰূপক পৰিৱৰ্তন কৰিব পাৰে। ইয়াত কোনেও যোনিৰ পৰা জন্ম নলয় তথা পৰলৌকিক শৰীৰৰ ওপৰত গৰম অথবা ঠাণ্ডাৰ কোনো প্ৰভাৱ নপৰে।

সেই লোকত থকা লোকৰ তিনিটা নেত্ৰ থাকে। দুটা সামান্য নেত্ৰ, আধা মেলি থাকে য'তনেকি তৃতীয় নেত্ৰ একেবাৰে মেলাই থাকে। এইটো মস্তিস্কৰ মাজত স্থিত আছে। মনুষ্যৰ শৰীৰত কান, নাক, চাল

তথা জীভা আদি অংগ থাকে। তেওঁলোকে নিজৰ ষষ্ঠ ইন্দ্ৰিয়ক জাগ্ৰত কৰাৰ আগতে এই লোকৰ ঘটনাক চাব নোৱাৰে। ইয়াত মনুষ্যই সাধাৰণতে পাচশৰ পৰা হাজাৰ বৰ্ষ জীয়াই থাকে যিটো পৃথিৱীৰ ওপৰত কৰা কৰ্মৰ ওপৰত আধাৰতি হয়। মনুষ্যই নিজৰ ইচ্ছাৰে যি কোনো লোকত থাকে, গতিকে আপোনাৰ ইচ্ছা সেইকাৰণে বনিছে যাতে আপুনি জীৱন চক্ৰত খেলিমেলি থাকে।

আপুনি ভাৱে যে বাস্তৱিক জীৱন এটা সপোন হয় তথা মনুষ্যৰ তিনিটা শৰীৰ ভ্ৰম মাত্ৰ হয়, যিটোক আপুনি এদিন ত্যাগ কৰি দিব।

মানসিক লোক

এই লোকৰ জীৱন আৰু সক্ৰিয় তথা স্পন্দনেৰে ভৰপুৰ হয় এই লোকটো সাতটা স্তৰ আছে। এই স্তৰৰ স্বৰূপ তথা স্বৰূপহীন অৱস্থাত ভাগ কৰিব পৰা যায়। প্ৰথম চাৰিটা স্তৰত স্বৰূপ আছে য'তনেকি ওপৰৰ তিনিটা স্তৰত স্বৰূপহীন থাকে। ইয়াত জীৱাত্মা উল্লাসময়ী গতিৰ লগতে নিৰন্তৰে গতিশীল কৰি থাকে। মানসিক লোক ব্ৰহ্মাণ্ডিয় মনক প্ৰতিবিম্বিত কৰে, যেনেদৰে 'মন' অধ্যায়ত চৰ্চা কৰা গৈছে আমি সকলোৰে মনৰ আপোনাৰ লগত জৰিত আছে এইটো টেলিপেথি সম্পৰ্ক হয়। ইয়াত সংপ্ৰেষণ বাচিক ৰূপত নহয়, কিন্তু বিচাৰৰ মাধ্যমেৰে হয়। আশ্চৰ্যৰ কথা এইটো হয় যে এইটো সংপ্ৰেষণ এই লোকত সম্পূৰ্ণ আৰু গতিবয় হয়। ইয়াত আত্মা তথা মানসিক সম্ভাৱনাত বিবিধতা পোৱা যায়, গতিকে উচ্চ মানসিক লোকৰ আত্মাৰ সংপ্ৰেষণক, কম মানসিক যোগ্যতাৰ আত্মাই বুজিন নাপাই। এটা পৰিপক্ক ব্যক্তি, চাৰিটা স্তৰৰ সূক্ষ্ম অণুৰে বনে, য'ত তৃতীয় আৰু চতুৰ্থ স্তৰত বৰ্চস্ব থাকে।

স্বৰ্গও মানসিক লোকৰ এটা ভাগ হয়। ইয়াত থকাসকলৰ ওচৰত ভৌতিক অথবা পৰলৌকিক শৰীৰ নাথাকে। স্বৰ্গত দুটা অৱস্থা পোৱা যায়। প্ৰথম অৱস্থাত স্বৰূপময়ী তথা দ্বিতীয় স্বৰূপৰহিত থাকে। ইয়াত বিচাৰকৰ ওচৰত ভাৱলোকলৈকে নাথাকে। পৃথিৱীৰ ওপৰত কৰা কৰ্ম স্বৰ্গত থকাৰ অৱধি নিশ্চিত কৰে। স্বৰ্গত ভাল তথা নিঃস্বাৰ্থ ভাৱক প্ৰশ্ৰয় পায়। ইয়াত মানুহে সত্যক মান দিয়ে।

ইয়াত মস্তিস্ক সদায় যোগাত্মক বিচাৰক প্ৰোৎসাহিত কৰে। স্বৰ্গত চাৰিটা আৰু প্ৰেম তথা আনন্দৰ সাম্ৰাজ্য থাকে।

স্বৰ্গৰ তলৰ স্তৰত অপেক্ষাকৃত কম বিকশিত আত্মাত বাস কৰে। তেওঁলোকে স্বৰ্গ প্ৰসন্নচিত্ত হৈ থাকে। দ্বিতীয় তলৰ স্তৰত ধাৰ্মিক মহিলাই বাস কৰে। তৃতীয় ভাগৰ স্তৰত সেই লোকসকলে

থাকে যি পৃথিৱীৰ বাসীৰ ওপৰত শ্ৰদ্ধা কৰে। সেই সকলো পৃথিৱীৰ ওপৰত কৰা কৰ্মৰ ভাল ফল পোৱা যায়। এই ধৰণে শ্ৰেষ্ঠ আত্মা ওপৰৰ স্তৰলৈ গৈ পায়।

এই প্ৰকৃতিৰ নিয়মৰ সম্ভাব্য তথা বলৰ ওপৰত স্পষ্ট ব্যাখ্যা কৰে, কোনেও ইয়াক মানা কৰিব নোৱাৰে বা অৱজ্ঞা কৰিব নোৱাৰে। আপুনি প্ৰকৃতিক মূৰ্খ বনাব নোৱাৰি কিন্তু কিমান দাঙৰ বিৰোধভাস হয় যে মনুষ্যক পাখণ্ড আৰু ছলেৰে ভৰা কৰ্মকো উচিত বুলি কোৱাৰ চেস্টাত লাগি থাকিব। কিন্তু এতিয়া আপোনাৰ অনুভৱ হ'ল বোধহয় যে আপুনি মনুষ্যক সৰ্জক বিশ্বাসঘাত কৰিব নোৱাৰে, সেই লেখ জোখত কেতিয়াও ভূল নহয়। 'আপুনি যি ৰোৱে তাকেই কাটিব', এতিয়ালৈকে আপুনি এইটোঅ অনুভৱ হৈ গৈছে বোধহয় যে আমি যি দেখা পাওঁ সেইটো মানো, কোনো ব্যক্তিৰ মৃত্যু হোৱাত কেৱল তেওঁৰ শৰীৰ মৰে, সেই ব্যক্তিৰ মৃত্যু নহয় সেই ব্যক্তিয়ে কেৱল ভৌতিক অৱস্হাক ত্যাগ কৰে। ভগৱদগীতাত শ্ৰীকৃষ্ণই এইটো কৈছে। গতিকে ভাগ্য বা নিয়তিত বিশ্বাস ৰখাটোও অনুচিত হ'ব। সেইটোক ৰচা নাই, সেইটো আমাৰ কল্পনাৰ বস্তু হয়। আপুনি আপোনাৰ কৰ্মৰ বলৰ ওপৰত নিজৰ ভৱিষ্যত নিজে বনাব পাৰি, ইয়াৰ বাবে আপুনি দৃঢ় সংকল্প শক্তি আৰু নিৰন্তৰে প্ৰয়াসৰো আৱশ্যক হ'ব।

আপুনি এনেকুৱা মহান সাধু সন্তক দেখিছে ছাগে যি বহুত দূৰত থকা ব্যক্তিৰ অৱস্হাকো কৈ দিয়ে। তেওঁলোকে নিজৰ পৰলৌকিক শৰীৰৰ দ্বাৰা কিছু ক্ষণতেই সেই ব্যক্তিৰ বিষয়ে সকলো জানি লয়। তেওঁ নিজৰ মস্তিস্কৰ দ্বাৰা যাত্ৰা কৰাটো সক্ষম হয়। আপুনি এনেকুৱা নেত্ৰহীন ব্যক্তিৰ বিষয়ে শুনিছে বোধহয় যি নিজৰ দিব্য নেত্ৰৰে এই সংসাৰক চাব পাৰে। হ'ব পাৰে কোনো মনুষ্যৰ ভৌতিক শৰীৰ পংগু হয়, কিন্তু তেওঁৰ শৰীৰ পৰলৌকিক শৰীৰ একেবাৰে পূৰ্ণ অৱস্হাত থাকে।

❑❑❑

অধ্যায় - 7

জ্ঞান

জ্ঞান বিবিধ আয়ামৰ ফলক হয় যিটো চাৰিওফালে প্ৰচুৰ মাত্ৰাত উপলব্ধ আছে। ঔপচাৰিক ভাষাত জ্ঞানৰ প্ৰভাৱ তথা সমতাক বুজি পোৱা বা তাৰ ব্যাখা কৰাটো কঠিন হয়। ইয়াত অন্য আয়ামৰ অতিৰিক্ত বস্তুগত অন্তদৃষ্টি, সহজ জ্ঞান আৰু প্ৰবৃত্তি আদিও অন্তৰ্ভুক্ত আছে কিন্তু আমি অধিকতৰে আমাৰ চাৰিওফালে ইয়াৰ উপস্থিতি আৰু সম্ভাৱনাৰ পৰা দূৰ হৈ যায় তেতিয়া অধিকতৰ লোকে এই বিষয়ে নাজানে বা মানে যে সম্পূৰ্ণ জ্ঞান পাবৰ বাবে এইটো জীৱন বহুত সৰু হয়। আৱশ্যে আমি এই তথ্যকো উপেক্ষিত কৰিব নোৱাৰো, কাৰণ এজন ব্যক্তিয়ে মেজৰ পৰা লৈ কম্পিউটাৰ নিৰ্মাণলৈকে টেকনিক শিকিব নোৱাৰে। যদি আপুনি ধৈৰ্যপূৰ্বক ভাৱে, যদি কোটিৰ ভিতৰত কোনো এটা উৎপাদ বনে তেতিয়া তাৰ নিৰ্মাণৰ পূৰ্বে, তাৰ অধ্যয়ন আৰু প্ৰক্ৰিয়া ক জনাত কিছু বৰ্ষ লাগিব, ইয়াত ইয়াৰ বাদে কোনো উপ-উৎপাদো অন্তৰ্ভুক্ত আছে। এইটো সত্য হয় যে আমি এইটো গুৰুত্ব নিদো যে কোনো মেজ, কেলকুলেটৰ, চকী বা কম্পিউটাৰ কেনেকৈ বনে, কাৰণ এইটো আমাৰ নিয়মিত গতিবিধিৰ অংগ নহয়। মনুষ্যই এই উৎপাদৰ প্ৰয়োগ কেৱল সেইকাৰণে কৰে কাৰণ ইয়াৰ পৰা তেওঁৰ কাৰ্যক্ষমতাত বৃদ্ধি হয়। আপুনি সচাঁকৈ কেতিয়াবা ভাৱিছেনে যে দৈনিক ব্যৱহাৰৰ বস্তু, পৰ্দা বা মেজ আদি কেনেদৰে বনাই। স্বাভাৱিক ৰূপেৰে আপোনাৰ উত্তৰ হ'ব যে আমি নাজানো বা এইটো জানিবলৈ প্ৰয়োজনীয় বুলি নাভাৱো কাৰণ এইটো আমাৰ বৃহত্তৰ স্তৰৰ লগত সম্বন্ধীত নহয়। লগতে, এইটোও দেখা গৈছে যে মানুহক আনৰ কাম বিষয়ে ইমান ধ্যান দিব নালাগে, কিন্তু তথাপিও মানুহে জানিব বিচাৰে।

জ্ঞাৰন চাৰিটা প্ৰকাৰ হ'ব পাৰে -

1. *আধ্যাত্মিক জ্ঞান*
2. *ব্যৱসায়িক জ্ঞান*
3. *সাধাৰণ যোগাত্মক জ্ঞান*
4. *সাধাৰণ ঋণাত্মক জ্ঞান*

দুৰ্ভাগ্যৰশত মনুয্যই জেনেৰেল নিগেটিভ ন'লেজ (জি. এন. কে.) ত অধিক লিপ্ত থাকে, ইয়াৰ পৰা তেওঁৰ সফলতাৰ স্তৰত অন্তৰ আছে। মানুহে আনাৰ জীৱনত ঘটি থকা ঘটনা বা তেওঁৰ বিষয়ে জানিবলৈ অধিক উৎসুক হৈ থাকে, যে তেওঁ প্ৰসন্ননে বা উদাস হয় ? উদাহৰণস্বৰূপেঃ হলিউড বা বলিউডত কি হৈ আছে ? কাৰ লগত বিবাহ কাৰ হৈছে ? কোনো কাক তালাক দি আছে ? ইয়াত উল্লেখনীয় হয় যে আমি যি চেলব্ৰেটিৰ কথাৰ কৈছো, তেওঁলোকে নিজৰ কৰ্মত ব্যস্ত আছে। নিৰীক্ষকক ইয়াতে ৰস পাই। প্ৰশ্ন এইটো উঠে যে 'এইটো কথা আপোনাৰ জীৱনত কেনেকৈ প্ৰভাৱ পৰিব ? সম্ভৱতঃ অসফল ব্যক্তিৰ ওপৰত ইয়াৰ অধিক প্ৰভাৱ পৰে, তেওঁ এইটো শুনি নিজকে মিছাকে শান্তনা দিব বিচাৰে যে তেওঁৰ দৰে বাকী লোকো কঠিন সময় কটাইছে। তেওঁ এইটো কথাৰ অলপো অনুভৱ নকৰে যে আনৰ বাবে এইটো কঠিন সময় কিছু সময়ৰ বাবে হ'ব পাৰে, কিন্তু তেওঁৰ বাবে এইটো বহুত দীঘলীয়া হ'ব পাৰে। তেওঁ এই মিছা শান্তনাৰ খেলত ব্যস্ত থাকে। তাকে আকৌ প্ৰগতিশীল লোকে নিজৰ কঠিন সময়ক পাৰ কৰাই দিয়ে, তেওঁ যোৱাৰ বাৰ কৰা ভূলৰ পৰা শিক্ষা লৈ আগবাঢ়ে। 'জি. এন. কে.' ব্যক্তিৰ সংখ্যাও কম নহয়। এনেকুৱা লোকে খালি কথা পতাতে মজা লয়, তেওঁৰ বাবে এইটো মনোৰঞ্জনৰ মুখ্য সাধন হয়। এইদৰে তেওঁ সেই কৰ্তব্যৰ পৰা বিমুখ হৈ যায়, যিটো তেওঁক দিয়া গৈছে, ইয়াত 'জি. এন. কে.' বিচাৰধাৰাৰ পৰা মুক্তি পাবৰ বাবে কিছুমান উপায় প্ৰস্তুত কৰা গৈছে।

- *বৰ্থ বাৰ্তালাপ ভৰা পত্ৰিকা নপঢ়িব।*
- *বাতৰি কাকতৰ ব্যৰ্থ চাইদক নপঢ়িব।*
- *জি ব্যক্তি আপোনাৰ লগত সম্বন্ধীত নহয়, তেওঁৰ বিষয়ে নাভাৱিব কাৰণ ইয়াৰ পৰা একো লাভ নহ'ব।*
- *আনৰ লগত নিজকে তুলনা নকৰিব।*
- *আনৰ বিষয়ে সুধ পুছ কৰা বন্ধ কৰক।*
- *আনৰ প্ৰতি জিজ্ঞাসা নাৰাখিব।*
- *দূৰদৰ্শনৰ ওপৰত ঋণাত্মকতাৰে ভৰা ধাৰাবাহিক নাচাব।*
- *আনৰ লগত ঈৰ্ষাভাৱ ত্যাগ কৰক, লাগিলে এইটো আপোনাৰ মস্তিস্কত নাথাকক।*
- *এনেকুৱা একো ঋণাত্মক কাৰ্য নকৰিব যিটো আপোনাৰ বাবে হানিকাৰক হয়।*

হ'ব পাৰে যে বাৰ্তালাপেৰে ভৰা কলমক পঢ়াত আপোনাৰ বহুত ৰস আছে আৰু এই অভ্যাসক এৰাটো বহুত অসুবিধা লাগে, গতিকে

আপোনাক পৰামৰ্শ দিয়া যায় যে এই বিষয়ে একেবাৰে কথা নাভাৱিব, অন্যথা মন বাৰে বাৰে সেই ফালে গুচি যাব। নিজকে লাহে লাহে বুজিবলৈ চেস্টা কৰক যে এইটো আপোনাৰ সফলতাৰ ৰাস্তাত কিমান যে দাঙৰ বাধা হয়। বৰ্তালাপেৰে ভৰা পত্রিকা একেবাৰে পঢ়িবলৈ বন্ধ নকৰিব, সেইটোক পঢ়াত লগা সময়ক কমাই দিয়ক। সেই সময়ত যোগাত্মক সাহিত্য পঢ়ক। ঠিক এইদৰে, ঋণাত্মক দৃশ্যকো চোৱাৰ পৰা বচা যেনে টি.ভি. ৰ ঋণাত্মক ধাৰাবাহিক, এইবিলাককো লাহে লাহে চাবলৈ এৰি দিয়ক। সেই সময়ত দোপৰীয়া বা ৰাত্রি ভোজনৰ বাবে উলাই যাওক। আপুনি এইটো জানি আচৰিত হ'ব যে বহুতো এনেকুৱা লোক এতিয়াও আছে যি লোকপ্রিয় ধাৰাবাহিলৈকে চোৱা নাই, আৰু তেওঁলোকে আপোনাক সেই ৰেস্টুৰেন্ট বা স্হানত লগ পাব, য'ত য'ত আপুনি যাব। আপুনি কোনো অন্য ৰুচিক প্রোৎসাহিত কৰি তাত সময় কটাবলৈ আৰম্ভ কৰক। আপোনাৰ অনুভৱ হ'ব যে আপুনি ঋণাত্মকতাৰ পৰা মুক্তি পাই গৈছে।

স্মৰণ থাকক যে আপোনাৰ ইন্দ্রিয়ই সাধাৰণ ঋণাত্মক জ্ঞানৰ লোভী হয়, কিন্তু এতিয়া আপুনি সজাগ ভাৱেৰে ইয়াৰ লগত সম্বন্ধক ভাঙি দিব লাগিব। আপুনি আপোনাৰ বাকী জীৱনত আধৰুৱা ইচছাক পুৰা কৰক অথবা এই অদৰকাৰী মনোৰঞ্জনৰ লগত মনক শান্তনা দিয়ক, নিৰ্বাচন আপোনাৰ লগত আছে।

সামান্য যোগাত্মক জ্ঞান - এই জ্ঞানৰ দ্বাৰা আপোনাৰ ব্যক্তিত্ত জিলিকি উঠিব আৰু সম্পূৰ্ণ ব্যক্তিত্ত আভাযুক্ত হৈ উঠে। জি. পি. কে. অৰ্থাৎ সামান্য যোগাত্মক জ্ঞানে ব্যক্তিক আনৰ লগত সম্পৰ্ক সাধনত সহায়ক কৰে তথা সামাজিক একত্রীকৰণত এক যোগাত্মক পৰিচয় দিয়ে। য'তনেকি জি. এন. কে. ব্যক্তিক আনৰ অনুভৱৰ পৰা শিকোৱাৰ যোগ্য বনাই। এইটোৱে ব্যক্তিক জনাত সহায় কৰে যে সংসাৰত কি ঘটি আছে আৰু এইটোৱে তেওঁক কেনেদৰে প্রভাৱিত কৰিব পাৰে। এইটোৱে ব্যক্তিক সংসাৰৰ বাবে কিবা কৰাৰ প্রেৰণা দিয়ে। কোনো জ্ঞান নথকাকে অলপ যোগাত্মক জ্ঞান থকাটো বহু গুণে শ্রেষ্ঠ হয়। গতিকে ব্যক্তিক সামান্য যোগাত্মক জ্ঞান নিশ্চয় লব লাগে, আনক প্রভাৱিত কৰিবৰ বাবে নহয় বৰং নিজকে সজাক বাবে।

ব্যৱসায়িক জ্ঞান - বৰ্তমানত সফলতা পাবৰ বাবে ব্যৱসায়িক জ্ঞানো বহুতো মহত্ত ৰাখে। কৰ্পৰেট সভ্যত, সংগঠনাত্মক প্রক্রিয়া, মানৱ সংসাধ প্রবন্ধন আৰু সূচনা টেকনিক আদিৰ দৰে ক্ষেত্রত টেকনিক আৰু অনুভৱপৰক জ্ঞানৰ সফল মেলত, ব্যৱসায়িক জ্ঞানৰ নিপুণতা বহুত ক্ষেত্রলৈ নিৰ্ভৰ কৰে। এইটো ক্ষেত্রত সন্তুলন সাধনৰ বাবে বহুত

টেকনিকৰ বিষয়ে জনাটো আৱশ্যক হয়। ব্যক্তিক উৎপাদ, বজাৰ, প্ৰতিযোগীতা আৰু কৰ্মচাৰিৰ লগত জৰিত থকা সম্পূৰ্ণ জ্ঞান লব লাগে। যদি ব্যক্তিৰ ব্যৱসায়িক জ্ঞান সম্পূৰ্ণ হ'ব আৰু তেওঁ সেইটোক বুদ্ধিমতাপূৰ্বক প্ৰয়োগ কৰিব তেতিয়া তেওঁক সফলতা পাবলৈ বেছি সময় নালাগিব। যদি ব্যৱসায়িক জ্ঞানৰ অভাৱ হ'ব তেতিয়া তেওঁ প্ৰতিস্পৰ্ধাৰ সময়ৰ পৰা বাহিৰলৈ আহিবলৈ বেছি সময় নালাগে।

কোনো ব্যক্তিয়ে নিজৰ চকু তথা কাণ বন্ধ কৰি লয় তথা নিজৰ উৎপাদন ক্ষমতা অথবা শুধাৰৰ বিষয়ে কোনো বিচাৰ নাৰাখে। তেওঁক এনে লাগে যে ঈশ্বৰে তেওঁৰ সহায়ক হ'ব। তেওঁ এইটো পাহৰি যায় যে ঈশ্বৰে তেওঁক সহায় কৰে যি নিজৰ সহায় কৰে। জ্ঞানৰ অভাৱত কোনোও সহায়কৈ হ'ব নোৱাৰে। জ্ঞান এক প্ৰাথমিক সাধন হয় প্ৰত্যেক ব্যক্তিক ইয়াৰ আৱশ্যক হ'ব, যদি তেওঁ নিজৰ ব্যৱসায় বিশেষত শ্ৰেষ্ঠতা পাব বিচাৰে।

পৰম্পৰাৰ অনুসাৰে, সকলো সৰু দাঙৰ সফল কোম্পানীয়ে উৎপাদক বজাৰলৈ অনাৰ পূৰ্বে চাৰ্ভেক্ষণ কৰে। এই চাৰ্ভেক্ষণৰ ওপৰত বহুত ধনো ব্যয় কৰা যায়। চাৰ্ভেৰ পূৰ্বে প্ৰাপ্ত সংখ্যা তেওঁৰ নিয়োজিতত সহায় কৰিব। তেওঁ গম পাই যে বজাৰ চলোৱাৰ পূৰ্বে যেনেকুৱা স্হিতিৰ অনুমান নলগোৱাকে উৎপাদক বজাৰলৈ অনাটো লোকচানদায়ক হ'ব পাৰে। গতিকে চাৰ্ভেক্ষণৰ ওপৰত ধন ব্যয় কৰাটো তেওঁৰ কোনো সংকোচ নহয় কাৰণ এইটো মাত্ৰা সম্ভাৱিত হানিৰ তুলনাত বহুত কম হয়।

কল্পনাই জ্ঞানৰ আধাৰভুত অংগ ৰচে। ব্যক্তিৰ ওচৰত স্ব-ৰচিত কাল্পনিক শক্তি থাকিব লাগে তেওঁ সেই বৰ্তমান প্ৰতিযোগীতাৰ জগতত সৃজনাত্মক পৰিৱৰ্তন আনিব পাৰে। সপোনাৰ মাধ্যমেৰেও এইটো কাৰ্য হ'ব পাৰে, যেনে 'মন' অভ্যাসত বৰ্ণিত হয়, সজাগতাৰে আপোনাৰ সমস্যাৰ সমাধান বিচাৰক। আপুনি এই কাল্পনাৰ যোগ্যও হ'ব লাগিব যে কথাটো আপোনাৰ ফালে কেনেকৈ থাকিব পাৰে, এইটো অভ্যাস তথা প্ৰয়োগৰ পৰা সম্ভৱ হয়। কল্পনাৰ পিছত বিচাৰ আহে। এইটো বিচাৰ সৃজনশীল অথবা বিধ্বংসাত্মক হ'ব পাৰে। বিধ্বংসাত্মক বিচাৰক একেবাৰে ত্যাগ কৰি দিয়ক তথা সৃজনশীল বিচাৰক সূচীত নিৰ্বাচন কৰক। যদি বিচাৰ পৰিস্হিতিৰ অনুকূল হয়। উপযুক্ত তথা সুসংগত হয় তেতিয়া আপুনি সেই কাৰ্যৰ ৰূপত পৰিণত কৰাৰ সাহস থাকিব লগে। কল্পনা তথা বিচাৰ ব্যৱসায়িক। কথাৰ এটা অংশ বনায় কাৰণ ৰচনাত্মকতা আৰু বুদ্ধিমত্তাৰ এটা উৎপাদক আনৰ তুলনাত শ্ৰেষ্ঠ বনায়। আমি পাহৰিব নালাগে যে কোনো ভাল বিজ্ঞাপন বা

কোম্পানীৰ মাৰ্কেটিং যোজনাৰ বলত তাৰ ভাল বিক্ৰী সুনিশ্চিত হয়। এই সকলো তিনিটা 'আই' ৰ পৰা জন্ম হয়- ইমেজিচন, আইডিয়া, আৰু ইন্টেলিজেঞ্চ- গতিকে আপোনাৰ কল্পনা আৰু বিচাৰৰ উপেক্ষা নকৰিব, এইটো আপোনাৰ জ্ঞানৰ ওচৰলৈ লৈ যায়।

নিম্ন উপায়ে যদি ধাৰ্মিক ভাৱেৰে প্ৰয়োগ কৰা যায় তেতিয়া আপোনাৰ বাবে কাৰগৰ হ'ব পাৰে -

- সদায় আপোনাৰ মস্তিস্কক সচেতন কৰি ৰাখক।
- কোনো উপযুক্ত আৰু প্ৰামাণিক শ্ৰোতৰ পৰা আপোনাৰ ব্যৱসায়ৰ বিষয়ে জানি লওক।
- ব্যৱসায়ৰ লগত সম্বন্ধীত পত্ৰ-পত্ৰিকাৰ অধ্যয়ন কৰক।
- সমান ৰুচিৰ ব্যক্তিক লগ কৰক।
- আপোনাৰ কাৰ্যক চাফ-চিকুনকে কৰক।
- আপোনাৰ জীৱনলৈ অহা পৰিৱৰ্তনৰ কল্পনা কৰক।
- খালী সময়ত ব্যৱসায়-বিস্তাৰৰ বিষয়ে ভাৱক। যদি মস্তিস্কত ভাগৰ লাগি আছে তেতিয়া ঈশ্বৰৰ চিন্তন কৰক।
- বিচাৰৱান প্ৰতিস্পৰ্ধা ব্যক্তিৰ লগত কাৰ্যৰত থাকক। ইয়াৰ পৰা তেওঁৰ কাৰ্যক্ষমতাও বৃদ্ধি হ'ব।
- সহায়কৰ ভাল বিচাৰ প্ৰয়োগ কৰি তেওঁক কাৰ্যৰ ৰূপ দিবলৈ চেষ্টা কৰক, যদি আপুনি তেওঁক নীচা দেখুৱাই তেতিয়া তেওঁ নিজৰ বিচাৰ ব্যক্ত নকৰিব আৰু আপোনাৰ কামত ৰুচি লোৱা বন্ধ কৰি দিব।

আধ্যাত্মিক জ্ঞান ঃ- যদি আধ্যাত্মিক জ্ঞানৰ অৰ্থৰ ওপৰত ধ্যান দিয়ে তেতিয়া এইটো একমাত্ৰ সাধন হয় যিটো মনুষ্যক সেই গুৰিলৈকে লৈ যায়। এইটো জ্ঞানৰ সকলো শাখাৰ ভিতৰত মহত্তপূৰ্ণ হয়, কিন্তু দাঙৰ দুৰ্ভাগ্যৰ কথা হ'ল যে মানুহে ইয়াৰ গুৰুত্বক বুজি নাপায়, তেওঁ ভাৱে যে কিবা নহয় কিবা কাৰণৱশত এইটোক আনৰ লগত ভাগ কৰিব নালাগে। ইয়াৰ অৰ্থ এইটো নহয় যে ব্যক্তিক আধ্যাত্ম সম্বন্ধী সকলো কলাৰ জ্ঞান থাকিব লাগে, কিন্তু ইয়াৰ নিশ্চিত শ্ৰেষ্ঠ কথাক জানিব লাগে, যাতে মন আৰু কৰ্মক ভৌতিক আৰু আধ্যাত্মিক সফলতাৰ বাবে নিৰ্দেশিত কৰিব পৰা যায়। প্ৰভুৰ শিক্ষাৰ পালন কৰক যাতে আপোনাৰ মনত লোভ নাজাগে বা আপুনি আনৰ লগত বেয়া কৰিব নোৱাৰে। যদি আমি এনেকুৱা কৰো তেতিয়া হ'ব পাৰে যে উক্ত ব্যক্তিয়ে আমাক দণ্ডিত কৰিব নোৱাৰে কিন্তু ঈশ্বৰে আমাক আমাৰ কৰ্মক শাস্তি নিশ্চয় দিব, গতিকে আধ্যাত্মিক জ্ঞানক উপেক্ষিত কৰিব নোৱাৰে। জ্ঞানৰ বুদ্ধিমত্তাপূৰ্বক ব্যাখ্যা কৰিব পৰা যায়। বুদ্ধিয়েই মস্তিস্কক

ভাল-বেয়াৰ অন্তৰক জানিব দিয়ে, কিন্তু কামনাৰ পৰাও বুদ্ধিক মস্তিস্কই চিনি নাপাই তথা মুনষ্যই জ্ঞানৰ পৰা বহুত দূৰলৈ গুচি যায়।

তৃতীয় অধ্যায়ৰ শ্লোক সংখ্যা 29 ত প্ৰভুৱে কয় -

"প্ৰকৃতিৰ গুণৰ পৰা মোহিত হোৱা পুৰুষ গুণ তথা কৰ্মত আশক্ত হয়, সেইটোক ভাল ধৰণৰ বুজি নোপোৱা মূৰ্খক ভালদৰে জনা জ্ঞানী পুৰুষ ভৰমাএ নহয়।"

চতুৰ্থ অধ্যায়ৰ শ্লোক 42 ত প্ৰভুৱে কয় -

"হে ভাৰতবংশী অৰ্জুন! তই সমত্ত্ববুদ্ধি ৰূপ যোগত স্হিত হৈ আছ অথবা অজ্ঞানৰ পৰা উৎপন্ন হোৱা হৃদয়ত স্হিত এইটোক আপোনাৰ সংশয়ক জ্ঞানৰূপী তৰুৱালৰ দ্বাৰা ছেদন কৰি যুদ্ধৰ বাবে ঠিয় হয়।"

পঞ্চম অধ্যায়ৰ শ্লোক সংখ্যা 15 ত প্ৰভুৱে কয় -

"সৰ্বব্যাপী পৰমাত্মাই কাৰোৰে পাপ কৰ্মক গ্ৰহণ নকৰে আৰু কোনো শুভ কৰ্ম গ্ৰহণ নকৰে কিন্তু মাত্ৰাৰ দ্বাৰা জ্ঞান ঢাকি থাকে, ইয়াৰ পৰা সকলো জীৱন মোহিত হৈ থাকে।"

গীতাত স্পষ্ট ঃ কোৱা গৈছে যে অজ্ঞানৰ স্হানত জ্ঞান আহে, তাৰ পিছত লাগিলে সেইটো আজি হওক বা পাচ হাজাৰ বৰ্ষ পূৰ্বে। আজিৰ পৰা পাচ হাজাৰ বৰ্ষ পূৰ্বেও চাৰিওফালে অজ্ঞান আছিল আৰু আজিও আছে। এইটোক অজ্ঞানৰ পৰা মমুক্তি পাবৰ বাবে আপুনি নিজকে আগোৱাই নিব লাগিব তথা উচিত অনুচিত ভেদ জানিব লাগিব। ঈশ্বৰে স্পষ্ট ৰূপেৰে কৈছে যে তেওঁ কোনো ব্যক্তিক ভাল অথবা বেয়া কৰ্মৰ বাবে প্ৰেৰিত নকৰে। প্ৰভুৱে আমাৰ কৰ্মক সঞ্চালিত নকৰে, আমি নিজে কৰ্ম কৰো তথা তাৰ অনুসাৰে পুৰস্কাৰ পাওঁ। এইটো সংসাৰত কামনা তথা উত্তেজনাৰে ইমান পৰিপূৰ্ণ হয় যে আপুনি আধ্যাত্মিক জ্ঞানৰ অভাৱত ভাল অথবা বেয়াক চিনি পাব নোৱাৰে। গতিকে যদি আপুনি এই ভৌতিক সংসাৰৰ পৰা দুঃখী হয় তেতিয়া এইটো ঈশ্বৰৰ নহয় বৰং আপোনাৰ দোষ হয়। ঈশ্বৰে আপোনাক কিতাপীয় জ্ঞান দিছে। সেইটোক পঢ়ি অমলত অনাৰ পুৰা দায়িত্ব আপোনাৰ আছে।

সপ্তম অধ্যায়ৰ শ্লোক সংখ্যা 16 ত প্ৰভুৱে কয় -

"হে ভৰতবংশিৰ শ্ৰেষ্ঠ অৰ্জুন! উত্তম কৰ্মৰ ধন বিচৰা ব্যক্তি, দুঃখী, জিজ্ঞাসু তথা জ্ঞানী, এই চাৰি প্ৰকাৰৰ ভক্তজনেই মোক ভজন কৰে।

সপ্তম অধ্যায়ৰ শ্লোক সংখ্যা 17 ত প্ৰভুৱে কয় -

"ইয়াৰে নিত্য মোত একীভাৱেৰে স্হিত অনন্য প্ৰেম ভক্তিৰ জ্ঞানীয়েই অতি উত্তম হয় কাৰণ মোক তত্ত্বৰে জনা জ্ঞানীক মই অত্যন্ত প্ৰিয় হয় তথা সেই জ্ঞানী মোৰ অত্যন্ত প্ৰিয় হয়।"

সপ্তম অধ্যায়ৰ শ্লোক সংখ্যা 23 ত প্ৰভুৱে কয় -

"কিন্তু সেই কম বুদ্ধিৰ সেই ফল নিচাৱান হয় তথা তেওঁ দেৱতাক পূজা কৰা দেৱতাক প্ৰাপ্ত হয় তথা মোৰ ভক্তই লাগিলে যেনেদৰে মোক ভজে, শেষত তেওঁ মোকেই প্ৰাপ্ত কৰিব।"

সপ্তম অধ্যায়ৰ শ্লোক সংখ্যা 25 ত প্ৰভুৱে কয় -

"মই মোৰ যোগমায়াৰ পৰা লুকাই থকা সকলোৰে প্ৰত্যক্ষ নহয়, গতিকে এইটো অজ্ঞানী মনুষ্য জন্মহিত, অৱিনাশী পৰমাত্মাক তত্ত্বৰে নাজানো, গতিকেঃ মোক জন্ম লোৱা তথা মৰা বুলি ভাৱে।"

এনেকুৱা মানা যায় যে চাৰি প্ৰকাৰৰ ব্যক্তিয়ে প্ৰভুৰ উপাসনা কৰে। প্ৰথমে সেই ব্যক্তি হয়, যাৰ জীৱনত গম্ভীৰ সমস্যা আছে তথা তেওঁ ভাৱে যে তেওঁ সমস্যাৰে ঘেৰি পৰিছে। এইটো সকলোতকৈ অসফল হয় তথা বহুত দাঙৰ সংখ্যাত আছে।

তেওঁৰ ঈশ্বৰৰ ওপৰত বিশ্বাস আছে কিন্তু বহুত দুৰ্বল হয়, তেওঁ প্ৰভুৰ শিক্ষাৰ নচলে, গতিকে তেওঁ নিজৰ কৰ্মৰ অনুসাৰে ডণ্ডিত বা পুৰস্কাৰ পায়, তাৰ পিছত তেওঁ প্ৰভুৰ পৰা ক্ষমাৰ ভিক্ষা বিচাৰে। তেওঁৰ অনুভৱো নহয় যে প্ৰভুক প্ৰাৰ্থনা কৰিবনে নকৰে নিজৰ কুকৰ্মৰ ফল ভুগিবই লাগিব। যদি ঈশ্বৰে কেৱল সেইকাৰণে লোকক ক্ষমা কৰিব ধৰে যে মানুহে মনত পেলাই তেতিয়া ইয়াৰ অৰ্থ হ'ব যে তেওঁ পক্ষপাতী হয় আৰু তেওঁৰ নিয়মো শক্তিশালী নহয়।

অৱতাৰক পূজা কৰা লোকত প্ৰায়ঃ এনেকুৱা ব্যক্তি থাকে যি নিজৰ স্বাৰ্থৰ পূৰ্তি বিচাৰে। তেওঁ নাজানে যে এইটো সকলো অস্থায়ী হয় তথা অৱতাৰ বা গৌণ দেৱৰ পূজা কৰা ব্যক্তিয়ে তেওঁৰ ধামতে যাব আৰু এইটোও ভয়ংকৰ পৰিণাম সম্মুখলৈ আহিব। তেওঁ প্ৰভুৰ পৰা একাকাৰ হ'বৰ বাবে তেওঁক মনত নেপেলাই, তেওঁক পূজা নকৰে তথা কম প্ৰয়াস আৰু অৱধিত তেনেকুৱাই পৰিণাম পাব বিচাৰে য'তনেকি বাস্তৱিকতা এইটো হয় যে পৰিণাম কেতিয়াও এটা-দুটা হ'ব মোৱাৰে।

অধ্যায় চৈধ্যৰ শ্লোক সংখ্যা 6 ত প্ৰভুৱে কয় -

"হে নিষ্পাপ! সেই তিনিটা গুণৰ পৰা প্ৰকাশ কৰা, নিৰ্বকাৰ সত্ত্বগুণ নিৰ্মল হোৱাৰ কাৰণে সুখ তথা জ্ঞানৰ আশক্তি অৰ্থাৎ জ্ঞান অভিমানেৰে বান্ধে।"

অধ্যায় 18 ৰ শ্লোক সংখ্যা 18 ত প্ৰভুৱে কয় -

"হে ভাৰত! জ্ঞাতা, জ্ঞান আৰু জ্ঞেয়, এই তিনিটা কৰ্মৰ প্ৰেৰক হয় অৰ্থাৎ এই তিনিটাৰে সংযোগেৰে কৰ্মত প্ৰবৃত্ত হোৱাৰ ইচ্ছা উৎপন্ন হয় তথা কৰ্তা, কৰ্ম আৰু ক্ৰিয়া, এই তিনিটাই কৰ্মৰ সংগ্ৰহ হয় অৰ্থাৎ

এই তিনিটাৰ সংযোগেৰে কৰ্ম বনে।

অধ্যায় 18 ৰ শ্লোক সংখ্যা 21 ত প্ৰভুৱে কয় -

"হে অৰ্জুন! যি জ্ঞানৰ পৰা মনুষ্যই পৃথক-পৃথক সকলো ভূতত এক অবিনাশী পৰমাত্মাভাৱৰ বিভাগৰহিত সমভাৱেৰে স্হিত হেৰাই যায়, সেই জ্ঞানক তুই ভালদৰে জানি ল।"

অধ্যায় 18 ৰ শ্লোক 21 ত প্ৰভুৱে কয় -

"যি জ্ঞানৰ দ্বাৰা মনুষ্যই সম্পূৰ্ণ ভূতত ভিন্ন ভিন্ন প্ৰকাৰৰ অনেক ভাৱক ন্যাৰা ন্যাৰা কৰিব জানে, সেই জ্ঞানক তই ৰাজস জানি ল।"

অধ্যায় 18 ৰ শ্লোক সংখ্যা 22 ত প্ৰভুৱে কয় -

"যি বিপৰীত জ্ঞানৰ দ্বাৰা মনুষ্যই এক ক্ষণভংগুৰ নিচাৱান শৰীৰক আত্মা বুলি জানি তাত সৰ্বস্বৰ দৰে আশক্ত কৰি থাকে তথা যি বিনা মুক্তিৰ, তত্ত্ব-অৰ্থৰে ৰহিত আৰু নীচ হয়, সেই জ্ঞানক তামস বুলি কোৱা গৈছে।"

অধ্যায় 18 ত শ্লোক সংখ্যা 30 ত প্ৰভুৱে কয় -

"হে পাৰ্থ! প্ৰবৃত্তিমাৰ্গ তথা নিবৃত্তিমাৰ্গক কৰ্তব্য তথা অকৰ্তব্যক আৰু ভয় তথা অভয়ক বন্ধন তথা মোক্ষক যি বুদ্ধি তত্ত্বেৰে জানে, সেইটো বুদ্ধি সাত্তিকী হয়।"

অধ্যায় 18 ৰ শ্লোক সংখ্যা 31 ত প্ৰভুৱে কয় -

"হে পাৰ্থ! যি বুদ্ধিৰ দ্বাৰা মনুষ্যই ধৰ্ম আৰু অধৰ্মক তথা কৰ্তব্য আৰু অকৰ্তব্যকো যথাৰ্থ নাজানে, সেইটো বুদ্ধি ৰাজসী হয়।"

অধ্যায় 18 ৰ শ্লোক সংখ্যা 32 ত প্ৰভুৱে কয় -

"হে অৰ্জুন! যি তমোগুণেৰে আবৃত হোৱা বুদ্ধি, অধৰ্মক ধৰ্ম বুলি মানে তথা সম্পূৰ্ণ অৰ্থক বিপৰীত বুলি মানে, সেইটো বুদ্ধি তামসী হয়।"

ভগৱদ্গীতাৰ প্ৰাসংগিক ৰূপেৰে এই তথ্যক উদ্ঘাটিত কৰে যে অজ্ঞানৰ পৰা কেতিয়াও সফলতা হাতলৈ আহিব নোৱাৰে। কেৱল জ্ঞানীয়েই এই জগতত সমৃদ্ধি পাই কাৰণ তেওঁৰ ঈশ্বৰ তথা প্ৰকৃতিক বুজি পোৱাৰ যোগ্যতা আৰু তাৰ অনুসাৰে উচিত নিৰ্ণয় লোৱাৰ ক্ষমতা থাকে।

□□□

অধ্যায় - ৪

উদ্দেশ্য

জীৱনত সফলতা পাবৰ বাবে কোনা লক্ষ্য বা উদ্দেশ্য থকাটো আৱশ্যক হয়। লক্ষ্যহীনতা কোনা পাখী নথকা পক্ষীৰ দৰে হয়, কোনো জীৱৰ জন্ম তথা অস্তিত্বও নিজে নিজে এটা উদ্দেশ্য হয়, যিটোক প্ৰকৃতিয়ে বনাইছে। এইটোক আগলৈ লৈ যোৱাটো আমাৰ হাতত আছে, যাৰ বাবে ব্যক্তিক জীৱনত নিজৰ উদ্দেশ্য নিৰ্ধাৰিত কৰিব লাগে। ইয়াৰে অধিকতৰৰ সফলতা এক এটা উদ্দেশ্য হয় কিন্তু কেতিয়াবা ব্যক্তিয়ে নিজৰ নিৰ্বাচনত ইমান ভ্ৰমিত হৈ যায় যে তেওঁৰ বাবে দুবিধা উৎপন্ন হয়। তেওঁ ঠিক কৰিব নোৱাৰে যে তেওঁ কোনটো ৰাস্তায়েদি গতি কৰিব, কোনটো ব্যৱসায়ক প্ৰয়োগ কৰিব। কাৰণ এইটো দুবিধা তথা ভ্ৰম বনি থাকে সেইকাৰণে তেওঁৰ এটা উদ্দেশ্যতে ঘূৰি ফুৰে আৰু তাৰ ফলত তাৰে অধিক জীৱিকক পৰিৱৰ্তন কৰিব লগা হয় বা কোনো এটা ক্ষেত্ৰতে কাম কৰি থাকে, যিটো তেওঁ একেবাৰে ভাল নাপায়। তেওঁ কেৱল নিজৰ কামৰ বাবেই দোষ নকৰে বৰং আনকে ঈৰ্ষা কৰিও উৰ্জা নস্ট কৰি দিয়ে। তেওঁ নিজৰ ৰুচিৰ অনুসাৰে কোনো অন্য ঠাইত কাম বিচৰাৰ পৰিৱৰ্তে সেই অস্থায়ি আৰু পাৰিশ্ৰমিক আৰু আশ্ৰয়ক প্ৰয়োগ কৰিব লগা হয় কাৰণ তেওঁৰ পৰিৱৰ্তন কৰাৰ শক্তি নাই। জীৱনত সুৰক্ষাৰ গুৰুত্ব থাকে কিন্তু ইয়াৰ অৰ্থ এইটোও নহয় যে ব্যক্তিয়ে নিজৰ সপোনৰ সংসাৰ পাবৰ বাবে বিপদ উঠাব লগীয়া হ'ব পাৰে। ইয়াৰ অৰ্থ এইটোও নহয় যে তেওঁ প্ৰকৃতি প্ৰদত্ত প্ৰতিভাকো পাহৰি সাধাৰণ জীৱন জীয়াই থাকিব লাগে তথা সফলতা পোৱাৰ যি কোনো সম্ভাৱনাক নাকচ কৰি দিব লাগে। দৈনিক কাৰ্যৰ দিনচৰ্যা একৰস হৈ যায় তেতিয়া সেইটোৱে ব্যক্তিক অসফলতাৰ ফালে লৈ যায়। অধিকতৰ ব্যক্তিয়ে নিজৰ নিজৰ ক্ষেত্ৰত একৰস বা নীৰস পৰিৱেশৰ মাজত জীয়াই থাকে কাৰণ তেওঁ তেওঁৰ চাকৰিক হেৰুৱাব নিবিচাৰে। তেওঁৰ জীৱনৰ ৰুতিন এনেকুৱা বনি যায় যে তেওঁ ৰাতিপুৱা সময়ত অফিচত গৈ পোৱা আৰু সঠিত সময়ত গধূলী ঘূৰি অহা। মাহৰ অন্তত তেওঁ তেওঁৰ বেতন পাই যায়।

এনেকুৱা ব্যক্তিয়ে এক এনেকুৱা পৰিৱেশৰ সৃষ্টি কৰি দিয়ে। য'ত পৰিয়ালৰ সদস্যক সীমিত আয়ত থাকিবৰ বাবে প্ৰশিক্ষিত কৰি দিয়া যায়। তেওঁলোকক বিশ্বাস দিয়াই যে কোনো চমৎকাৰেহে তেওঁৰ স্হিতিক পৰিৱৰ্তন কৰিব পাৰে কিন্তু আমি সকলোৱে জানো যে চমৎকাৰ কেতিয়াও ঘটিত নহয়।

গতিকে জীৱনত আপোনাৰ উদ্দেশ্য দাঙৰ হ'ব লাগে। কৃপা কৰি মনত ৰাখিব যে আপুনি সৰু বা দাঙৰো ভাৱে, সেইটো নিৱেশ হয়। সৰু বা দাঙৰ বিচাৰৰ হিচাৱেৰে ব্যক্তিক বেছি বা কম ভুগতান কঁৰি দিব লগীয়া নহয়। যদি নিৱেশ এক হয় তেতিয়াহ'লে ব্যক্তি দাঙৰ চিন্তা কিয় কৰিব নোৱাৰে? জীৱনত সৰু উদ্দেশ্য কত বিলীন হৈ যায়, গমেই নাপায়। সৰু উদ্দেশ্য বনাৰ জগতত, তেওঁৰ দৰে আনন্দৰে জীয়াই থকা খালি দেখুৱাই।

যদি কোনো ব্যক্তিৰ কোনো উদ্দেশ্য, তেওঁৰ ৰাজহাঁড়ৰ সিহৰন সৃষ্টি নহয় তেতিয়া তাৰ ওপৰত আকৌ এবাৰ গম্ভীৰতা পূৰ্বক ভাৱিব লাগে। ব্যক্তিৰ উদ্দেশ্যৰ লগতে এনেকুৱা অবিশ্বাস উপজাব নালাগে যে "অসম্ভৱ, মই এইটোক কৰিব পাৰিমনে? মই এইটোক কোনো পধ্যেই কৰিব নোৱাৰিম।" যদি কাৰোবাক লাগে যে জীৱনত কিছু দাঙৰ পোৱাৰ সম্ভাৱনা বহুত ক্ষীণ হয়, তেতিয়া তাৰ ওপৰটো এবাৰ ভাৱিব লাগে। জীৱনত এনেকুৱা উদ্দেশ্য থাকিব নালাগে যে "জীৱনক নিজৰ ধৰণে যাব দিয়া' বা মোৰ লগত যি হ'ব', ভালেই হ'ব', এইটো বিচাৰে এইটো কথাৰ প্ৰতীক হয় যে ব্যক্তিয়ে জীৱনত পৰ্যাপ্ত পাব নোৱাৰে আৰু তেওঁ পিছত দোষ কৰিব লাগিব।

আজিকালী মাক-পিতাত এইটো চলনো বহুত বাঢ়ি গৈছে যে তেওঁলোকে নিজৰ মতে ব্যৱসায় সন্তানৰ ওপৰত দি দিয়ে। এইটো নিৰ্ণয় সেই ব্যৱসায়ৰ পৰা প্ৰাপ্ত হ'বলগীয়া বিত্তৰ ওপৰত আধাৰিত হয়। দুৰ্ভাগ্যৱশত, সংসাৰত লোভ ইমান হয় যে তেওঁ উদ্দেশ্যক পাহৰি যায় আৰু সফলতাৰ সম্ভাৱনা তাতেই ক্ষীণ হৈ যায়। মানিছো এইটো 'কম্পিউটাৰৰ যুগ' হয় কিন্তু ইয়াৰ অৰ্থ এইটো নহয় যে প্ৰত্যেক ব্যক্তিয়ে এইটো জীৱিকাৰ পৰা পোৱা পইচাৰ লোভত, নিজৰ ৰুচিৰ ক্ষেত্ৰক এৰি চফ্‌ট্‌ৱেৰ বা হাৰ্ডৱেৰৰ ব্যৱসায়ী বনিব লাগে।

অৰ্থশাস্ত্ৰৰ আধাৰত ঠিক নকৰিব যে কোনেটো কাম কৰিব লাগে। আগতে মানুহে মডেলিং ব্যৱসায়ৰ নামৰ ওপৰত নাক বেকা কৰিছিল। মডেল, সৌন্দৰ্য প্ৰতিযোগীতাত ভাগ লোৱা, এয়াৰহোচটেচ বা পাব্লিকৰিলেচন (পি.আৰ.) ৰ চাকিৰ কৰা মহিলাক ভাল চকুৰে চোৱা নাছিল, কিন্তু

এতিয়া এই জীৱিকাৰ পৰা পইচাই তেওঁলোকক লোভনীয় কিৰ দিলে আৰু সংসাৰ ইয়াক পাবৰ বাবে উত্তাৱল হৈ থাকে।

এই লালসে ক'ত বনিব লগা ডাক্টৰ আৰু ইঞ্জিনীয়াৰৰ জীৱনৰ দিশা পৰিৱৰ্তন কৰি দিলে, কাৰণ এইটো ক্ষেত্ৰৰ গ্লেমাৰো কম আকৰ্ষণযুক্ত নহয়, আজিকালী এইটো জানিবৰ বাবে কেইবা ধৰণৰ মনোবৈজ্ঞানিক উপায় আছে। ইয়াৰ লগতে ব্যক্তিয়ে এই পৰীক্ষণৰ সহায়েৰে এইটোও জানিব পাৰে যে মোৰ ৰুচিৰ ক্ষেত্ৰত যি আছে, সেই ক্ষেত্ৰ বিশেষত মোৰ সফলতাৰ কি সম্ভাৱনা আছে। যি কেনো ব্যক্তিয়ে যি কোনো ক্ষেত্ৰক নিজৰ ৰুচিৰ লগত জৰিত কৰে তেতিয়া এই মনোদৈহিক (চাইকোমেট্ৰিক) পৰীক্ষণৰ সহায়েৰে এইটো জানিব পাৰি যে তেওঁৰ ভিতৰত সেই ক্ষেত্ৰ বিশেষক সফলতা পোৱাৰ যোগ্য মনোবৃত্তি বা সহজ সম্ভাব্য হয় বা নহয়। দেখা গৈছে যে মানুহে যি ক্ষেত্ৰত বিশেষত নিজৰ ৰুচিৰ বুলি মানে, তাৰ পৰা কোনো অন্য ক্ষেত্ৰত বেছি ভালদেৰ প্ৰদৰ্শন কৰিব পাৰে।

চাইকোমেট্ৰিক টেষ্ট

আমি জানো যে প্ৰকৃতিৰ তিনিটা ৰূপ আছে- সাত্ত্বিক, ৰাজসী আৰু তামসিক। আপুনি এইটোও জানো যে ব্যক্তিত বিগত জীৱনৰ লগত এই তিনিটাৰ মিল পোৱা যায়। এইটো কৰ্মই ঠিক কৰে যে নৱজাত শিশুৰ প্ৰকৃতি সাত্ত্বিক, ৰাজসী বা তামসিক হ'ব। অৱশ্যে এনেকুৱা নহয় যে তেওঁ সেই প্ৰকৃতিৰ এটা ৰূপৰ লগত বিকশিত হ'ব। প্ৰকৃতিয়ে তেওঁক পৰ্যাপ্ত সংসাধন দিছে যাতে তেওঁ নিজৰ জন্মজাত প্ৰকৃতিক পৰিৱৰ্তন কৰিব পাৰে। তামসিক প্ৰবৃত্তিৰ ব্যক্তি ধৈৰ্য, দৃঢ়, সংকল্প তথা প্ৰযত্নৰ বলত নিজৰ প্ৰকৃতিক পৰিৱৰ্তন কৰিব পাৰে। এইধৰণে, ব্যক্তিৰ বৰ্তমান জীৱন, জন্মজাত তিনি প্ৰাকৃতিক ৰূপৰ পৰিৱৰ্তে তেওঁৰ দ্বাৰা কৰা যত্নৰ ওপৰত আধাৰিত হয়। কাৰোবাৰ ৰুচিক চিনি পাই তেওঁৰ প্ৰতিভাক সজোৱাটো কঠিন নহয়। যদি কোনো বালকে ভাল মাতৰ লগত জন্ম হৈছে তেতিয়া তেওঁক ভাল প্ৰশিক্ষণ দিয়াই প্ৰোৎসাহিত কৰিব পৰা যায়। এইদৰে, যদি কোনো শিশুৱে খেলত ৰুচি ৰাখে তেতিয়া সেই প্ৰশিক্ষণৰ ক্ষেত্ৰ বিশেষত আপোনাৰ নিৰ্ণয়ৰ আধাৰত কেতিয়াও কোনো শিশুক প্ৰোৎসাহিত নকৰিব। এনেকুৱা কিয় হয় যে প্ৰত্যেক ব্যক্তিয়ে খেল, সংগীত, ইলেক্ট্ৰনিক আদিক সমান ৰূপেৰে পছন্দ নকৰে। এনেকুৱা সেইকাৰণে হয় যে এই সকলো তেওঁৰ বিগত কৰ্মৰ আধাৰৰ ওপৰত প্ৰকৃতিয়ে দিছে, এইটোক পুৰা গম্ভীৰতাৰে লব লাগে তথা উদ্দেশ্য প্ৰাপ্তিৰ দিশত প্ৰয়াসক নিৰ্দেশিত কৰিব লাগে।

আমি সকলোৰে জীৱনত কিছুমান কৰ্তব্য পালন কৰিব লগা হয়, যেনেদৰে মাক-পিতাকৰ প্ৰতি, মিত্ৰৰ প্ৰতি...। এইদৰে আমি প্ৰকৃতিৰ পৰা পোৱা প্ৰতিভাৰ বাবেও নিজৰ কৰ্তব্য পালন কৰিব লাগে। আজিকালী মাক-পিতাক আৰু পাৰিবাৰিক বন্ধক পাহৰি, ভাল চাকৰিৰ বাবে বিদেশ যোৱাটো এটা সাধাৰণ কথা হয়। ইয়াত মাক-পিতাকো একো নকয় কাৰণ তেওঁলোকে সন্তানৰ সুখত নিজৰ সুখ বিচাৰি সন্তুষ্ট হৈ থাকে। যদি তেওঁলোকে সন্তানৰ পৰা পোৱা বিত্তীয় সহায়তা বা তেওঁলোকৰ লগৰ পৰা কোনো এটাক নিৰ্বাচনৰ বাবে কোৱা যায় তেতিয়া তেওঁলোকে সন্তানৰ লগ বিচাৰিব। দুৰ্ভাগ্যৱশত জীৱনৰ মূল্য তথা উদ্দেশ্য ভৌতিক বস্তুলৈকে সীমিত হৈ যায়, জীৱনৰ উদ্দেশ্য জীৱিকাৰ পৰা আৰম্ভ হয় আৰু মতাতেই শেষ হয়, গতিতে, 'জীৱনৰ উদ্দেশ্য' ৰ অৰ্থ জনটো বহুত গুৰুত্ব ৰাখে ঘৰ আৰু কাৰ্যস্হলত নিজৰ কৰ্তব্যৰ উচিত নিৰ্বাহ আৰু পুৰা সজাগতা, বিশ্বাস, উৎসুকতাৰ লগত কৰি থাকিলে প্ৰয়াসেই আপোনাৰ জীৱনৰ উদ্দেশ্য হ'ব লাগিব।

তৃতীয় অধ্যায়ৰ নিম্ন শ্লোকত প্ৰভুৱে কয় -

"হে অৰ্জুন! যি কোনো শ্ৰদ্ধাযুক্ত মনুষ্যই দোষ বুদ্ধিৰে ৰহিত হৈ মোৰ বুদ্ধিৰ অনুসাৰে ব্যৱসাৰে কৰে। সেই পুৰুষ-সম্পূৰ্ণ কৰ্মৰ নাইকিয়া হৈ যায়।" (31)

"প্ৰত্যেক ব্যক্তিয়ে স্বধৰ্মৰ আচৰণ কৰা অন্য ধৰ্মতকৈ দাঙৰ হৈও নিজৰ ধৰ্ম উত্তম হয়। নিজৰ ধৰ্মত মৰাটো কল্যাণকাৰী হয় তথা আনৰ ধৰ্ম ভয় খুওৱা হয়।"

18 তম অধ্যায়ৰ শ্লোক সংখ্যা 47 ত প্ৰভুৱে কয় -

"প্ৰত্যেককক নিজৰ কৰ্মত লাগি থাকিব লাগে, লাগিলে তেওঁ সেইটো কামক ভালদৰে কৰিব পাৰব নোৱাৰক। নিজৰ প্ৰকৃতিৰ অনুৰূপে কৰা কৰ্ম কেতিয়াও পাব পূৰ্ণ প্ৰতিক্ৰিয়াৰ পৰা প্ৰভাৱিত নহয়।"

মনুষ্যই আজিকালী নিজৰ কৰ্মৰ পূৰ্তি কৰাৰ অপেক্ষাত আনৰ কৰ্তব্য পালন কৰি আনন্দিত হয়। যদি প্ৰভুৱ আপোনাক কোনো বিশেষ যোগ্যতা দিয়ে তেতিয়াহ'লে উচ্চতাৰ শিখৰলৈকে গৈ যোৱাৰ দায়িত্ব আপোনাৰ হয়। যদি আপুনি ধনৰ অভাৱত সেই ক্ষেত্ৰক ত্যাগ কৰি দিব তেতিয়া আপোনাৰ লগত দুটা ঘটনা ঘটিব পাৰে- প্ৰথমে, আপুনি এটা পাপ কৰিব কাৰণ আপুনি আপোনাৰ বাবে নিয়ম কৰ্তব্যৰ উপেক্ষা কৰিছে আৰু দ্বিতীয়তে, আপুনি এই নতুন ক্ষেত্ৰত কেতিয়াও সফল হ'ব নোৱাৰিব কাৰণ আপুনি সদায় মনত ৰাখিব লাগে যে কৰ্মফল আপোনাৰ নহয়, প্ৰভুৰ হাতত আছে। বৈধানিক ৰূপেৰেও কোৱা যায়

তেতিয়া যি ক্ষেত্ৰত আপুনি অৰুচিৰে প্ৰৱেশ কৰে, তথা ভৌতিক উদ্দেশ্যৰ পূৰ্তি কৰিব বিচাৰে, তাত সফলতাৰ কোনো সম্ভাৱনা নাথাকে কাৰণ ৰুচি নথকাৰ কাৰণে একাগ্ৰতা বহুত কম হ'ব আৰু কোনো ৰচনাত্মক বিচাৰ সন্মুখলৈ নাহিব কাৰণ কোনো এনেকুৱা ক্ষেত্ৰৰ বিষয়ে ভাৱিবলৈ ভাল নাপাব, যিটোত আপোনাৰ ৰুচি নাই।

বাস্তৱত পৰিয়াল থকাটো বহুত শুভ হয়, গতিকে আপোনাৰ ব্যৱসায়িক কৰ্তব্যৰ পূৰ্তিৰ অতিৰিক্ত, পৰিয়ালৰ প্ৰতিও কিছু কৰ্তব্য থাকে, যিটোক পালন কৰিব লাগে। নিজৰ পৰিয়ালৰ প্ৰতি অজ্ঞান ৰাখিলে বিবাহেত্তৰ সম্বন্ধ আহি যায়, চৰিত্ৰ লাগিলে যিমানেই চাফ নহওক, এইটোক পাপ বুলিয়েই মানা যায়।

প্ৰভুৱেও কৈছে যে নিজৰ কৰ্তব্য ত্যাগ কৰি আনৰ কৰ্তব্যৰ পূৰ্তি কৰাটো ঘাতক হ'ব পাৰে।

ষষ্ঠ অধ্যায়ৰ শ্লোক সংখ্যা 40-41 ত প্ৰভুৱে কয় -

"হে পাৰ্থ! শুভ কৰ্ম কৰা পুৰুষৰ এইটো আৰু সেই লোকত নাশ নহয় কাৰ কোনো শুভ কাৰ্য কৰা দুৰ্গতিক প্ৰাপ্ত নকৰে। শুভ কৰ্ম কৰা ব্যক্তিয়ে স্বৰ্গাদিক উত্তম লোকক প্ৰাপ্ত কৰি তাত বহুত বৰ্ষলৈকে বাস কৰি শুদ্ধ আচৰণ কৰা ভাল জ্ঞানী পুৰুষৰ ঘৰত জন্ম লয়।"

18 তম অধ্যায়ৰ নিম্ন শ্লোকত প্ৰভুৱে কয় -

"হে অৰ্জুন! কৰ্ম কৰাটো কৰ্তব্য হয়, এনেকুৱা জানি যি শাস্ত্ৰবিধিৰে নিয়ম কৰা কৰ্তব্য, কৰ্মৰ আশক্তি তথা ফলক ত্যাগ কৰি যায়, তেওঁকেই সাত্ত্বিক ত্যাগ বুলি মানা যায়।" (9)

"হে পাৰ্থ! ধ্যানযোগৰ দ্বাৰা যি ভূল ধাৰণাৰে মনুষ্যই মন, প্ৰাণ আৰু ইন্দ্ৰিয়ৰ ক্ৰিয়াক ধাৰণ কৰে, সেই ধাৰণ সাত্ত্বিকেই হয়।"

তৃতীয় অধ্যায়ৰ নিম্ন শ্লোকত প্ৰভুৱে কয় -

"শাস্ত্ৰবিবিধৰে নিয়ত কৰা, স্বধৰ্মস্বৰূপ কৰ্মক কৰা, কাৰণ কৰ্ম নকৰাৰ অপেক্ষা কৰ্ম কৰাটো শ্ৰেষ্ঠ হয় তথা কৰ্ম নকৰিলে তোৰ শৰীৰৰ নিৰ্বাহো সিদ্ধ নহ'ব।" (8)

"যদি মই কৰ্ম নকৰো তেতিয়াৰ এই সকলো লোক ভ্ৰষ্ট হৈ যাব তথা মই এই সকলো প্ৰজাক হনন কৰা অৰ্থাৎ মৰা বনিম।"

নিজৰ জীৱনৰ মুখ্য লক্ষ্য বা উদ্দেশ্যক চিনি লওক -

এইটো সূচী বহুত দিশ আছে যেনে সন্তুষ, প্ৰসন্নতা, সফলতা আৰু আধ্যাত্মিকতা আদি যি কোনো আপোনাৰ জীৱনৰ লক্ষ্য হ'ব পাৰে।

- *আপোনাৰ পৰিয়ালৰ প্ৰতি কৰ্তব্য নিশ্চিত কৰক।*
- *নিজে ঠিক কৰক যে আপোনাৰ বাবে পৰিয়াল প্ৰথম হয় অথবা ব্যৱসায়? দুয়োকে একেলগ নকৰিব কাৰণ এইটো তেতিয়ালৈকে অসম্ভৱ হয়, যেতিয়ালৈকে আপুনি নিজকে সন্তুলিত নাৰাখে।*
- *আপোনাৰ ঘৰ তথা ব্যৱসায়ৰ প্ৰতি কৰ্তব্য নিশ্চিত কৰক।*
- *আপোনাৰ ধাৰ্মিক কৰ্তব্যৰ পালনেৰে পিছ হুহুকি নাযাব।*
- *আপোনাৰ ৰুচিৰ অনুৰূপ ব্যৱসায়ক ঠিক কৰক।*
- *আপোনাৰ ৰুচিৰ আকলন কৰক।*
- *আপুনি নিজকে সুধক যে আপুনি কি সীমালৈকে নিজকে জানে।*
- *এইটো নাচাব যে আপোনাৰ ৰুচিয়ে আপোনাক ভৌতিক সুখ-সুবিধা দিব অথবা নিদিব মনত ৰাখিব'যে কৰ্মফল আপোনাৰ হাতত নাই। এনেকুৱা কোনো ব্যৱসায় নাই যৰ পৰা আপুনি আয় প্ৰাপ্ত নকৰে।*
- *আনৰ চিন্তা নকৰাকে আপোনাৰ ব্যৱসায়ত লাগি যাওক।*
- *অফিচত খালি সময় পালেই ৰচনাত্মক বিচাৰৰ কল্পনা কৰক তথা ভাৱক যে আপুনি সমাজৰ বাবে কি কৰিব পাৰে। আপোনাৰ মস্তিস্কত অন্য ব্যৱসায়ৰ বিচাৰো নানিব। আপোনাৰ অসন্তুষ্টিৰ কাৰণ জানিবলৈ প্ৰয়াস কৰক*

আমি সকলোৱে জানো যে আমাৰ ৰুচিৰ ব্যৱসায়ত যেতিয়াই তেতিয়াই ঘূৰি যাব পাৰো বা সেইটোক অশংকলিক ৰূপেৰেও আৰম্ভ কৰিব পাৰো। (অৱশ্যে ইয়াৰ ইমান অধিক পৰামৰ্শ দিয়া নাযায়।) ইয়াত বাধা কেৱল ইমানেই যে যদি আপুনি আপোনাৰ ৰুচিৰ ব্যৱসায়ক পুৰা কৰাৰ সময় দিব পাৰে তেতিয়া সফলতা পোৱাৰ সম্ভাৱনাও ঘটি যাব তেতিয়া প্ৰোৎসাহন নোপোৱাত আপুনি এই অংশকলিক ব্যৱসায়ক, সঠিক ক্ষেত্ৰত খুলাৰ আগতে বন্ধ কৰি দিব।

যদি আপুনি কোনো বিপদ নুঠোৱাকে লব বিচাৰে তেতিয়া সম্ভৱতঃ আপোনাৰ ওচৰত নিম্ন বাহানাৰ সূচী থাকিব

1. নতুন ব্যৱসায় আৰম্ভ কৰিবৰ বাবে মই বুঢ়া হৈ গৈছো। মোৰ আগৰ দৰে শক্তি নাই।
2. মোৰ ওচৰত মোৰ ৰুচিৰ কাৰ্য আৰম্ভ কৰিবৰ বাবে ধন নাই। যদি মই ঋণ লওঁ তেতিয়া সেইটো পৰিশোধ কৰিবলৈ মোৰ বাবে কঠিন হ'ব তথা মোৰ জীৱন দুঃখদায়ী হৈ যাব। (ইয়াত আপুনি ঋণাত্মক চিন্তনত লীন হৈছে।)
3. মই মোৰ পাৰিবাৰিক দায়িত্বৰ পূৰ্তি কেনেকৈ পাম।

4. যেতিয়া মোৰ মিত্ৰ, আত্মিয় আৰু বন্ধুৱে গম পাব যে মই মোৰ কাৰ্য ক্ষেত্ৰক পৰিৱৰ্তন কৰিছো তেতিয়া মোৰ উপহাস কৰিব।

এটা সময় আছিল, যেতিয়া মই ইয়াত ৰুচি ৰাখিছিলো, কিন্তু এতিয়া আৰম্ভণিৰ পৰা কৰিব লাগিব। এনেতে মোৰ আগৰ সকলো অনুভৱ অযথাকে গ'ল....

- এতিয়া এইটো ইমান গুৰুত্বপূৰ্ণ নাইকিয়া হ'ল।

আপুনি নিজকে কয়

- *মই মোৰ প্ৰাকৃতিক ৰূপেৰে যোগাত্মক ইচ্ছাক পুৰা কৰিম।*
- *মই জানো যে মই মোৰ এই কৰ্তব্যক পুৰা কৰিব পাৰিম।*
- *মই জানো যে ঈশ্বৰ পক্ষপাতী নহয় তথা মোৰ প্ৰয়াসক নিশ্চিত ৰূপেৰে প্ৰশংসা কৰিব।*
- *মই সেইটোকেই কৰি আছো তথা কৰিম, যাৰ বাবে মাৰ জন্ম হৈছে।*
- *প্ৰকৃতি মোৰ সহায়ক হয় কোনেও মোৰ লক্ষ্যত অকাৰণতে বাধা দিব নোৱাৰে।*
- *মোৰ এইটো কাৰ্যক কৰাৰ সাহস আছে।*
- *যদি মোৰ কঠোৰ পৰিশ্ৰম কৰা তথা ভয়ভীত নোহোৱাকে বিপদ উঠোৱাৰ শক্তি আছে তেতিয়াহ'লে মোৰ সফল হোৱাত কোনেও ৰখাব নোৱাৰে।*
- *মই প্ৰত্যেক বস্তুৰ বিষয়ে যোগাত্মক হওঁ তথা শীঘ্ৰে মোৰ স্বপ্ন বাস্তৱত পুৰা হ'ব।*

যদি আপুনি আপোনাৰ প্ৰাকৃতিক প্ৰতিভাক বঢ়াব নিবিচাৰে তেতিয়াহ'লে আপুনি লাহে লাহে আপোনাৰ বৰ্তমান ব্যৱসায়ক পছন্দ কৰিবলৈ আৰম্ভ কৰি দিব লাগে। অৱশ্যে এনেকুৱা কোৱা সহজ হয়, এইটো বহুত কঠিন হয় কাৰণ ইয়াত এইটো ব্যৱসায় আপোনাৰ পছন্দৰ নহয় বৰং আপোনাৰ ওপৰত এৰি দিয়া গৈছে কিন্তু ব্যক্তিয়ে আজি জীৱিকাক যোগাত্মক দৃষ্টিৰে নিশ্চিত ৰূপেৰে বিস্তাৰ কৰিব পাৰিব গতিকে যদি আপুনি ব্যৱসায়ক যোগাত্মক ৰূপেৰে লব তেতিয়া আন্তৰিকতাও নিজে নিজে বাঢ়ি যাব। আপোনাৰ উপলব্ধিক মনত পেলাওক, অসফলতাৰ নহয়। মনত পেলাওক যে আপুনি কেনেকৈ কোম্পানীক ইমান উচ্চতালৈকে লৈ যাব আৰু ভৱিষ্যতে আপুনি কি যোগদান দিব পাৰিব।

আপোনাৰ ক্ষেত্ৰৰ লগত জৰিত টেকনিকী তথ্য প্ৰাপ্ত কৰক। আপোনাৰ প্ৰতিস্পৰ্ধাৰে শিকক যে সেইটো কেনেকৈ আগবাঢ়িব। আপোনাৰ কোম্পানীৰ বিশেষতা তথা বজাৰত তাৰ মহত্ত্ব জানিবলৈ প্ৰয়াস কৰক।

মনত ৰাখক যে এই কোম্পানীয়ে আপোনাক কি দিছে? যদি আপুনি ইয়াত নাথাকে তেতিয়া কি কৰিব? কোম্পানীৰ প্ৰতি ধন্যবাদী থাকক য'ত এক এনেকুৱা ব্যক্তিৰ আশ্ৰয় দিয়ে যিটো কোম্পানীৰ কাৰ্যত একেবাৰে ৰুচি নলয়। আপোনাক যি দিয়া গৈছে, তাৰ বাবে প্ৰভুক ধন্যবাদ দিয়ক।

আপোনাৰ কোম্পানীৰ অপেক্ষাৰ ওপৰত একেবাৰে আহিবৰ বাবে কঠোৰ পৰিশ্ৰম কৰক। শীঘ্ৰে আপুনি উচ্চ পদ প্ৰাপ্ত কৰিব। মানসিক শান্তি তথা সন্তুষ্টি প্ৰাপ্ত কৰিব।

হ'ব পাৰে যে সেইটো পদোন্নতি আপোনাৰ কল্পনাত পৰি আছে। সদায় নিম্ৰ, ধন্যবাদী তথা স্নেহেৰ পৰিপূৰ্ণ থাকক। জীৱন নতুন ৰূপেৰে আপোনাৰ সন্মুখলৈ উদ্‌ঘাটিত হ'ব।

❑

অধ্যায় - 9

ক্ৰোধ

এজন সন্তই তেওঁ শিষ্যক সুধে, "মোক খঙত কিবয় চিঞৰা? মানুহে অশান্তি হ'লে ইজনে সিজনৰ ওপৰত চিঞৰে কিয়?"

শিষ্যই অলপ ভাৱে, তাৰে এজনে কলে, কাৰণ আমি আমাৰ মগজুক হেৰুৱাই দিওঁ।"

"কিন্তু যেতিয়া সেই ব্যক্তিয়ে আমাৰ ওচৰত বহে তেতিয়া আমি কিয় চিঞৰিব লগা হয়?" সন্তই সুধে। তেওঁলোকে লাহেকৈ কথা কব নোৱাৰেনে? তাৰ বাবে চিঞৰাটো প্ৰয়োজননেকি?"

শিষ্য কিছু আৰু উত্তৰ দিয়ে, কিন্তু সন্ত সন্তুস্ট নহ'ল।

অন্তত তেওঁ কয়, "যেতিয়া দুজন ব্যক্তিয়ে ইজনে সিজনৰ ওপৰত ক্ৰোধিত হয়, তেতিয়া তেওঁৰ মনৰ মাজত দূৰত্ব বনি ৱায়। সেই দূৰত্বক আতৰাবৰ বাবে তেওঁলোকে ইজনে সিজনক চিঞৰিব লগা হয়। তেওঁলোকে জানে যে যিমান বেছি ক্ৰোধত থাকিব, মাজৰ দৰূত্ব সিমানেই দূৰত্ব হৈ যাব আৰু জোৰেৰে চিঞৰিব লাগিব।"

তেতিয়া সন্তই সুধে, "যেতিয়া দুজন লোকে পৰস্পৰে প্ৰেম কৰিব ধৰে, তেতিয়া কি হ'ব? তেওঁলোকে ইজনে সিজনৰ ওপৰত চিঞৰাৰ পৰিৱৰ্তে ভালদৰে কথা পাতে, কিয়? কাৰণ তেওঁলোকৰ হৃদয় বহুত ওচৰত থাকে। তেওঁৰ হৃদয়ৰ দূৰত্ব বহুত কম হয়।

কথাক আগবঢ়াই সন্তই কয়, "যেতিয়া তেওঁলোকে ইজনে সিজনক বেছিকৈ বিচাৰে তেতিয়া কি হয়। তেওঁলোকে কথা নকয়, ইজনে সিজনক ফুচফুচাই, এইদৰে ইজনে সিজনৰ ওচৰলৈ আহি যায়। শেষত ফুচফুচাব লগীয়াও নহয়। চকুৰে চকুত কথা পাতে। এইদৰে ইজনে সিজনক বিচৰাৰ ওচৰলৈ আহি যায়।"

দ্বিতীয় অধ্যায়ৰ শ্লোক সংখ্যা 62 ত প্ৰভুৱে কয় -

"মন সহিত ইন্দ্ৰিয়ক বশত কৰি মোৰ পৰায়ণ নহ'লে মনৰ দ্বাৰা বিষয়ৰ চিন্তন হয় তথা বিষয়ৰ চিন্তন কৰা পুৰুষৰ সেই বিষয়ত আন্তৰিকতা হৈ যায় আৰু এই আন্তৰিকতাৰ পৰা সেই বিষয়ৰ কামনা

উৎপন্ন হয় তথা কামনাত বিঘিনি পৰিলে ক্ৰোধ উৎপন্ন হয়।"

দ্বিতীয় অধ্যায়ৰ শ্লোক সংখ্যা 63 ত প্ৰভুৱে কয় -

"ক্ৰোধৰ পৰা অবিবেক উৎপন্ন হয় তথা অবিবেকৰ পৰা স্মৰণশক্তি ভ্ৰমিত হৈ যায়। তথা স্মৃতিৰ ভ্ৰমিত হৈ গ'লে বুদ্ধি অৰ্থাৎ জ্ঞান শক্তিৰ নাশ হৈ যায় তথা বুদ্ধিৰ নাশ হ'লে সেই পুৰুষৰ নাশ হৈ যায়।"

ক্ৰোধ এক ঋণাত্মক ভাৱনাত্মক প্ৰতিক্ৰিয়া হয়। যতে ততে যি কোনো ব্যক্তি ইয়াৰ চিকাৰ হ'ব পাৰে। এইটো যোগাত্মক ভাৱনা প্ৰায়ঃ নিৰাশ আৰু কুণ্ঠাৰে আৰম্ভ হয়। এইটোক আমি অনপেক্ষিত ঘটনাৰ বাবে প্ৰতিক্ৰিয়াও বুলি কব পাৰি। ওপৰত দিয়া শ্লোকৰ পৰা স্পষ্ট হয় যে কিমান সৰলতাৰে ক্ৰোধৰ কাৰণে আৰু প্ৰভাৱক চিনি পাব পৰা যায়। এটা ভাৱনাৰ ৰূপত ক্ৰোধে ইমান শক্তি ৰাখে যে এইটোৱে যি কোনো ব্যক্তিক নষ্ট কৰি দিব পাৰে। আশক্তি আৰু লালসকো ক্ৰোধৰ মুখ্য কাৰণ বুলি কব পাৰি। আশক্তিৰে জীৱনত দুঃখ তথা পীড়া উৎপন্ন হয়, সাধাৰণ জন জীৱনৰ এই সামান্যৰ পৰা তথ্যক পাচন কৰিব নোৱাৰি। যদি ব্যক্তিয়ে অনাশক্তৰ অভ্যাস কৰে তেতিয়া ক্ৰোধিত হোৱাৰ কাৰণে নষ্ট হৈ যাব আৰু তাৰ পিছত তেওঁ নিজৰ জীৱনত কিছু ভাল কৰিব পাৰিব। এইটো অভ্যাসে তেওঁক ভৌতিক সুবিধাৰ পিছত পলাই যোৱত বাধা দিয়ে আৰু তেওঁ দেখিও সকলো তাৰ ওচৰলৈ গুচি যাব।

প্ৰত্যেক ব্যক্তিয়ে তেওঁৰ জীৱন কালত সুখ-সুবিধাযুক্ত সংসাৰিক বস্তু পাবলৈ কামনা কৰে। এনেতে তেওঁ সেই ব্যক্তিক ঈৰ্ষা কৰিব ধৰে, যি তেওঁতকৈ অধিক ধনী হয় তথা সংসাৰত বহুত ওপৰত আছে তেওঁ কেৱল ধনী ব্যক্তিকেই ঈৰ্ষা নকৰে বৰং এইটোও সহ্য কৰিব নোৱাৰে যে যি তেওঁতকৈ অলপমান আগত গুচি গৈছে। এই ভৌতিক ঈচ্ছা তথা সপোনত বন্ধা ব্যক্তি, লাহে লাহে ইয়াক পোৱা বলপূৰ্বক ইচ্ছাৰে বান্ধিব ধৰে। ইচ্ছা পূৰ্তি নহ'লে মনত ক্ৰোধ উৎপন্ন হয়। পত্ৰ-পত্ৰিকাত হত্যা আৰু মৰা-কটাৰ যি খৰচ ছপা হয় সেইটো এই ঈৰ্ষালু প্ৰকৃতিৰ পৰিণাম হয়, যিটো ভৌতিক ইচ্ছাৰ পিছত যোৱাৰ ফলস্বৰূপে উৎপন্ন হয়। ব্যক্তিক এনে লাগে যে তেওঁ নিজৰ শাৰীৰিক ক্ষমতা বা অনুচিত কাৰ্যৰ দ্বাৰা জীৱনত যি কোনো পাব পাৰে। এইটো ব্যক্তি জীৱনত অসফল হয় আৰু দুৰ্ভাগ্যৱশত সংসাৰত এনে লোকৰ সংখ্যা বহুত অধিক হয়। আত্মবিশ্লেষণৰ দ্বাৰা আমি জানিব পাৰো যে আমি কোনো শ্ৰেণীত আছোঁ আৰু কি বনিব বিচাৰো।

ক্ৰোধজনিত প্ৰভাৱত নিৰাশা, ভ্ৰম, স্মৃতি ভংগ তথা বুদ্ধিত অভাৱ মুখ্য হয়। প্ৰায়ঃ ক্ৰোধিত ব্যক্তি গম্ভীৰতাপূৰ্বক যি কোনো বিষয়ত

ভাৱি ব নোৱাৰে। এজন দুৰ্বল ব্যক্তি নিজৰেই দশাৰ পৰা অচিনাকি হয়। কোৱাৰ আৱশ্যকতা নাই যে কোনো ব্যক্তিয়ে এনে ব্যক্তিৰ লগ নিবিচাৰে কাৰণ ক্ৰোধে নিজৰ মানসিক সন্তুলনক হেৰুৱাই দিয়ে, লগতে আনৰ জীৱনকো দুঃখদায়ী কৰি দিয়ে। **পাইথাগোৰাচৰ** অনুসাৰে -

"ক্ৰেধ মূৰ্খতাৰে আৰম্ভ হয় তথা প্ৰায়চিত্তত সমাপ্ত হৈ যায়।"

বৈজ্ঞানিক পৰীক্ষণৰ আধাৰৰ ওপৰত কব পাৰি যে ক্ৰোধৰ কাৰণে ধমনি প্ৰভাৱিত হয় যিটো হৃদয় ৰোগৰ কাৰণ বনি যায়। ক্ৰোধে আপোনাৰ সফলতাত বাধক হয় তথা হৃদয় আৰু মস্তিস্কৰ স্বাস্থ্যৰ বাবেও ঘাতক হয়।

অথৰ্ববেদ (6.42.1) ত লিখিছে -

"ধেনুৰ বানৰ দৰে হৃদয়ৰ পৰা ক্ৰোধক উলিয়াই দিয়া যাতে আপুনি পুনঃ মিত্ৰ বনি সমাজঞ্চ স্হাপিত কৰিব পাৰে।"

ক্ৰোধৰ কাৰণ

চুক্তিৰ অভাৱ - প্ৰায়ঃ যদি আমি কোনা ক্ষেত্ৰত কাৰোবাৰ লগত সহমত নহয় তেতিয়া ক্ৰোধীৰ ৰূপ ধাৰণ কৰো। প্ৰত্যেক ব্যক্তিয়ে আনক নিজৰ দৃষ্টি বুলি ভাৱিব ধৰে। তাৰ পিছত শীঘ্ৰে এইটো প্ৰক্ৰিয়া এক এনেকুৱা তৰ্কলৈ পৰিৱৰ্তন হৈ যায়, য'ত তেওঁ পৰস্পৰ সম্বন্ধক পাহৰি দোষাৰোপণলৈকে কৰিব ধৰে। এইটো ভাৱনা নিৰন্তৰে চলি থাকে আৰু মনত প্ৰায়চিত্তৰ ভাৱনাই জন্ম লয়। এইটো সসমস্যা তেতিয়াহে সমাধান কৰিব পাৰি, যেতিয়া কোনো দলে অস্ত্ৰ এৰি দিয়ে, য'তনেকি এনেকুৱা বহুত কম হয়। চুক্তি নোপোৱাৰ কাৰণেই দুঃখৰ মূল বনে। মনুষ্যই আনতকৈ নিজৰ ওপৰত অধিক বিশ্বাস থাকে, এইটো ইয়ালৈকে যে তেওঁ ঈশ্বৰতকৈ নিজক অধিক বিশ্বাস কৰে। তেওঁ নিৰন্তৰে নিজৰ ৰুচি আৰু প্ৰাথমিকতাক সকলোৰে সন্মুখলৈ লৈ আনে। যৰ পৰা সংঘৰ্ষ উৎপন্ন হয়।

মান ভংগ - যদি আপুনি আপোনাৰ প্ৰয়াসৰ পৰিণামৰ মোহ পালি নলয় তেতিয়া আঘাত পোৱাৰ প্ৰশ্নই নুঠে। যদি আপোনাৰ অহংকাৰৰ পৰা দূৰত থাকে তেতিয়া বচ বা সহযোগীৰ ব্যংগ বা গালিও আপোনাৰ বাবে কোনো গুৰুত্ব নাৰাখে। যদি আপুনি আপোনাৰ আদৰ্শ তথা নিয়মৰ অনুসাৰে চলি আছে তেতিয়া নিঃসন্দেহে প্ৰত্যেক ব্যক্তিয়ে আপোনাক পুৰা মান-সন্মান দিব তথা কেতিয়াও ক্ৰোধ উৎপন্ন নহ'ব।

অনাদৰ - অসমতি আৰু অসমৰ্থৰ অৱস্থাঃ এইটো অহংকাৰেও মুখ্য ভূমিকা পালন কৰে। যদি সহকৰ্মীয়ে বচৰ অনাদৰ কৰে অথবা সন্তানে মাক-দেউতাকৰ কথা নুশুনে তেতিয়া স্বাভাৱিক ৰূপেৰে ক্ৰোধিত হৈ যায়। মুখৰ পৰা উলাই "তোমাৰ কৰ পৰা সাহস হ'ল?" সৰু লোক তথা শিশু ভাল হ'লেও দোষী কৰি দিয়ে। কাৰ্যালয়ত প্ৰায়ঃ বচ তথা সহকৰ্মীৰ মাজত সংপ্ৰেষণৰ অভাৱত এইটো ঘটিত হয়। যদি এইটো কেতিয়াও বচৰ ফালে থাকে তেতিয়া অধীনস্থৰ সকলো তৰ্ক নিৰুত্তৰ হৈ যায়।

উত্তেজনা - উত্তেজনাৰ পৰা ক্ৰোধ উপজে কিন্তু এইটো কেনেকৈ সম্ভৱ হয়? এনেকুৱা তেতিয়া ঘটিত হয় যেতিয়া আনন্দমগ্ন তথা প্ৰসন্ন ব্যক্তিক জ্ঞানিব পাৰে যে তেওঁৰ আনন্দক টানি লোৱা গ'ল। ইয়াৰ পৰা ক্ৰোধ তথা অসন্তুষ্টিৰ ভাৱ উদয় হয় কাৰণ উক্ত ব্যক্তিয়ে নিজৰ ভিতৰত ইমনা মগ্ন হৈ যায় যে তেওঁ স্বাৰ্থপৰ বনি যায়। যদি ঘৰত দূৰদৰ্শনৰ ক্ৰিকেট মেচ আৰু কাৰ্টুন আহি যায় তেতিয়া পিতা আৰু পুত্ৰৰ মাজত প্ৰায়ঃ এনেকুৱা স্থিতি উৎপন্ন হৈ যায় তথা গৃহিণীক কাজিয়াৰ সম্মুখিন হ'ব লগীয়া হয়।

অনুচিত কাৰ্য - এইটোও দুই প্ৰকাৰৰ হ'ব পাৰে। যদি আমি কোনো ব্যক্তিক অনুচিত কাৰ্য কৰা দেখা পাওঁ তেতিয়া এইটোক স্বীকাৰ কৰিব নোৱাৰে তথা ক্ৰোধিত হৈ যায়। তাতে আকৌ অন্য ফালে যদি কোনোবাই আমাৰ ভূলক ধৰে তথা কৰি দিয়ে তেতিয়াও আমাৰ ক্ৰোধ জাগ্ৰত হৈ যায়।

যদি কোনোবাই আপোনাৰ লাভ উঠাই - যদি কোনো ব্যক্তিয়ে আপোনাৰ পৰা লাভ লব বিচাৰে, তেতিয়াও আপোনাৰ অহংত আঘাত পাই তথা ক্ৰোধ জাগি উঠে। এই ক্ৰোধৰ পৰা ভশীভূত হৈ আপুনি ইমান কৈ যায় যে আপোনাৰ ওপৰত অনেক দোষৰোপন কৰি দিয়া যায়।

ইয়াৰ পৰা কোনো প্ৰভাৱ নপৰে যে কেনেকৈ, কেতিয়া আৰু কত, ৰাজনীতিত সদায় দোষৰোপৰ খেল চলি থাকে।

বৰ্তমানত ব্যক্তিয়ে নিজকে ইমান প্ৰাথমিকতা দিব ধৰিছে যে ইয়াৰ বিৰুদ্ধে কিবা হ'লেও সেইটোক নাকচ কৰি দিয়া যায়, কাৰণ সেইটো তেওঁ নিজী পছন্দৰ লগত নিমিলে। গোটেই সংসাৰত সকলো বিপক্ষী দলে এই চালৰ অভ্যাস কৰে।

ঈৰ্ষাও ব্যৱহাৰৰ এটা জটিল ৰূপ হয়। ব্যক্তিয়ে নিজকে আনৰ তুলনাত শ্ৰেস্থ কৰিব নোৱাৰে তথা নিৰন্তৰে স্ব মূল্যাংকনত লাগি থাকে। নিজকে আনতকৈ কিছু ভাল কৰি চাই- মনত ঈৰ্ষা আৰু পীড়া

জন্ম হয়। নিজৰ কৰ্মক বিশ্লেষণ কৰাৰ পৰিৱৰ্তে তথা এইটো চোৱাৰ পৰিৱৰ্তে কি, কেতিয়া, আৰু কেনেকৈ ভুল হ'ল, ব্যক্তিয়ে সহজ ৰাস্তা বিচাৰে।

সমস্যা - যদি কোনো ব্যক্তিয়ে তেওঁৰ আৰামদায়ক পৰিস্থিতিৰ পৰা বাহিৰলৈ উলাই যায় তেতিয়া তেওঁ মনত ক্ৰোধ সৃষ্টি হৈ যায়। অমৈত্ৰীপূৰ্ণ ব্যৱহাৰ- যদি আপোনাৰ লগত কোনোবাই মিত্ৰৱত ব্যৱহাৰ নকৰে তেতিয়া আপোনাৰ মস্তিস্কত সকলোতকৈ প্ৰথমে বিচাৰ আহিব "বাদ দিয়া।" আপুনি নিজকে কথা দিব যে উক্ত ব্যক্তিৰ লগত কেতিয়াও কথা নাপাতিবা, কিন্তু এক বুদ্ধিমান ব্যক্তিয়ে সদায় ইয়াৰ পৰা বিপৰীত ব্যৱহাৰ কৰিব। আপোনাৰ সুখ-সুবিধাৰ এইটো কাৰ্যক আম কঠিন নিয়মেৰে বান্ধি দিওঁ। যদি কোনোবাই ইয়াত বাধা দিয়ে তেতিয়া অনাৱশ্যক সমস্যা উৎপন্ন হয়।

অসংগঠিত - অসংগঠিত ব্যক্তিয়ে সদায় খেলিমেলিত থাকে তথা জানিব নোৱাৰে যে কোনটো বস্তু কত ৰাখে। পৰিণামতঃ তেওঁ সদায় ক্ৰোধিত হৈ থাকে।

ক্ৰোধজনিত প্ৰভাৱ

যদি কোনোবাই আনৰ পৰা লাভ উঠাই, নিজৰ ইচ্ছাৰ অনুসাৰে কাৰ্য কৰে তেতিয়া ইয়াৰ পৰা অন্য সমস্যাৰ উৎপন্ন হয় তথা ঋণাত্মক প্ৰতিক্ৰিয়া সৃষ্টি হয়। এটা নিশ্চিত সীমালৈকে এইটো অহংকো আঘাত প্ৰাপ্ত কৰি দিয়ে।

জীৱনত বাধা - ঘৰ হওক বা বাহিৰত আমি ক্ৰোধৰ কাৰণে অনেক সমস্যাৰ সম্মুখিন হ'ব লগাত পৰো।

অপ্ৰসিদ্ধি - ক্ৰোধে যি কোনো ব্যক্তিৰ লোকপ্ৰিয়তাৰ বাধক হয়।

বাৰে বাৰে ধৰিব পৰা - যদি কোনো ব্যক্তিক ভাল হোৱাৰ স্বত্বেও বাৰে বাৰে ধৰিব পৰা স্থিতিৰে পাৰ হ'লগীয়া হয় তেতিয়া তেওঁৰ মনত ক্ৰোধ উৎপন্ন হয়। অহঙো প্ৰতাড়িত হয়।

চিন্তা তথা হেচো - ক্ৰোধী ব্যক্তিৰ জীৱনৰ কোনো সাৰ্থকতা নাই। তেওঁলোকে সদায় অন্য ব্যক্তিৰ ঋণাত্মক পক্ষক চাই তেওঁ এইটোক চেলেঞ্জৰ ৰূপত লয়, ব্যক্তিৰ মৈত্ৰীপূৰ্ণ ব্যৱহাৰক মিত্ৰতাত পৰিৱৰ্তন কৰাৰ প্ৰয়াস কৰিব কাৰণ তেওঁ মিছা অহংকাৰক নামাৰে। তেওঁৰ এইটো বিশেষতাই তেওঁক অন্যৰ পৰা বেলেগ কৰি দিয়ে। আত্ম পৰীক্ষণৰ অভাৱত এইটো স্থিতি আৰু কঠিন হৈ উঠে।

নিৰ্ণয় ক্ষমতা - ক্ৰোধী ব্যক্তিৰ নিৰ্ণয় ক্ষমতা কি হ'ব ? আপুনি নিজে ভাৱক, তেওঁ ক্ৰোধিত হোৱাৰ আগতে নিৰ্ণয় ভূল লয়, আগলৈ কি কৰিব পাৰে ? ক্ৰোধজনিত নিৰ্ণয়েই প্ৰাণীৰ গ্ৰাহক বনি যায়।

বন্দি - কেতিয়াবা আপুনি আদালত যোঁৱাৰ সুযোগ পাই তেতিয়া আপুনি পাব যে অধিকতৰ কাজিয়া অহংকাৰৰ কাৰণে হয় যিটো ক্ৰোধৰ ৰূপ লৈ লয়। পৰিণামতঃ ব্যক্তিয়ে নিজকে জেইলৰ পিছত পাই বা তাৰ পিছত আদালতলৈ গৈ থাকিব লগা হয়।

দ্বিতীয় অধ্যায়ৰ শ্লোক 60 ত প্ৰভুৱে কয় -

"সাধাৰণহিত পুৰুষৰ অন্তঃকৰণত শ্ৰেষ্ঠ বুদ্ধি নাথাকে তথা সেই উপযুক্তৰ অন্তঃকৰণত অস্তিত্ব ভাৱো নাথাকে তথা বিনা আস্তিকভাৱৰ পুৰুষৰ শান্তিও নাথাকে, তাৰ পিছত শান্তিৰহিত পুৰুষক সুখ কেনেকৈ হ'ব পাৰে ?"

শান্তিৰ ক্ৰোধৰ বিপৰীত ভাৱ হয়। সম্পূৰ্ণ বিশ্ব শান্তিৰ অনুসন্ধানত লাগি থাকে। ইমান প্ৰয়াস কৰাৰ পিছতো শান্তি তাৰ পৰা বহুত দূৰত আছে। আমি সকলোৱে প্ৰভুৰ অভিন্ন অংগ হয় কিন্তু তাৰ পৰা বহুত দূৰত হয়। আমি বাহ্য শ্ৰোতৰ পৰা প্ৰসন্নতা আৰু শান্তি পাবৰ বাবে ঘূৰি ফুৰো কিন্তু শান্তিৰ মূল শ্ৰোত আমাৰ ভিতৰ লুকাই আছে। আমি এই তথ্যৰং ওপৰত বিশ্বাস কৰিব নোৱাৰিম। আমি এইটোক বাহিৰত বিচাৰিবলৈ ইমান অভ্যস্ত হৈ গৈছো যে ইয়াৰ ভিতৰত শ্ৰোতৰ কল্পনাকো আমি অসম্ভৱ বুলি ভাৱো।

দ্বিতীয় অধ্যায়ৰ শ্লোক সংখ্যা 71 ত প্ৰভুৱে কয় -

"যি পুৰুষ সম্পূৰ্ণ কামনাক ত্যাগ কৰে, মমতাৰ ৰহিত, অহংকাৰ ৰহিত আৰু উচ্চ নীচৰ পৰা দূৰ হৈ যায়, তেওঁ শান্তিক প্ৰাপ্ত কৰে।"

আপুনিও এইটো ভাৱি আশ্চাৰ্যকৃত হৈছে বোধহয় যে আমি ধন তথা যশ প্ৰাপ্তিৰ লালসৰ পৰা এইখন কিতাপক কিনো কিন্তু লেখকে আমাক বাসনা ত্যাগ কৰি ভগৱদ্‌গীতাৰ উপদেশ মনাৰ পৰামৰ্শ দিছে। কাৰণ এইটো এক বিৰোধাবাস হয়। এইটো বিৰোধাবাস নহয় কিন্তু জানিব পাৰি। কাৰণ এইটো হয় যে আপুনি ভৌতিক সুখ-সুবিধাৰ পিছত যায়, সেইটো আপোনাৰ পৰা দূৰলৈ গুচি যাব। এইটোক এক প্ৰাকৃতিক নিয়ম হয়। ইয়াৰ অৰ্থ এইটো কেতিয়াও নহয় যে আপুনি কাম কৰা এৰি দিয়ক। আপুনি কৰ্ম কৰিব লাগিব কিন্তু পৰিণামৰ বিষয়ে নাভাৱিব। মানুহে প্ৰায়ঃ ক্ৰোধী ব্যক্তিৰ লগত থাকিবলৈ ভাল নাপায়, এইদৰে তেওঁৰ মানুহৰ লগত মিলা জুলা কমি যায় আৰু বিপদৰ সময়ত তেওঁৰ সহায়ৰ বাকে আগলৈ আহিব নিবিচাৰে। আমি

পাহৰিব নালাগে যে এইখন সংসাৰত আনৰ সহযোগৰ বিনা জীয়াই থকাটো কঠিন হয়, কেৱল ঋষি-মুনিয়েই ইয়াৰ অপবাদ হয়। যদি জীৱনত কিছু ভাল পাব বিচাৰে তেতিয়াহ'লে আনৰ সহযোগ লব লগীয়া হয়। উদাহৰণস্বৰূপে, ব্যৱসায়ত, যদি বচে তেওঁৰ অধীনস্থৰ পৰা বেয়া ব্যৱহাৰ কৰিব তেতিয়া অধিক ৰচনাত্মক কাৰ্য সম্পন্ন নহ'ব।

প্ৰায়ঃ আপুনি দেখিছে বোধহয় শিশুৱে নিজৰ মন পছন্দৰ কাম কৰিব বিচাৰে। তেওঁলোকে নিজৰ ৰুচিৰ আধাৰত সন্তুষ্ট আৰু প্ৰসন্ন হৈ থাকে। মাক দেউতাকে তেওঁলোকৰ ইচ্ছাৰ বিৰোধ হৈ যায়। বিদ্যালয়লৈ যোৱাৰ পূৰ্বে শিশুক পঢ়িবলৈ বাধ্য কৰাই দিয়ে। তাত শিশুক নিৰন্তৰে মনত পেলাই দিয়ে যে খেলা-ধূলা কেৱল সময় কটোৱাৰ সাধন হয়। যদি জীৱনত যশ তথা ধন পাব বিচাৰে তেতিয়াহ'লে পঢ়াটো বহুত আৱশ্যক হয়। ক্ৰোধ, ভয় ওচৰে পাজৰৰ লোকৰ মনটো ভয় উৎপন্ন কৰে, যৰ পৰা ওচৰে পাজৰৰ মিলা জুলাৰ স্তৰত বাধা আহি যায়। মানুহে নিজৰ বিচাৰ প্ৰস্তুত কৰিবলৈ সংকোচ কৰে কাৰণ তেওঁলোকক এনে লাগে যে তেওঁলোকৰ বিচাৰ মঞ্জুৰ নহ'ব। ৰুচিৰ অভাৱ, সক্ষমতাক প্ৰভাৱিত কৰা তথা কোম্পানীৰ সম্পূৰ্ণ প্ৰদৰ্শনৰ ওপৰত ইয়াৰ প্ৰভাৱ পৰে। কিশোৰাৱস্থাত অহা যোৱা কৰি তেওঁলোকে নিজৰ পৰিৱেশ তথা পোচাকৰ প্ৰতি সজাগ হৈ উঠে, মিত্ৰৰ লগত প্ৰতিস্পৰ্ধা বাঢ়িব ধৰে। পঢ়া, খেলা ধূলা তথা ব্যক্তিত্বই তেওঁলোকৰ কেন্দ্ৰ হৈ যায়। পৰিপক্ক হোৱাত কেৰিয়াৰেই তেওঁলোকৰ জীৱনৰ মুখ্য বিন্দু হয়।

সফল কেৰিয়াৰ পোৱাৰ আকাংক্ষাত তেওঁলোকে অনেক বাধাৰে পাৰ হ'ব লগীয়া হয়। যৰ পৰা কুণ্ঠা তথা ক্ৰোধ উৎপন্ন হয়।

ব্যাকুলতা ঃ- ব্যাকুলতাৰ পৰা অক্ষমতা উৎপন্ন হয় আৰু ব্যক্তিৰ মগজুত শান্তি ভংগ হৈ যায়। অৱশ্যে সেই ব্যক্তি নিজে নিজৰ অক্ষমতাৰ দোষী হয় কিন্তু ব্যাকুলতা হোৱাৰ কাৰণে তেওঁ নিজৰ শান্তিক হেৰুৱাই দিয়ে, ইয়াৰ পৰা কামৰ যোগাত্মক পৰিৱেশ নষ্ট হৈ যায় আৰু ভ্ৰম সৃষ্টি হৈ যায়।

এতিয়ালৈকে সকলোৱে জানিলে যে ইচ্ছাৰ পূৰ্তিত বাধাই ক্ৰোধৰ জন্ম দিয়ে। ক্ৰোধ ৰূপী হিংসক বল সদায় পীড়াদায়ী হয় তথা মস্তিষ্কক প্ৰতিশোধৰ বাবে প্ৰেৰিত কৰে। এই প্ৰক্ৰিয়াত ক্ৰোধিত ব্যক্তিয়ে নিজকে নষ্ট কৰি লয়। ক্ৰোধ অস্বস্থ মস্তিষ্কৰ পৰিচায়ক হয়। এইটো অজ্ঞান তথা বুদ্ধিৰে উৎপন্ন হয়। সমস্যাৰ সমাধানত অযোগ্যতাৰে ক্ৰোধ উৎপন্ন হয়। ক্ৰোধিত ব্যক্তিয়ে বেলেগ বেলেগ ধৰণে প্ৰতিক্ৰিয়া ব্যক্ত কৰে। কোনো লোকে নিজৰ কৰ্তব্যক ভালদৰে পালন নকৰে। প্ৰায়ঃ হড়তালৰ ৰূপত ক্ৰোধৰ প্ৰদৰ্শন কৰে।

কিছুমান মৌন হয় আৰু কিছুমান আক্ৰামক ভাৱেৰে ক্ৰোধ-ব্যক্ত কৰে।

চিন্তা তথা হেচা - এনেকুৱা ব্যক্তিয়ে প্ৰায়ঃ আনৰ কামত ভূল উলিয়াই থাকে। যৰ পৰা তাৰ ওপৰত দুয়ো ফালৰ পৰা হেচা পৰে। কুণ্ঠা বাঢ়ে তথা প্ৰকৃতিও তেওঁৰ বিৰোধ হৈ যায়।

এতিয়াকৈ আপুনি আপোনাৰ ফালৰ পৰা ভালদৰে চেষ্টা কৰিছে বোধহয়, এতিয়া 6 ৰ পৰা 9 মাহলৈকে, সেই সকলো টেকনিকক প্ৰয়োগ কৰক, যিটো আপুনি এই কিতাপৰ পৰা বুজিছে। নিজৰ ওপৰত বিশ্বাস ৰাখক, তেতিয়া আপোনাৰ একো নিৰাশ নহ'ব। যদি আপুনি এতিয়া বুজি নাপাই, তেতিয়াহ'লে জীৱনত আগলৈ গৈ ইয়াৰ অনুভৱ হ'ব, তেতিয়া আপোনাৰ ওচৰত আপোনাৰ মতে শুধৰাবৰ বাবে উৰ্জাও নাথাকিব আৰু সময়ো নাথাকিব। এইটোক আজিয়েই আৰম্ভ কৰক যিমান সোনকালে হ'ব পাৰে, ভাল হ'ব।

তেওঁ সফলতা আৰু যশকো ভূল ধৰণে লয় আৰু সন্তনকো ইয়াৰ তন্ত্ৰে খেলিমেলি কৰি দিয়ে। আশক্তিৰ এইটো আৰম্ভণি সন্তানৰ লগতে চলি থাকে।

যদি আপুনি বৃদ্ধজনক চাব তেতিয়া পাব যে তেওঁ আগতকৈ বহুত শান্ত আৰু অনাশক্ত হৈ যায় কাৰণ তেওঁ জীৱনৰ সাৰমৰ্মক জানি লৈছে যে তেওঁ লাগিলে ভৌতিক সফলতা পাওক বা নাপাওক, এইটো তেওঁৰ পূৰ্ণতা পোৱাৰ ৰাস্তাত বাধা দিব নোৱাৰে।

এতিয়া তেওঁ সেই কৰ্মত দোষ কৰে, যিটো তেওঁ আনৰ মূল্যত, আনন্দ পাবৰ বাবে কৰিছিল। তেওঁৰ এইটোও অনুভৱ হয় যে পৰিণামৰ সন্মুখিন হোৱাৰ সময় আহি গৈছে। তেওঁ শান্তি বিচাৰি প্ৰাৰ্থনা কৰে, ধৰ্ম বা অধ্যাত্মৰ শৰণ লৈ লয়। যেতিয়া তেওঁ যুৱ চামক সেই ভূলক কৰি থকা দেখা পাই, যিটো তেওঁ কৰিছিল, তেতিয়া আত্মবোধ আৰু গভীৰ হৈ যায়।

ক্ৰোধ অপৰিপক্কতাৰ সূচক হয়। এইটোকে কোনেও মানিবলৈ প্ৰস্তুত নহয়। যদি ক্ৰোধ সকলোৰে আছে। বুদ্ধিৰ অভাৱ, স্হিতিক ভালদৰে ঠিক কৰাত অক্ষমতাই অপৰিপক্কতাৰ কাৰণ হয়।

ক্ৰোধৰ ওপৰত নিয়ন্ত্ৰণ পোৱাৰ মুখ্য উপায়

1. **শান্তি ভাৱ- প্ৰশান্তি** - 'কৰ্ম' নামৰ অধ্যায়ত ইয়াৰ ওপৰত চৰ্চা কৰা গৈছে। বিকশিত হ'বৰ বাবে এইটো এটা সুন্দৰ বিশেষতা হয়। এইটো এটা সম্পূৰ্ণ মনুষ্যক দৰ্শাই, যি কেৱল জীৱনৰ সমস্যাৰ

সন্মুখিন কৰা নাই বৰং তাৰ ওপৰত পাৰো পাইছে। এক শান্ত ভাৱৰ ব্যক্তিয়ে নিজৰ যোগাত্মক ভাৱনাক ঋণাত্মক হোৱাৰ পৰা বচাই আৰু তেওঁ ভালদৰে বুজি পাই। তেওঁ শান্ত ভাৱেৰে ক্ৰোধক আহিব নিদিয়ে, তেওঁ নিজৰ আধৰুৱা ভাৱক নির্দেশিত আৰু নিয়ন্ত্ৰিণত কৰিব জানে। তেওঁ জীৱনৰ সার্থকতাৰ অনুভৱ হৈ যায়, যেতিয়া তেওঁ অপৰিপক্কতাক চিনি পাই তেতিয়া তেওঁ কেৱল সহানুভূতিক ব্যক্ত কৰে। তেওঁ ক্ৰোধক তেওঁৰ ওপৰত প্ৰভাৱ পৰিব নিদিয়ে কাৰণ তেওঁ জানে যে ক্ৰোধে তেওঁক নিয়ন্ত্ৰিত কৰিব নোৱাৰে। তেওঁৰ অনুভৱ হয় যে এই ঈশ্বৰময়ী সংসাৰত একো বেয়া নহয়। তেওঁ মনুষ্যৰ অপৰিপক্কতাক চিনি পাই তথা তেওঁৰ অনুচিত কর্মৰ প্ৰতি সহানুভূতিপূর্ণ ব্যৱহাৰক প্ৰয়োগ কৰে।

2. **ধৈর্য** - ক্ৰোধক নিয়ন্ত্ৰিত কৰিবৰ বাবে ধৈর্যৰ আৱশ্যক হয়, গতিকে ইয়াৰ অভ্যাস নিশ্চয় কৰিব লাগে। খেলিমেলিকে কৰা কাম সদায় ক্ৰোধ তথা অধৈর্যক জন্ম দিয়ে, ইয়াৰ পৰা পীড়া তথা বিধ্বংসও বৃদ্ধি হয়। মহত্ত্বপূর্ণ ক্ষেত্ৰত, যদি কাৰোবাৰ মত নিমিলে, তেতিয়া ব্যক্তিয়ে ধৈর্য ধৰিব লাগে। আনৰ ভুলৰ কথা কোৱাৰ পৰিৱৰ্তে ব্যক্তিয়ে ধৈর্যপূর্বক নিজৰ ভাৱনাৰ বিষয়ে কথা কব লাগে।

   অন্য ব্যক্তিৰ ওপৰত খং কৰাৰ পৰিৱর্তে ব্যক্তিক সেই ব্যক্তিক কব লাগে যে তেওঁৰ কামৰ বাবে তেওঁ কিমান যে ভাৱনাত্মক উথল-পুথলৰ সন্মুখিন হ'ব লগাত পৰিছে। অন্য ব্যক্তি এজন ভাল শ্ৰোতৰ দৰে সকলো শুনাৰ লগতে তেওঁ তেওঁৰ ভুলৰ অনুভৱো হ'ব।

3. **নিস্বাৰ্থ** - ক্ৰোধে স্বাৰ্থপৰ ব্যক্তিক চিনি পাই। স্বাৰ্থপৰ ব্যক্তিয়ে কোনো বস্তুৰ অধিকাৰ নহ'লে, সকলো নিজৰ অনুসাৰে পাব বিচাৰে। জীৱনত নিঃস্বাৰ্থ বৃত্তি প্ৰয়োগ কৰক, আপুনি এক ভাল আৰু লোকপ্ৰিয় ব্যক্তি বনিবলৈ বেছি সময় নালাগিব। স্বাৰ্থপৰ ব্যক্তিয়ে সদায় ছল-কপটেৰো ঘেৰি থাকে, কিন্তু নিঃস্বাৰ্থ লোকে আনৰ সংগতিৰ আনন্দ পায়। নিঃস্বাৰ্থ ব্যক্তিয়ে আনৰ সংগতিৰ আনন্দ লয়, য'তনেকি স্বাৰ্থই তেওঁৰ পৰা লাভ লবলৈ যত্ন কৰে। নিঃস্বাৰ্থই কেতিয়াও ক্ৰোধিত নহয় কাৰণ তেওঁক প্ৰভুৰ ওপৰত পুৰা বিশ্বাস থাকে। ঈশ্বৰে তেওঁ সেইটো দিয়ে, যিটোৰ তেওঁ অধিকাৰী হয়। এনেতে চৰ্চা কৰা সময়ত, ব্যক্তিয়ে বিনা কোনো বাধাৰে স্পষ্টতাৰ সাক্ষী হ'ব পাৰে। বিষয়ৰ পৰা ঘূৰি ফুৰা ভ্ৰম তথা ভুল সৃষ্টি কৰে। বিনা কোনো স্বাৰ্থৰ, আনক শুনিবলৈ চেষ্টা কৰক কাৰণ যদি আমি আমাৰ বিষয়ত কথা কওঁ তেতিয়া আমাৰ সমস্যাৰ কোনো অন্ত নহ'ব।

4. ক্ষমাদান - আনক ক্ষমা কৰিবলৈ শিকক, কটুতা ত্যাগ কৰল। যিয়ে আপোনাক আঘাত কৰিছে, তেওঁক ক্ষমা কৰাৰ সাহস ৰাখক আৰু সকলো তিতা কেহাক এৰি দিয়ক। যদি আপুনি ক্ষমা কৰি দিব পাৰে তেতিয়া আপুনি ঘৃণা, জলন আদি ঋণাত্মক বিচাৰকো দূৰ কৰিব পাৰিব। কাজিয়া লগাৰ পৰিৱৰ্তে মিলাজুলা বঢ়োৱাত আপোনাৰ উৰ্জাক ব্যয় কৰক। যদি কোনো ব্যক্তিৰ ওচৰত একোৱেই নাই তেতিয়াহ'লে তেওঁ আনক কি দিব, গতিকে ক্ৰোধ আৰু ঘৃণাৰ পৰা বাচক অন্যথা অন্ততঃ ক্ৰোধ আৰু ঘৃণাকেই ভগাব লাগিব। আনক বেয়া প্ৰমাণিত কৰা বা জয় কৰাৰ পৰিৱৰ্তে ক্ষমা কৰি দিয়ে ঘটনাটোক সমাপ্ত কৰা শিকক।

5. আত্মক্ষমা - কেতিয়াবা ব্যক্তিয়ে নিজৰ ওপৰতেই ক্ৰোধিত হৈ যায়। যদি অপৰাধবোধ অনুভৱ হয় তেতিয়া এই বিষয়ে বেছিকৈ নাভাৱিব আৰু নিজকে কওক যে আপুনি ভগৱান নহয়। কেৱল ঈশ্বৰৰেই কেতিয়াও ভূল নহয়, মনুষ্য কেতিয়াও সম্পূৰ্ণ হ'ব নোৱাৰে। ঈশ্বৰ আৰু মনুষ্যৰ এইটোৱেই অন্তৰ থাকে কিন্তু এইটোও মনত ৰাখক যে আপুনি ভূলক বাৰে বাৰে কৰি নাথাকিব।

এইটো কেতিয়াও নামানিব যে আপুনি যি জীৱন জীয়াই আছে, আপুনি সেইটোক জীয়াই থকাৰ অনুমতি দিয়া নাই। আপুনি নিজকে দন্ড দিয়া বন্ধ কৰি দিয়ক আৰু নিজকে প্ৰেম কৰিবলৈ আৰম্ভ কৰি দিয়ক।

6. ঈশ্বৰ - আপুনি সকলো কাম এনেকুৱা কৰক ধৰক ঈশ্বৰৰ প্ৰতি কৰ্তব্য পালন কৰিছে। যদি আপুনি আপোনাৰ কৰ্ম প্ৰভুক সমৰ্পিত কৰি দিব তেতিয়া আপোনাৰ কেতিয়াও দুঃখ নহ'ব তথা কৰ্মফলৰ চিন্তাও ঘেৰি নধৰিব।

যদি আপুনি ক্ৰোধিত হয় তেতিয়া আপোনাৰ মনক ৰচনাত্মক দিশত লগাবলৈ চেস্টা কৰক। যদি কথা কওঁতে কওঁতে ক্ৰোধিত হৈ যায় তেতিয়া ভালদৰে কথাৰ বিষয়ক সলনি কৰি দিয়ক বা বিনম্ৰতাৰে কোনো বাহানা বনাই কোঠাৰ পৰা বাহিৰত উলাই যাওঁ। ক্ৰোধ দিওৱা ব্যক্তি অথবা কথাৰ বিষয়ে নাভৱিব। সেই গতিবিধিৰ ওপৰত ধ্যান দিয়ক, যিটোক আপুনি বহুত ভাল পায়।

যদি এইটোও উপয়ো কাৰগৰ হয় তেতিয়া প্ৰভুৰ চিন্তন কৰক তথা ভাৱক -

"ইয়াৰ পূৰ্বে অনেক জন্মত মই ক্ৰোধিত হৈছো তথা নিজৰ লোকচান কৰিছো। ক্ৰোধ গুচি গ'ল কিন্তু হানি মোৰ হ'ল, কিন্তু এতিয়া মই ক্ৰোধ

ৰূপী বিচাৰক মোৰ বৰ্তমান জীৱনৰ লোকচান কৰিব নিদিওঁ।''

কোনো একান্ত স্হলত গৈ ধ্যান লগাওক। কাৰোবাৰ লগত কাজিয়াৰ তৎক্ষণাত পিছত আত্মবিশ্লেষণ নকৰিব, কাৰণ সেই সময়ত ব্যক্তিয়ে ঋণাত্মক বিচাৰেৰে ঘেৰি থাকে আৰু সেইকাৰণে যি কোনো বস্তুৰ প্ৰশংসা কৰাৰ স্হিতিত নাথাকে।

এটা অন্য বিচাৰধাৰাৰ অনুসাৰে কোনো ভালৰ বাবে কৰা ক্ৰোধ বেয়া নহয়।

ইজনে সিজনৰ বিচাৰধাৰাৰ অনুসাৰে কাৰোবাৰ ভালৰ বাবে কৰা ক্ৰোধ বেয়া নহয়।

সত্য হয়, যদি আপুনি কাৰোবাৰ ভালৰ বাবে, তেওঁক সহায় কৰিবৰ বাবে ক্ৰোধিত হয়, তেতিয়া সেইটোক সাত্তিক বুলি কোৱা যাব। অৱশ্যে এইটো প্ৰথম আৰু শেষ আশ্ৰয় নহয়। এইটোক ভৌতিক প্ৰকৃতিৰ নিয়ম মানিব কিন্তু আধ্যাত্মিক প্ৰকৃতিৰ নিয়মে ইয়াৰ হাতি নভৰে, কাৰণ আধ্যাত্মিক প্ৰকৃতিৰ ব্যক্তিয়ে জানে যে সকলো ভ্ৰম হয়, সাধাৰণ ব্যক্তিয়ে যি বস্তুৰ বাবেও কাজিয়া কৰে, তাত কোনো সত্য নাই। বাস্তৱত এইটো হয় ক্ৰোধৰ অভ্যাস চেতন বা অৱচেতন ৰূপেৰে ব্যক্তিৰ জীৱনত দুংখ তথা পীড়া লয় আৰু সাত্তিক কৰ্মৰ পথৰ পৰা দূৰলৈ লৈ যায়, গতিকেঃ ক্ৰোধ কৰা এৰি দিয়ক।

□□□

অধ্যায় - 10

অনাশক্তি

প্রায়ঃ ভৌতিক সুখ-সুবিধাৰে অনাশক্তিৰ চৰ্চা আহিয়েই ব্যক্তিক এনে লাগে যে তেওঁক তেওঁৰ সকলো প্ৰিয় বস্তুৰ ত্যাগ কৰি দিব লাগে। তেওঁ সেই সময়ত মানসিক চিত্ৰণ কৰিব ধৰে যে তেওঁ এজন সাধু বনি ঘৰ-পৰিয়াল এৰি দিয়ে, তেওঁ গেৰুৱা কাপোৰ পিন্ধে, দীঘল দাৰি আছে লগতে হিমালয়ৰ গুফাত বহে বা এটাৰ পৰা অন্য এটা ঠাইলৈ ঘূৰি ফুৰে। কিন্তু আপুনি চিন্তা নকৰিব আমি ইয়াত ঘৰ, পৰিয়ালৰ লগত জৰিত কৰ্তব্যৰ পৰা বিমুখ হোৱা মানা যাব। ভগৱদ্গীতাত কৰ্তব্য বিমুখতাক পাপ কৰ্মৰ সংজ্ঞা দিয়া গৈছে।

ভগৱান শ্ৰীকৃষ্ণই স্পষ্ট ৰূপেৰে কয়- 'কৰ্ম কৰাটো অতি আৱশ্যক হয় কাৰণ ইয়াৰ বিনা তুমি সংসাৰত জীৱিত থাকিব নোৱাৰিব। যদি তুমি জীৱিত নাথাকিবা তেতিয়া মোৰ পথত কেনেকৈ যাবা?

কৰ্তব্য-পূৰ্তিৰ অভাৱত আমি প্ৰকৃতিৰ লগত সামঞ্জস্য বনাব নোৱাৰো। অনাশক্তি অথবা বিৰাগেৰে মোৰ অভিপ্ৰায় আছে 'সুখৰ পৰা আনন্দৰ প্ৰাপ্তিৰ ওপৰত সুখ নাথাকে তথা দুঃখ পালে দুঃখী হোহোৱা অথবা সমত্ত ভাৱ বনাই ৰখা।

দ্বিতীয় অধ্যায়ৰ নিম্নলিখিত শ্লোকত প্ৰভুৱে কয় -

"হে অৰ্জুন! মন সহিত ইন্দ্ৰিয়ক বশত কৰক, মোৰ পৰায়ণ নহ'লে মনৰ দ্বাৰা বিষয়ৰ চিন্তন হয় তথা বিষয়ৰ চিন্তন কৰি পুৰুষৰ সেই বিষয়ত মোহ হৈ যায়। সেই মোহৰ পৰা বিষয়ৰ কামনা উৎপন্ন হয় তথা কামনাৰ পৰা বিঘিতি পৰিলে ক্ৰেধ উৎপন্ন হয় তথা পুৰুযে নিজৰ শ্ৰেয় সাধনাৰ পৰা পৰি যায়।" (62)

"ক্ৰোধৰ পৰা অবিবেক উৎপন্ন হয় তথা অবিবেকৰ পৰা স্মৰণ শক্তি ভ্ৰমিত হৈ যায়. স্মৃতি ভ্ৰম হলে বুদ্ধিৰ নাশ হয় তথা পুৰুযে নিৰ শ্ৰেয় সাধনাৰ পৰা পৰি যায়।" (63)

"কিন্তু স্বাধীন অন্তঃকৰণৰ পুৰুষে ৰাগদ্বেষেৰে ৰহিত নিজৰ বশত কৰা ইন্দ্রিয়ৰ দ্বাৰা বিষয়ক ভোগ কৰি অন্তঃকৰণৰ প্ৰসন্নতা প্ৰাপ্ত কৰে।" (64)

প্ৰভুৱে প্ৰত্যক্ষ ৰূপেৰে অনাশক্তিৰ পক্ষত তথা আশক্তিৰ বিপক্ষত কৈছে। শ্লোক 62 ত নিঃসন্দেহে দেখা পাব পাৰি যে আশক্তিয়েই ক্ৰোধ, ভ্ৰম তথা বাসনাৰ মূল কাৰক হয়, যৰ পৰা স্মৃতি আৰু বুদ্ধিৰো হানি হয়। শ্লোক 64 টো আমি চাব পাৰো যে অনাশক্ত ব্যক্তিয়ে সদায় প্ৰকৃতিৰ নিয়মৰ লগতে সামজঞ্চ ৰাখি কাৰ্য কৰে, তাৰ বিৰুদ্ধে নাযায়।

"যি পুৰুষে সম্পূৰ্ণ কামনাক ত্যাগ কৰি, মমতাৰহিত, অহংকাৰৰহিত আছিল। আপোনাৰ আনৰ দৰে ভাৱ ৰাখি ব্যৱহাৰ নকৰিব। তেওঁ শান্তি প্ৰাপ্ত কৰে।" (71)

অনাশক্তি তথা বিৰাগৰ শান্তিৰ লগত গভীৰ সম্বন্ধ আছে। যদি আপুনি ইন্দ্ৰিয় সুখ, বিষয়বাসনা, অধিকাৰ তথা মিছা অহংকাৰৰ পৰা দূৰত থাকে তেতিয়া শান্তি প্ৰাপ্ত কৰিব পাৰে। অনেক ব্যক্তি এনেকুৱাও আছে যি ধন তথা মানৰ লোভেৰে কৰ্ম কৰিব পাৰে। তেওঁলোকে সমাজ সেৱাক তেওঁলোকৰ কৰ্তব্য বুলি মানে। এনেকুৱা ব্যক্তিৰ ওচৰলৈ ধন তথা মান নিজে নিজে আঁহি যায়। এইটো প্ৰকৃতিৰ এটা নিয়ম হয়। যদি আপুনি ভৌতিক বস্তুৰ মোহত পৰি যায় তেতিয়া সেইটো আপোনাৰ পৰা আৰু দূৰলৈ গুচি যাব।

দ্বিতীয় অধ্যায়ৰ শ্লোক সংখ্যা 9 ত প্ৰভুৱে কয় -

"হে ধনঞ্জয়! এই সকলো কৰ্মই মোক নাবান্ধে। মই এই ভৌতিক গতিবিধিৰ পৰা অনাশক্ত তথা তটস্থ হওঁ।"

ইয়াত ভগৱান শ্ৰীকৃষ্ণই কয় যে তেওঁ সকলো ভৌতিক গতিবিধিৰ পৰা অনাশক্ত তথা নিস্পেক্ষ হয়।তেওঁ কাকোৱেই পক্ষত নলয়। ঈশ্বৰো নিজৰ বাবে নিয়ম কৰ্তব্যৰ পালন কৰে, যদি তেওঁ নিজৰ কৰ্তব্যক পালন নকৰে তেতিয়া তেওঁৰ সংসাৰত দুঃখেই দুঃখ হ'ব, আৰু জনসংখ্যাকো অতি হৈ যাব গতিকে, ঈশ্বৰে সম্পূৰ্ণ অনাশক্তিৰ লগত নিজৰ কাৰ্য কৰি আছে।

এইটো আপোনৰ বাবে বিৰোধভাস যেন লাগিব পাৰে কিন্তু মোৰ বিশ্বাস আছে যে এইটো কোনো বিৰাধভাস নহয়, কেৱল আমি এইটো বুজিবলৈ অলপ সময় লব লাগিব যে আমি কি চৰ্চা কৰি আছো।

'অনাশক্তি' ৰ কি অৰ্থ হয়। যদি পৰিয়াল, ঘৰ, কাৰ্য আদিৰ ত্যাগ কৰি সাধু বনাটো অনাশক্তি নহয় তেতিয়া ইয়াৰ অৰ্থ কি হয়? ইয়াৰ অৰ্থ হ'ল যে আপুনি ফলৰ ইচ্ছা নাৰাখি কৰ্ম কৰে। আমি এইটো মানিছো যে ঈশ্বৰ নিস্পক্ষ হয়, গতিকে আমি এইটোও জানি লব লাগে যে তেওঁ কৰা প্ৰয়াসৰ অনুৰূপৰ পৰিণাম দিয়ে। সম্ভৱতঃ এই ধাৰণাক বুজি পোৱাটো অলপ কঠিন হ'ব পাৰে, কাৰণ ব্যক্তিক বাল্যকালৰে পৰা শিকোৱা যায় যে তেওঁ লক্ষ্য ঠিক কৰি পূৰ্তি কৰিব লাগে। জীৱনত কোনো ভাল লক্ষ্য ৰখা আৰু গোটেই উৰ্জাৰ লগত ইয়াৰ বাবে সুকৰ্ম কৰাটোও ভাল হয়, কিন্তু এইটোক তয়শুদা অপেক্ষাৰ আধাৰত পুৰা কৰা বা ইয়াৰ পৰা নিশ্চিত প্ৰকাৰৰ পৰিণাম ৰখাটো ভূল হয়। সেইটো পৰিণাম আপোনাৰ কৰ্মৰ পৰিণামৰ লগত জৰিত নাি দি আপুনি লক্ষ্য পুৰা লৈছে তেতিয়া আপুনি তৎকালে আনটো কৰ্মৰ পৰা তেনেকুৱা পৰিণাম বিচাৰিব, যদি পৰিণাম অপেক্ষিত নহয় তেতিয়া সুযোগ গ্ৰস্ত ব্যক্তিয়ে নিজৰ আত্মবিশ্বাসক হেৰুৱাই দিয়ে। তাৰ ওপৰত অনাৱশ্যক হেচা পৰে আৰু তেওঁ নিজৰ সম্ভাৱিত স্তৰতকৈ বহুত তলত কাম কৰে।

ৰবীন্দ্ৰনাথ ঠাকুৰে এবাৰ কৈছিল- "যদি আপুনি সংসাৰৰ পৰা কবি তথা তাৰ পৰা কবিতা আতৰাই দিব তেতিয়া শীঘ্ৰে পাব যে তাৰ বিনা মনুষ্যই উৰ্জা কেনেকৈ পাব? এইটো সেই ব্যক্তিয়ে নাজানে যি নিজৰ বস্তুক অধিকাৰত ৰাখে, এইটো তেওঁ নাছিল যি কৰ্তব্যৰ নাম জপ কৰে, এইটো তেওঁ নাছিল যি অন্তত জয় কৰে কিন্তু তেওঁ আছিল, যি প্ৰেম কৰে। তেওঁ সত্য অৰ্থত সমৰ্পণ কৰে। তেওঁ গোটেই শক্তিৰে পীড়াক স্বীকাৰ কৰে তথা সেই শক্তিৰ বলত পীড়াৰ সন্মুখিন কৰে। তেওঁ সত্য আনন্দৰ সৰ্জক আছিল, যিটোক তেওঁ মোহৰ পৰা বহুত দূৰত পাই।

ভগৱদ্‌গীতাত প্ৰভুৱে স্পষ্ট ৰূপেৰে কয় যে মস্তিস্কক ধ্যানৰ দ্বাৰা তথা মোহ-মায়াৰ পৰা দূৰ হৈ বশত কৰিব পৰা যায়। জীৱনত আধ্যাত্মিক অথবা ভৌতিক সফলতা পাবৰ বাবে আপুনি নিস্পক্ষ বনিব লাগিব। অনাশক্তিৰ অৰ্থ এইটো নহয় যে আপুনি জীৱনত আনন্দ লব নালাগে, কেৱল ইয়াৰ উদ্দেশ্য ভৌতিক লাভৰ কাৰণে সন্তুষ্ট আৰু শান্তিৰ ওপৰত কেন্দ্ৰিত হ'ব লাগে। এই অধ্যায়ত প্ৰসন্নতাৰ তুলনাত অধিক আনন্দ প্ৰাপ্ত কৰে। 'প্ৰসন্নতা তথা আনন্দ' দুটা ভিন্ন শব্দ হয়। যেতিয়া মনুষ্যই নিজৰ কোনো স্বাৰ্থৰ পূৰ্তি কৰে তেতিয়া সেই নিজী লাভৰ বাবে তেওঁ প্ৰসন্নতাৰ অনুভৱ হয়। যেতিয়া কোনো ব্যক্তিয়ে

নিজী স্বাৰ্থতকৈ ওপৰত উঠি আনৰ ভাল কৰে তেতিয়া তেওঁৰ আনন্দ অনুভৱ হয়।

আনন্দৰ শ্ৰোত আমাৰ হৃদয়ৰ ভিতৰত আছে তথা প্ৰসন্নতা ভৌতিক সুখ-সুবিধাৰ পৰা প্ৰাপ্ত হয়। অহাবাৰ যেতিয়া আপুনি নিঃস্বাৰ্থ ভাৱেৰে কোনো সহায়তা কৰে তেতিয়া আনন্দময়ী ভাৱানাৰে সাক্ষী হয় তেতিয়া এইটো ঠিক কৰক যে আপুনি প্ৰসন্নতাৰ কাৰণে সেই আনন্দক অনুভৱ কৰিব, এইটো অনাশক্তি হয়। অনাশক্তিত প্ৰভুৰ প্ৰতি আত্মসমৰ্পণ, আনৰ ববাবে আৰু ভালৰ বাবে ত্যাগ, ক্ষমতা, সদাচাৰ আৰু প্ৰেম অন্তৰ্ভুক্ত আছে।

প্ৰভুৰ প্ৰতি সমৰ্পণ

ইয়াত ভগৱদ্গীতাৰ পৰা শ্লোক দিয়া গৈছে, য'ত প্ৰভুৱে স্পষ্ট ৰূপে কৈছে যে আমি আমাৰ কৰ্ম প্ৰভুক সমৰ্পিত কৰি দিব লাগে। যেতিয়া কোনো পৰিণামৰ প্ৰতি অনাশক্ত হোৱা শিকি লওঁ তেতিয়া তেওঁ চিন্তাৰহিত আৰু আনন্দী ব্যক্তিৰ ৰূপত নিজৰ কৰ্তব্যৰ পূৰ্তি কৰিব পাৰে। তেওঁৰ অৱসাদ, অপেক্ষা, চিন্তা, ঘৃণা, ঋণাত্মকতা আৰু অনাৱশ্যক চিন্তাই খেলিমেলি কৰি দিয়ে। কাৰ্য কৰাৰ ক্ষমতাটো কেইবা গুনা বৃদ্ধি হ'ব কাৰণ ব্যক্তিয়ে ঈশ্বৰ কেৱল চাৰিওফালেই নাপাব বৰং দিব্য ৰূপেৰে এক মিত্ৰ তথা বিশ্বাসৰ পাত্ৰও পাব।

মানুহে প্ৰায়ঃ কয় যে অৰ্জুন সৌভাগ্যশীল আছিল। তেওঁ যুদ্ধৰ কঠিনতাত প্ৰভুক তেওঁৰ ওচৰত পাই কিন্তু তেওঁ অভাগন হয়, কাৰণ প্ৰভুৱে তেওঁৰ লগত নাই। এনেকুৱা ব্যক্তিয়ে কেতিয়াও জানিব নোৱাৰে যে প্ৰভুৱ সৰ্বত্ৰ হয়। যদি তেওঁক স্মৰণ কৰা যায় তেতিয়া তেওঁ সদায় সহায়ক হয়। এনেকুৱা ব্যক্তি নিজৰ কষ্টৰ বাবে কান্দিবলৈ সময় আছে, কিন্তু প্ৰভু-স্মৰণৰ বাবে সময় নাথাকে। দুৰ্ভাগ্যৱশত, প্ৰায়ঃ ঈশ্বৰক দুঃখ বা প্ৰয়োজনৰ সময়ত মনত পেলোৱা যায়। ব্যক্তি কান্দিবলৈ সময় পাই কিন্তু কেৱল ঈশ্বৰক স্মৰণ কৰিবলৈ সময় নাথাকে।

আহিক, মহান গ্ৰন্থ আৰু মহাকাব্য মহাভাৰতৰ আৰু এটা উদাহৰণ লওঁ। ইয়াত মই আপোনাক এক ৰোচক প্ৰসংগ শুনাব বিচাৰো, যেতিয়া পাণ্ডৱে জুৱাত হাৰি নিজৰ সকলো ধন সম্পত্তি হাৰি যায় তেতিয়া দ্ৰৌপদিকো বন্ধকত দি দিয়ে। কৌৰৱে দ্ৰৌপদিক বস্ত্ৰহৰণৰ দ্বাৰা তেওঁৰ অপমান কৰিব বিচাৰে। যেতিয়া প্ৰভুৱে দ্ৰৌপদিৰ বস্ত্ৰ বঢ়াই লাজ ৰখাই দিয়ে তেতিয়া দ্ৰৌপদিয়ে তেওঁক দেৰিকে অহাৰ কাৰণ সুধে। প্ৰভুৱে শান্ত ভাৱেৰে দ্ৰৌপদিক উত্তৰ দিয়ে।

"মই অহাত দেৰি কৰা নাই কিন্তু তুমি সংকটৰ সময়ত তোমাৰ পতি, পিতামহ ভীষ্ম তথা গুৰু দ্ৰোণচাৰ্যক মাতা, কিন্তু তেওঁলোকে তোমাৰ সহায়তা কৰিব নোৱাৰিলে। যেতিয়া তুমি মোৰ সহায় বিচাৰা তেতিয়া মই শীঘ্ৰে আহি যাওঁ। যেতিয়া তুমি আত্মসমৰ্পণ কৰা তেতিয়া শীঘ্ৰে মই আহি যাওঁ। গতিকে মই অহাত দেৰি কৰা নাই, তুমি আত্মসমৰ্পণ কৰাত দেৰি কৰি দিলা।"

পঞ্চম অধ্যায়ত প্ৰভুৱে কয় -

"হে অৰ্জুন! যি পুৰুষে সকলো কৰ্মক পৰমাত্মাত অৰ্পণ কৰে তথা আন্তৰিকতাক ত্যাগ কৰে, সেই পুৰুষ জলত পদুমৰ পাতৰ সমানে পাপত লিপ্ত হৈ নাথাকে।" (10)

"গতিকে নিস্কাম কৰ্মযোগী কৰ্মৰ ফলক পৰমেশ্বৰক অৰ্পণ কৰি ভগৱত-প্ৰাপ্তিৰূপ শান্তিক প্ৰাপ্ত কৰে তথা সকামী পুৰুষ ফলত আশক্ত হৈ কামনাৰ দ্বাৰা বান্ধে। গতিকে নিস্কাম কৰ্মযোগেই উত্তম হয়।" (12)

শ্লোক সংখ্যা 10 তথা 12 ত স্পষ্ট ৰূপেৰে বৰ্ণিত আছে যে যদি আপুনি আপোনাৰ কৰ্ম প্ৰভুক সমৰ্পিত কৰিব তেতিয়া প্ৰভুৰ ফালৰ পৰা যোগাত্মক উত্তৰ পাব। আপোনাৰ জীৱনত শান্তি তথা সন্তুষ্টিৰ প্ৰাপ্ত হ'ব। এইটোৱেই আজি মনুষ্যৰ সকলোতকৈ দাঙৰ ইচ্ছা হয়। যদি কোনো ব্যক্তিয়ে লোভী বনি ঈশ্বৰৰ পৰা পৰিণামৰ অপেক্ষা কৰে তেতিয়া তেওঁ জীৱনৰ জঞ্জালত আৰু খেলিমেলি হৈ যায় আৰু সদায় ভ্ৰমিত হৈ থাকে। ইয়াৰ পৰা স্পষ্টতাৰ অভাৱ বিত্তীয় হয় তথা কৰ্ম আৰু বেয়া হৈ যায়।

চতুৰ্থ অভ্যাসত প্ৰভুৱে কয় -

"হে পাৰ্থ! যি মোক যেনেদৰে ভজন কৰে, তেওঁকো মই তেনেদৰে ভজন কৰো। এই ৰহস্যক জানি বুদ্ধিমান মনুষ্যই সকলো প্ৰকাৰেৰে মোৰ মাৰ্গত যায়।"

আমি পাহৰিব নালাগে যে প্ৰভুৰ প্ৰতি আত্মসমৰ্পণ কৰি আপোনাৰ সফলতা তথা অসফলতাৰ মাত্ৰা স্হিত থাকে।

"যি পুৰুষে সাংসাৰিক আশ্ৰয়েৰে ৰহিত সদায় পৰমানন্দ পৰমাত্মাত তৃপ্ত থাকে। তেওঁ কৰ্মৰ ফল তথা অভিমানক ত্যাগ কৰি কৰ্মত ভালদৰে কৰি একো কৰিব নোৱাৰে।" (20)

"সম্পূৰ্ণ শৰীৰ তথা অন্তঃকৰণক জয় কৰা তথা সম্পূৰ্ণ যোগৰ ত্যাগ কৰা আশা নৰখা পুৰুষে কেৱল শৰীৰ সম্বন্ধী কৰ্ম কৰিও পাপক

প্ৰাপ্ত নকৰে।" (21)

সপ্তম অধ্যায়ৰ শ্লোক সংখ্যা 14 ত প্ৰভুৱে কয় -

"মোৰ আলৌকিক ত্ৰিগুণময়ী মায়া বহুত কঠিন হয় কিন্তু যি পুৰুষে নিৰন্তৰে মোৰ ভজন কৰে, তেওঁ এই মায়াৰ উল্লংঘন কৰি যায়, অৰ্থাৎ সংসাৰৰ ভৱসাগৰৰ পৰা পাৰ হৈ যায়।"

নিজকে প্ৰভুৰ আগত সমৰ্পিত কৰিলেহে আন্তৰিক শান্তি পাব পাৰে।

তেতিয়াহে আপুনি প্ৰকৃতিৰ তিনিটা ৰূপৰ ওপৰত বিজয় প্ৰাপ্ত কৰিব পাৰিব। ধনী হওক বা নিৰ্ধন, প্ৰভুৰ প্ৰতি পূৰ্ণ ৰূপেৰে সমৰ্পিত নোহোৱাকে থাকিব নোৱাৰে। বাহিৰৰ পৰা লাগিলে প্ৰসন্ন হৈ যায় কিন্তু ভিতৰৰ পৰা অপ্ৰসন্ন থাকে। প্ৰত্যেক ব্যক্তিয়ে আনৰ লগত মিলা জুলা কৰা সময়ত ভাল বনাৰ চেস্টা কৰে। গতিকে, এনেকুৱা ব্যক্তিয়ে জীৱনত কেতিয়াও সফল হ'ব নোৱাৰে যি নিজকে নিজৰ কৰ্ম তথা ভাগ্যৰ নিয়ন্তা বুলি মানে।

ত্যাগ

যেতিয়ালৈকে ব্যক্তি অনাশক্ত নহ'ব, সঠিক অৰ্থত ত্যাগ সম্ভৱ নহয়। সত্য ত্যাগৰ অৰ্থ এইটো হ'ব যে ব্যক্তিয়ে কিছু পোৱাৰ ইচ্ছাৰ বিনা, স্বেচছাৰে কোনো বস্তু দিয়ে। আমাৰে অধিক লোক এই আদৰ্শৰ পালন নকৰে কাৰণ আমি যি সমাজত জীয়াই আছো, সেইটোৱে আমাক 'কিবা কিবি' ৰ নিয়ম শিকাই। এই ভৌতিকতাবাদী জগতত আমি সৰ্বাধিক প্ৰভাৱী, শক্তিশালী, ধনী আৰু সমৃদ্ধি ব্যক্তিৰ প্ৰতি ভাল মনোভাৱ শিকোৱা যায়, কাৰণ মানা যায় যে এই লোকসকলে নিজৰ দৰে আমাৰো ভাগ্যক জিলিকাব পাৰে। এইটো দৃষ্টিয়ে আমাক এইটোও শিকাই যে নিজৰ পৰা হীন তথা এনেকুৱা ব্যক্তিক বেছিকে গুৰুত্ব দিব নালাগে যি আমাৰ একো সহায় কৰিব নোৱাৰে। আপুনি নিজকে সুধক যে এনেকুৱা কৰাটো উচিত হয়নে? নিশ্চিত ৰূপেৰে আপোনালোকৰ উত্তৰ নহয় হ'ব।

কিন্তু আমি বৰ্ষৰ পৰা এই অভ্যাসক নিৰন্তৰে আগবঢ়াইছো আৰু আমি এইটোক আহিবলগা চামক গটাই দিম। মাক-পিতাকে দাবি কৰে যে তেওঁলোকে ভালদৰে নিজৰ ল'ৰা ছোৱালীক পালন-পোষন কৰি আছে কিন্তু মাক-পিতাকৰ স্বাভাৱিক ৰূপত 'তোৰ মোৰ' ৰ প্ৰবৃত্তি আহি যায় যিটো তেওঁলোকৰ স্বাৰ্থপৰ হোৱাৰ সূচক হয়। ইয়াৰ পৰা গম পোৱা যায় যে তেওঁলোকেও স্বাৰ্থৱশ বালকা সকলো সম্ভৱক

পালন-পোষন কৰিব বিচাৰে।

মোহ মায়াৰ পৰা দূৰ হৈ আপুনি সত্য ৰূপেৰে ত্যাগ কৰিব নোৱাৰে। সত্য ত্যাগীয়ে কেতিয়াও কোনো ইচ্ছা নাৰাখে। মই জানো যে এইটো শব্দ আমাৰ ডিঙিৰ তললৈ আহি যাব পাৰে, কাৰণ আমি এনেকুৱা যুগত জীয়াই আছো, য'ত 'যেনেকুৱা তেনেকুৱা' ৰ মন্ত্ৰ জপ কৰা যায়। সংসাৰত আমি শিকো যে আমি শক্তিশালী, ধনী তথা প্ৰভাৱী শক্তিৰ আগত হাৰ মানিব লাগে কাৰণ সেইটো আমাক তাৰ দৰে বনাব পাৰে। সংসাৰে আমাক আমাতকৈ সৰু ব্যক্তিৰ উপেক্ষা কৰাও শিকাই।

তৃতয়ী অধ্যায়ত প্ৰভুৱে কয় -

"যজ্ঞৰ পৰা বাকী বাচি থকা অন্নক খোৱা শ্ৰেষ্ঠ পুৰুষসকলে পাপৰ পৰা মুক্তি পাই, যি পাপীয়ে নিজৰ শৰীৰ-পোষণৰ বাবে অন্ন বনাই, তেওঁ পাপকেই খাই।" (13)

"কাৰণ সম্পূৰ্ণ প্ৰাণী অন্নৰ পৰা উৎপন্ন হয়। তথা অন্নৰ উৎপত্তি বৰ্ষাৰ পৰা হয় তথা বৰ্ষাৰ যজ্ঞৰ পৰা হয় তথা যজ্ঞ কৰ্মৰ পৰা উৎপন্ন হ'বলগীয়া হয়।" (4)

"হে পাৰ্থ! যি পুৰুষে এই ধৰণে এই লোকত চলোৱা সৃষ্টিচক্ৰৰ অনুসাৰে ব্যৱহাৰ নকৰে, সেই ইন্দ্ৰিয়ই সুখক ভোগা পাপ আয়ুস পুৰুষ ব্যৰ্থ হৈ যায়।" (16)

চতুৰ্থ অধ্যায়ৰ শ্লোক সংখ্যা 31 ত প্ৰভুৱে কয় -

"হে অৰ্জুন! ত্যাগৰ বিনা কোনো ব্যক্তিয়ে এই জীৱনত অথবা এই পৃথিৱীত সুখী হ'ব নোৱাৰে, তেনেহ'লে আন্য লোকৰ কি কওঁ।"

নৱম অধ্যাত প্ৰভুৱে কয় -

"হে অৰ্জুন! সম্পূৰ্ণ যজ্ঞৰ ভোক্তা তথা স্বামী মই হয়। কিন্তু তেওঁলোকে মোক যজ্ঞস্বৰূপ পৰমেশ্বৰৰ তত্ত্বৰে নাজানে। সেইকাৰণে পুনৰ্জন্মক প্ৰাপ্ত কৰে।" (24)

"হে অৰ্জুন! তুমি যি কৰ্ম কৰা। ভোজন কৰা। দান দিয়া তথা নিজৰ ধৰ্মৰ ওপৰত চলি তপ কৰা, সেই সকলো মোক অৰ্পণ কৰা।" (27)

সোতৰতম অধ্যায়ত প্ৰভুৱে কয় -

"ফলৰ কামনা নৰখা শাস্ত্ৰবিধিৰ পৰা কৰ্তব্য মানি কৰা যজ্ঞক সাত্তিক বুলি কোৱা হয়।" (11)

"হে অৰ্জুন! যি যজ্ঞ কেৱল দিবৰ বাবে তথা ফলৰ উদ্দেশ্যক ধ্যানত ৰাখি কৰা যায়, সেইটোক তুমি ৰাজস বুলি জানা।" (12)

"শাস্ত্ৰবিবিধৰ পৰা হীন তথা অন্নদানেৰে ৰহিত আৰু মন্ত্ৰ তথা দক্ষিণৰ বিনা শ্ৰদ্ধা নৰখা যজ্ঞক তামস বুলি কোৱা হয়।" (13)

"হে অৰ্জুন! দান দিয়াই কৰ্তব্য হয়, এইটো ভাৱেৰে যি দান, বেশ, কাল, পাত্ৰৰ প্ৰাপ্ত হোৱাত তাৰ পৰিৱৰ্তে কৰা উপকাৰক নাকচ দিয়া যায়, তেওঁক সাত্তিক বুলি কোৱা হয়।" (20)

"যিটো দান ক্লেশপূৰ্বক নিজৰ সাংসাৰিক কাৰ্য সিদ্ধ, কৰাৰ আশাৰে অথবা ফলৰ উদ্দেশ্য মানি দিয়া যায় তাক ৰাজস বুলিক কোৱা গৈছে।" (21)

"যিটো দান আদৰ নকৰি অযোগ্য দেশকালত কুপাত্ৰৰ বাবে অৰ্থাৎ চাৰিওফালে আদি নীচ কাৰ্ম কৰাসকলৰ বাবে দিয়া যায়, সেইটোক তামস বুলি কোৱা হয়।" (22)

"বেদৰ কথন কৰা শ্ৰেষ্ঠ পুৰুষৰ শাস্ত্ৰবিবিধৰে নিয়তৰ হোৱা যজ্ঞ, দান তথা তপৰূপ ক্ৰিয়া সদায় ওঁ উচ্চাৰণৰ আৰম্ভ হয়।" (24)

"হে পাৰ্থ! শ্ৰদ্ধ নাৰাখি হৱন, দান তথা তপ আদি কৰ্মক অসৎ বুলি কোৱা হয় তথা এই লোকত লাভদায়ক নহয় আৰু আন্য লোকতো একো লাভ নাই।" (28)

উঠৰতম অধ্যায়ৰ পঞ্চম শ্লোকত প্ৰভুৱে কৈছে -

'যজ্ঞ, দান তথা তপৰূপ কৰ্ম ত্যাগ কৰাৰ যোগ্য নহয়। এইটো এটা কৰ্তব্য হয়, কাৰণ যজ্ঞ, দান তথা তপ এই তিনিটাই বুদ্ধিমান পুৰুষক পৱিত্ৰ কৰে?'

এইটো তেওঁৰ যোৱা পিছৰ কৰ্ম হয়, যিটো দুখ তথা কষ্টৰ ৰূপত সমুখলৈ আহে। মনত ৰাখিব যে জীৱন এক নিৰন্তৰ চলা প্ৰক্ৰিয়া হয় তথা প্ৰভু পক্ষপাতী নহয়।

প্ৰেম

প্ৰেম শব্দ শুনিয়ে মানুহৰ মগজুত নিজৰ মাক-পিতা, ভাই-ভনী পুৰুষ অথবা স্ত্ৰী মিত্ৰৰ চেহেৰা ঘূৰিব ধৰে। তথা প্ৰেমত কষ্ট তথা আন্তৰিকতা আহি যায়। যদি প্ৰেম শুদ্ধ তথা দিব্য হয় তেতিয়া ইয়াত অআন্তৰিকতা কিয় আহি যায়? ইয়াৰ কাৰণ হ'ল 'স্বাৰ্থৰ ওপৰত আধাৰিত প্ৰেম'। এই প্ৰেমৰ আধাৰত আপুনি সদায় কিছুমান লোকৰ লগত জৰিত থাকে।

প্ৰেম সকলো চৰ্ত অথবা সীমাতকৈ ওপৰত থাকিব লাগে যাতে আপুনি প্ৰত্যেক ব্যক্তিক বিনা কোনো ভেদাভাৱেৰে নিজৰ কৰিব পাৰে। আপুনি সুধিব পাৰে যে যাক জানে, তেওঁৰ লগত প্ৰেম কেনেকৈ কৰিব পৰা যাব? কিন্তু আপুনি সকলোৰে লগত সমান ভাৱেৰে প্ৰেম কৰিব লাগিব।

প্ৰত্যেক ব্যক্তিক এটা দৃষ্টিতে চাওক। আমি জানো যে প্ৰভু সৰ্বত্ৰ হয় তথা সকলোৰে হৃদয়ত নিৱাস কৰে। এনেতে যদি আমি ভেদাভাৱ ৰাখো তেতিয়াহ'লে ইয়াৰ অৰ্থ হ'ব যে আমি ঈশ্বৰ তথা তেওঁৰ বিধানৰ অৱহেলনা কৰি আছো। গতিকে সকলোৰে লগত একে ব্যৱহাৰ ৰাখক। হ'ব পাৰে, এই অভ্যাসত আপুনি অলপ অসুবিধা পাব কিন্তু কিছু দিন পিছত আপুনি ইয়াক ভালদৰে পালন কৰিব পাৰিব।

মাক-পিতাকে নিজৰ ল'ৰা ছোৱালীৰ উন্নতি বিচাৰে। তেওঁলোকে নিজৰ সন্তানৰ বাবে নিজৰ জীৱনো বলিদান কৰি দিয়ে। শিশুক ভাল শিক্ষা তথা থকা মেলাৰ বাবে তেওঁলোকে ঋিচৱত লবলৈ ভয় নকৰে কিন্তু তেওঁলোকে এইটো পাহৰি যায় যে প্ৰভুৱে নিৰন্তৰে চাই আছে।

যেতিয়া সেই সন্তান দাঙৰ হৈ যায় তেতিয়া মাক-পিতাকে নিজৰ দ্বাৰা কৰা বলিদান মনত পেলাৱাই তেওঁলোকৰ পৰা অপেক্ষা কৰে যে তেওঁলোকৰ ইচ্ছা তথা আদেশক পালন কৰিব আৰু তেওঁলোকৰ উত্তৰদায়িত্ব লব। মাক-পিতাকে পাহৰি যায় যে পুত্ৰৰ নিজৰ পৰিয়ালৰ প্ৰতিও নৈতিকতা কৰ্তব্য বনে। এই ধৰণে কাজিয়া আৰম্ভ হয়। কেতিয়াবা এনেকুৱা হয় যে মাক-পিতাকৰ কামনা তথা স্বাৰ্থৰ পৰা অশান্তি হৈ সন্তানে তেওঁলোকৰ পৰা অনাশক্ত হৈ যায়। এনেকুৱা দশাত মাক-পিতাকো কষ্ট উঠাব লগীয়া হয়। এনেকুৱা সন্তানক মই কব বিচাৰো -

'ভাল তথা বেয়াত ভেদ কৰিবলৈ শিকা। পৰিস্হিতি লাগিলে যিয়েই হওক, সন্মুখিন হোৱা। মাক-পিতাৰ দ্বাৰা কৰা বলিদানক সদায় মনত ৰাখিবা তথা নিৰ্জৰ পতি-পত্নীকো সন্মান দিয়া।'

স্বাৰ্থৰ ওপৰত আধাৰিত প্ৰেম - এইটো আপোনাৰ জীৱনক কেৱল চিন্তা তথা অৱসাদহে দি বপাৰে। নিম্ন বিন্দুৰ ওপৰত ধ্যান দিয়ক-

ধনৰ বাবে প্ৰেম, যশৰ ইচ্ছা, ধ্যান তথা চোৱাচিতা, পালন-পোষণ।

ধনৰ বাবে প্ৰেম - ধনৰ বাবে প্ৰেমৰ পৰা প্ৰায়ঃ চিন্তা উৎপন্ন হয়। ধন উপাৰ্জন কৰাত একো ভূল নাই, কিন্তু ইয়াক বেয়া ধৰণে উপাৰ্জন কৰাটো বেয়া হয়। ধনৰ বিচাৰ আহিয়েই ব্যক্তিয়ে এনেকুৱা লোকৰ পৰা সম্পৰ্ক নাইকিয়া কৰে, ইয়ালৈকে যে নিজৰ পৰিয়ালকো উপেক্ষিত

কৰি দিয়ে। তেওঁলোকে প্ৰয়োজনতকৈ বেছি সাৱধান হৈ যায় আৰু এনেকুৱা লোকক বিচাৰে, যি তেওঁৰ ধন প্ৰাপ্তিৰ ইচ্ছাত সহায়ক হ'ব পাৰে, কিছুমান লোকৰ বাবে ধন জীৱনতকৈ দাঙৰ হয়, তেওঁলোকে এইটোক পাবৰ বাবে যি কোনো পৰ্যায়লৈকে যাব পাৰে। ধনৰ বাবে প্ৰেম ইমান অধিক হয় যে তেওঁলোকে পৰিয়ালক ত্যাগ কৰিবলৈও তৎপৰ হৈ থাকে। যেতিয়া পৰিয়ালে উপেক্ষিত হোৱাৰ অভিযোগ কৰে তেতিয়া উত্তৰ পাই 'তোমালোকৰ কাৰণে এই সকলো কৰি আছো।' আজিকালি মানুহে সুযোগ পালেই বিদেশ যাবৰ বাবে প্ৰস্তুত হৈ যায়, যেনেদৰে গাওঁৰ লোকে গাওঁৰ পৰা চহৰলৈ আহি যায় যাতে অধিক ধন উপাৰ্জন কৰিব পাৰে। তেওঁলোকে চহৰলৈ সেইকাৰণে নাহে যে গাওঁত তেওঁলোকে ভোজন নাপাই, বৰং অধিক ধন উপাৰ্জন কৰাৰ লালসত তেওঁলোকে বৰ্ষ ঘৰ-পৰিয়ালৰ পৰা দূৰত থাকে। এই সকলোৰে পৰা চিন্তাৰ সৃষ্টি হয়। এইটো সেইকাৰণে হয় কাৰণ তেওঁলোকে নিজৰ স্বাৰ্থক ইচ্ছাৰে বান্ধে। আৰু তেওঁলোকক পৰিয়ালৰ পৰা ভাঙি পেলাই দিয়ে। এইদৰে তেওঁলোকে নিজকে এক স্বাৰ্থপৰ ইচ্ছাৰে ভাঙি অন্য স্বাৰ্থৰ লগত জৰিত কৰি দিয়ে।

পালন-পোষণ তথাৰ চোৱাচিতা- এই বিষয়ে আমি চৰ্চা কৰিছো। মাক-পিতাই নিজৰ স্বাৰ্থৰ পূৰ্তিৰ বাবে সন্তানৰ ওপৰত নিজৰ অধিকাৰক কব ধৰে। তেওঁলোকক এনে লাগে যে সন্তান তেওঁলোকৰ শৰীৰৰ এটা ভাগ হয় সেইকাৰণে তেওঁলোকে তেওঁলোকৰ ওপৰত পুৰা অধিকাৰ ৰাখে, তেওঁলোকে এইটো পাহৰি যায় যে কেৱল ঈশ্বৰেৰে সকলোৰে ওপৰত অধিকাৰ ৰাখে, কোনো অন্যই নহয়।

যশ অথবা প্ৰসিদ্ধিৰ ইচ্ছা- কেৱল প্ৰসিদ্ধিক বিচৰা ব্যক্তিয়ে নিজতকৈ সৰু তথা হীন ব্যক্তিৰ লগত সম্পৰ্ক নাৰাখে। তেওঁলোকে ধনী-মানী ব্যক্তিৰ পিছত পলাই ফুৰে। বাস্তৱত তেওঁলোকে প্ৰসিদ্ধিৰ অতিৰিক্ত কাৰোৰে প্ৰতি প্ৰেম ভাৱ নাথাকে।

কোনো লোকৰ মনত প্ৰসিদ্ধিক গভীৰ ভাৱে বিচাৰে। তেওঁলোকে য'তে থাকে, মানুহৰ লগত ঘেৰি থাকে আৰু প্ৰশংসা পাই। তেওঁলোকে আনৰ ধ্যানকৰ্ষণ তথা সম্মান বিচাৰে। সমৃদ্ধ হয়, চিনি পোৱাৰ আৰু প্ৰশংসা পোৱাৰ এইটো বিচিত্ৰ ইচ্ছা, কেৱল তেওঁলোকৰ বাবে নহয় বৰং আনৰ বাবেও হানিকাৰক হয়।

তেওঁলোকে এইটো আন্তৰিকাতৰ বাবে যি কোনো ক্ষেত্ৰলৈকে যাবৰ বাবে প্ৰস্তুত থাকে। জীৱনত এই ধৰণৰ স্বাৰ্থ প্ৰেমৰ কোনো স্থান থাকিব নালাগে।

ক্ষমা

ক্ষমা, প্ৰেম আৰু সামজঞ্চৰ মহান শ্ৰোত আছে। যদি সকলোৱে এই জীৱনত প্ৰাথমিকতা দিব ধৰে, তেতিয়া চিন্তা আৰু অস্তব্যস্ততাৰ নাম নাইকিয়া হ'ব। আজিকালি 'ক্ষমা কৰিব' এক সাধাৰণ শব্দ হয়। সঠিক অৰ্থত ইয়াৰ অৰ্থ হ'ল যে শব্দ কোৱা ব্যক্তিয়ে ক্ষমা বিচাৰিছে অন্যথা দণ্ড পাব পাৰে, যিটো গম্ভীৰ হ'ব পাৰে। ক্ষমাদানৰ এটা প্ৰসংগ শুভ বাতৰিটো আহে। কিছুমান ব্যক্তিয়ে এজনী মহিলাক ব্যভিচাৰৰ আৰোপত যিশুৰ সন্মুখলৈ আনে আৰু তেওঁ কয়, "স্বামী এই মহিলা গৰাকী ব্যভিচাৰিণী হয়, আমাক মুচাই কয় যে তেওঁক শিলেৰে মাৰিব লাগে, আপুনি কি কয়?"

ইসাই কোনো উত্তৰ নিদিলে কিন্তু তেওঁক বাৰে বাৰে সুধাত তেওঁ কলে, "আপোনালোকাৰ ভিতৰত সকলোতকৈ প্ৰথমে তেওঁ শিলগুটি দলিওৱা, যি কেতিয়াও পাপ কৰা নাই।" এইটো কথা শুনি মানুহে তেওঁলোকৰ ভূলৰ অনুভৱ হ'ল তেওঁলোকে এটা এটা কৰি তাৰ পৰা গুচি গ'ল। যেতিয়া যিশুৰ লগত মহিলা একেলগে আছিল তেতিয়া তেওঁ সুধে, "সেই দোষ লগোৱাজন কত গ'ল? কোনোবাই তোমাক দোষী কৰিছিলনে?", তেওঁ কয়, "প্ৰভু নহয়। তেতিয়া যিশুৱে কয়, "মইও তোমাক দোষী নকৰোঁ যোৱা এতিয়া পাপ নকৰিব।"

আজি আমাৰ সমাজত ক্ষমাৰ বিষয়ে কথা কয় কিন্তু এনেকুৱা বহুতো সুযোগ আহে যে ইয়াৰ ব্যৱহাৰ পৰিৱৰ্তন হৈ যায়। বোধহয় এইটোৱেই কাৰণ হয় যে অপৰাধত লিপ্ত ব্যক্তিক সামান্য জীৱন জীয়াই থকাৰ সুযোগ নাপাই। ক্ষয় ৰোগ আদি ৰোগেৰে গ্ৰস্ত ৰোগীক পৰিয়াল তথা সমাজে নিজৰ কৰিবলৈ মানা কৰি দিয়ে, য'তনেকি ইয়াত তেওঁৰ কোনো দোষ নাই। আধুনিক যুগত ক্ষমা এটা শব্দ মাত্ৰ হৈ থাকিল।

যদি আপুনি জীৱনত সফলতা পাব বিচাৰে তেতিয়াহ'লে আপুনি ক্ষমা ভাৱ প্ৰয়োগ কৰিব লাগি কাৰণ এইটো প্ৰভুৰেই এটা ৰূপ হয়। মই এইটো নকওঁ যে আপুনি আনক ভূলৰ অনুভৱ নকৰোৱাকে ক্ষমা কৰি দিব। কৃপা কৰি এইটোক উপেক্ষিত নকৰিব, কাৰণ হ'ব পাৰে, সেই ব্যক্তিয়ে নাজনে যে তেওঁ কি কৰি আছে। এনেকুৱা ব্যক্তিক নম্ৰতাপূৰ্বক ব্যৱহাৰ কৰিব লাগে।

মনত ৰাখিব যদি আপুনি এই সকলোৰে লগত আন্তৰিকতা নাৰাখে তেতিয়াহ'লে তেওঁ অপকৰ্মই আপোনাৰ একো নাশ কৰিব নোৱাৰে আৰু আপোনাৰ হৃদয়টো আঘাত কৰিব নোৱাৰে। যদি সেই ব্যক্তিয়ে আপোনাৰ পৰা সহায় লব বিচাৰে তেতিয়াহ'লে পিছ হুহুকি নাযাব যতে

তেওঁ বাৰে বাৰে ভূল কৰি নাথাকিব। সজাগতাপূৰ্বক লোকক ক্ষমাদান দিয়ক। শীঘ্ৰে আপুনি অনাশক্তিৰ আনন্দ লব পাৰিব।

আত্ম-ক্ষমাদান- যি কোনো ভুল কাম কৰিলে নিজকে ক্ষমা কৰি দিয়ক তথা সেই ভূলক ভৱিষ্যতে নকৰাৰ সংকল্প লওক কিন্তু আমাৰে অধিকতৰ লোকে এনেকুৱা কৰিব নোৱাৰে। আমি আমাৰ কৰ্মত বান্ধ খাই থাকো। আমি নিজৰ ওপৰত গৰ্ব কৰো গতিকে যেতিয়াই অজানিতে ভূল কৰে, তেতিয়া আমাৰ দোষ লাগে। ধৰি লওক যে আপোনাৰ কোনো ভাল কৰ্মও কাৰোবাৰ হৃদয়ত আঘাত কৰি দিয়ে, তেওঁক উদাস কৰি দিয়ে, তেতিয়াও আপুনি আপোনাৰ কাৰ্যৰ ওপৰত দোষ কৰিব লাগেনেকি ? ইয়াৰ উত্তৰ 'নহয়' হ'ব, কাৰণ আপুনি একো ভূল কৰাই নাই তেতিয়াহ'লে দোষ কৰাৰ প্ৰশ্নই নুঠে। অৱশ্যে শুনিবলৈ এইটো সত্য তিতা যেন লাগিব পাৰে। আত্ম-ক্ষমদানৰ পৰা শৰীৰ, মন আৰু আত্মা সামজঞ্চৰ অৱস্হাত আহে।

আত্মক্ষমাৰ পৰা আপোনাৰ শৰীৰ, আত্মা তথা মস্তিষ্কই প্ৰতেক্যৰ লগত সামজঞ্চ বহুৱাব পাৰে। যদি আপুনি জানি বুজিও কোনো ভূল কৰে তেতিয়াও নিজকে ক্ষমা কৰাৰ প্ৰয়াস কৰৰ অন্যথা আপোনাৰ বিচাৰত ঋণাত্মকতা বাঢ়ি যাব, যৰ পৰা স্হিতি আৰু বেয়া হ'ব পাৰে।

যি কোনো ব্যক্তিয়ে নিজে নিজে সম্পূৰ্ণ নহয়। যদি আপুনি কোনো দিশত প্ৰয়াস কৰে তেতিয়া এইটো আৱশ্যক নহয় যে আপুনি সফল হৈ যাব। যদি আপুনি পৰাজয়ৰ গ্লানিৰে উঠি নাহে তেতিয়া ইয়াৰ কুপ্ৰভাৱ আপোনাৰ ইয়াৰ পিছৰ কাৰ্যতো পৰিব পাৰে।

প্ৰকৃতি আৰু নিজৰ লগত সামজঞ্চ বনাই ৰাখিবৰ বাবে ব্যক্তি, অতীতক বেয়া সপোনৰ দৰে পাহৰিব লাগিব আৰু আগৰ ভূলৰ পৰা শিক্ষা লৈ, ভৱিষ্যতে সেইটো আকৌ নকৰাৰ সংকল্প লব লাগে।

থমাচ এডিচন ক কমেও দহ হাজাৰ বাৰ নিৰাশ হ'ব লগীয়া হয়, কিন্তু তেওঁ প্ৰত্যেক বাৰ নিজকে ক্ষমা কৰি দিয়ে অন্যথা তেওঁ কেতিয়াও সফল হ'ব নোৱাৰিলেহেঁতেন। যদি তেওঁ তেওঁ ভূলত লাগি থকাহেঁতেন বিশ্বত ক্ৰান্তি আনিব নোৱাৰিহেঁতেন। যি গ'ল তাৰ ওপৰত মাথা মাৰি একো লাভ নাই। দৃঢ় সংকল্পৰ লগত লক্ষ্য প্ৰাপ্তিৰ বাবে লাগি যাওক আৰু সময় সীমাৰ লগত জৰিত নাথাকিব, কাৰণ সেইটো আপোনাৰ বশত নাই।

সদাচাৰ

এক অনাশক্ত ব্যক্তিত বিশ্বাসৰ গুণ ভৰি থাকে। তেওঁ নিজৰ কৰ্মৰ ফলৰ কথা চিন্তা নকৰে। তেওঁ কোনো এনেকুৱা কাৰ্য নকৰে, যাৰ

কাৰণে তেওঁ ব্যাকুল হ'ব লগীয়া হয়। যেনেদৰে আপুনি জানে যে প্ৰভুৰ লগত বিশ্বাসঘাত কৰিব নোৱাৰি তথা তেওঁ গণনা কেতিয়াও ভূল হ'ব নোৱাৰে। আমি সকলোৱে জানো যে সকলোৱে সেইটো পাই, যিটোৰ তেওঁ আচল অধিকাৰী হয়।

এতিয়া সেই প্ৰভুত আপোনাৰ আস্থা আগতকৈ অধিক শক্তিশালী হৈ গৈছে বোধহয়.......আপোনাৰ এইটোও বিশ্বাস হৈছে ছাগে যে কৰ্ম আপোনাৰ হাতত তথা কৰ্মফল প্ৰভুৰ হাতত। যদি আপোনাৰ সদাচাৰ, বিশ্বাস তথা নৈতিক মূল্যৰ লগত চুক্তিৰ প্ৰশ্ন আহে তেতিয়া আপুনি কমেও দুইবাৰ বিচাৰ কৰি লব লাগিব।

এই যুগত পাপ আৰু অত্যাচাৰৰ চলি আছে। ব্যক্তিয়ে প্ৰায়ঃ ধন তথা যশক বিচাৰি নিজৰ সত্যনিস্থাৰে চুক্তি কৰে। তেওঁলোকে এনেকুৱা সেইকাৰণে কাৰণ তেওঁৰ ভ্ৰম হয় যে কেৱল ধনেহে তেওঁৰ পৰিয়ালক প্ৰসন্নতা দিব পাৰে। তেওঁ ধন তথা আৰামদায়ক জীৱন স্তৰৰ লগত ইমান আন্তৰিকতা বনাই লয় যে সেইটোক পাবৰ বাবে তেওঁ যি কোনো ক্ষেত্ৰলৈকে যাব পাৰে। নিশ্চয় এইটো প্ৰকৃতিৰ নিয়মৰ বিৰোধ হয়। অচিনাকি লোকে অধিকৰ পৰা অধিক সংখ্যাত, পাপ কৰ্মত লিপ্ত থাকে, তেতিয়া আমি দুঃখ, পীড়া আৰু কষ্ট পাওঁ। দুঃখ শব্দ কেৱল নিৰ্ধনৰ পৰাই নহয় বৰং সেই ধনী ব্যক্তিৰ লগটো জৰিত থাকে কাৰণ তেওঁও পীড়িত থাকে। নিজৰ কুকৰ্মৰ বাবে তেওঁৰ এইটো দশা হয়। মনত ৰাখিব সকলো জিলিকি থকা বস্ত সোন নহয়, গতিকে আপুনি ভাৱে যে সকলো চেলিব্ৰেটি, ৰাজনীতিজ্ঞ আৰু ব্যৱসায়ী বহুত প্ৰসন্ন থাকে, তেতিয়াহ'লে আকৌ এবাৰ ভাৱক।

আশক্তিৰ বিনা বিশ্বাস আৰু সত্যনিস্থ বনি থকাটো কঠিন হয়। যদি আপুনি ধনৰ মোহত পৰে তেতিয়া বিশ্বাস আৰু বেইমানীৰ মাজৰ অন্তৰলৈকে জানিব নোৱাৰিব। এইটোও হ'ব পাৰে যে আপুনি স্বাৰ্থৰ পূৰ্তিৰ বাবে বেয়া ধৰণে ধৰ্ম উপাৰ্জন কৰিব ধৰে। যদি আপুনি ধনৰ মোহত নাথাকে তেতিয়াহ'লে বিত্তীয় দশা বেয়া হোৱাৰ কাৰণে আপুনি অনুচিত সাধনাৰে ধন উপাৰ্জন কৰাৰ প্ৰস্তাৱক পিছোৱাই দিব। যদি কোনো ধনী ব্যক্তিক উপহাৰৰ ৰূপত নকদ পাই, তেতিয়া তেওঁ সেই উপহাৰত নহয় বৰং তাত লুকাই থকা ভাৱনাত মোহ থাকিব, য'তনেকি যাৰ ওচৰত পইচাই নাই, এনেকুৱা ব্যক্তিক দিয়া উপহাৰ বা নকহেৰে ভাৱনাক জুখিব।

গতিকে ভৌতিক বস্তুৰে মোহগ্ৰস্ত ব্যক্তিয়ে কেতিয়াও বিশ্বাসেৰে জীয়াই থাকিব নোৱাৰে কাৰণ ইয়াৰ পৰা তেওঁৰ মনত ভুখ উলাই

পৰে। তাতে আকৌ অন্য ফালে অনাশক্তি, সন্তুষ, শান্তিৰ সূচক্ হয়।

যদি আনৰ লগত বিশ্বাসেৰে থাকিব বিচাৰে তেতিয়াহ'লে প্ৰথমে নিজৰ প্ৰতি বিশ্বাস থাকক। এনেকুৱা তেতিয়া হ'ব পাৰে, যেতিয়া আপুনি সদায় লাভ/লোকচান নাভাৱিব। যি লোকে সদায় নিজৰ প্ৰয়াসৰ পৰিণামৰ বিষয়ে ভাৱে, তেওঁ অসন্তুস্ট হৈ থাকে। এই অন্বেষণত তেওঁক এনে লাগে যে যত্নৰ তুলনাত লাভ কম থাকে। যদি কোনো ব্যক্তিক এনে লাগে যে তেওঁ নিজৰ কামৰ তুলনাত অধিক বেতন পাইছে তেতিয়াহ'লে তেওঁ সেই চাকৰি আৰু পদত থাকিবলৈ চেস্টা কৰে। সম্ভৱতঃ এইটো কাৰণ হয় যে সাৰ্বজনিক উপক্ৰমৰ কৰ্মচাৰীয়ে নিজীকৰণৰ বিৰোধ কৰে কাৰণ তেওঁ নিজৰ ক্ষমতাক পাই লয়। তেওঁৰ ভয় থাকে যে কোনো নতুন কৰ্মচাৰীয়ে তেওঁৰ স্হান লয় নলয়টো।

তটস্হ ব্যক্তিৰ মনোভাৱ

- কাৰ্যৰ উপেক্ষা নকৰে।
- লোভত নপৰে তথা আনশক্তত থাকে।
- বস্তুৰ ক্ষেত্ৰত অনিৰ্ণয়ৰ স্হিতি নাথাকে।
- তেওঁ বস্তুক সিমান স্পষ্টৰে চাই, যি দৰে যোগীয়ে জীৱনৰ উদ্দেশ্যক স্পস্টঃ দেখা পাব পাৰে।
- তেওঁ বেইমান হোৱাৰ পৰিৱৰ্তে ত্যাগ কৰিবলৈ তৎপৰ হৈ থাকে।
- তেওঁ মিছা কোৱা বা বিশ্বাসঘাত কৰাত অক্ষম হৈ থাকে।
- প্ৰত্যেকৰ বিশ্বাস জিকি লয়।

❑❑❑

সন্দৰ্ভ সূচী

- ভগৱত গীতাৰ লেখক এ.চি. ভক্তি বেদান্তা স্বামী প্ৰভুপ্ৰদা (ভক্তি বেদান্তা বুক ট্ৰাস্ট 1972)
- দ পাৱাৰ অফ য়ুয়ৰ ড্ৰিম্চ (পিয়াতকুচ 1992)
- অটোবায়োগ্ৰাফি অফ এ যোগী লেখকক পৰামহংস যোগানন্দ (চেলফ-ৰিয়ালইজড ফেলোশ্বিপ 1974)
- দ দোলি চাইঞ্চৰ লেখক শ্ৰী শ্ৰী স্বামী শ্ৰী যুক্তেশ্বৰ গিৰী (1990)